宣言

我们是创意的狼，我们是战略的鹰 / 我们是中国排名第二的策划英雄 / 我们不做战略囚徒，我们信仰创意自由 / 我们坚信进攻是最好的防守 / 我们坚信是策划向善才能持续成功 / 我们有能力和客户一起成为领导者 / 因为我们才是中国真正的全案英雄！

热烈祝贺张默闻连续7年蝉联中国中央电视台广告策略顾问

Congratulations to Mr. Zhang Mowen on his 7th reappointment as the seventh consecutive CCTV advertisement strategy consultant.

中国中央电视台

商道不平，天下纷争，谁是那布阵的英雄？不做花瓶，不求巅峰，只为那一世的闻名。

指点朦胧，穿越泥泞，我是那送雨的东风。创意奇兵，文案刀锋，只为那一世的闻名。

都说万人朝拜是英雄，我只愿羽扇轻摇江湖行，一支笔，抵得上千千万万兵，有智者才是真心英雄。

都说富可敌国是枭雄，我只愿洞察人情看暖冷，一条计，定得了朝朝暮暮情，有谋者才是真心英雄。

张默闻策划集团司歌《闻名》，张默闻作词，陈伟作曲，冷漠演唱。

扫一扫，一起唱

超级大会就是超级营销②

500强企业都在用的张默闻超级营销大会策划方法

张默闻 ◎ 编著

清华大学出版社

北 京

内 容 简 介

企业开会很重要，但是开一场成功的、火爆的、品牌和销量得到最大提升的超级大会更重要。

张默闻服务过多家世界 500 强、中国 500 强企业，对于企业年度超级大会的策划和召开，有着深刻的见解。

《超级大会就是超级营销②》源于服务超级客户的成功全案实践，新日、龙蟠、森鹰、皇玛……每一个客户的成功发展，都离不开超级大会的助力。

《超级大会就是超级营销②》对于中国企业目前如何进行有效营销提供了很好的借鉴，是给中国企业带来销量增长和品牌提升的有效方法书，是中国企业的营销实战指导书，更是中国广大营销人的实战兵法书。

本书封面贴有清华大学出版社防伪标签，无标签者不得销售。

版权所有，侵权必究。 举报：010-62782989，beiqinquan@tup.tsinghua.edu.cn。

图书在版编目(CIP)数据

超级大会就是超级营销：500 强企业都在用的张默闻超级营销大会策划方法 .2 / 张默闻编著 . —北京：清华大学出版社，2021.7(2024.8 重印)

ISBN 978-7-302-58522-0

Ⅰ . ①超… Ⅱ . ①张… Ⅲ . ①企业管理－营销策划 Ⅳ . ① F274

中国版本图书馆 CIP 数据核字 (2021) 第 121985 号

责任编辑： 徐永杰
封面设计： 张默闻
责任校对： 王荣静
责任印制： 丛怀宇

出版发行： 清华大学出版社
        网   址：https://www.tup.com.cn, https://www.wqxuetang.com
        地   址：北京清华大学学研大厦 A 座   邮   编：100084
        社 总 机：010-83470000   邮   购：010-62786544
        投稿与读者服务：010-62776969，c-service@tup.tsinghua.edu.cn
        质 量 反 馈：010-62772015，zhiliang@tup.tsinghua.edu.cn
印 装 者： 北京博海升彩色印刷有限公司
经   销： 全国新华书店
开   本： 180mm×250mm   **印 张：** 25   **插 页：** 1   **字 数：** 492 千字
版   次： 2021 年 9 月第 1 版   **印   次：** 2024 年 8 月第 3 次印刷
定   价： 108.00 元

产品编号：093638-01

 张崇舜　序

超战略全球发布会助新日品牌再攀高峰

　　张老师的新书即将出版，他亲自邀请我作为张默闻策划集团的战略合作伙伴和朋友，为他的新书作序，我也借此机会谈谈我的看法。在与张老师合作前，我们寻找了很多家公司，最后我坚定地选择了他和张默闻策划集团帮助新日品牌重整旗鼓，再造辉煌。合作的理由也是非常质朴，正如我和张老师的为人，没有弯弯绕绕，我将我的需求告诉他，他将他的答案告诉了我，而且这个答案，得到了新日全体高管的一致赞同。

　　刚刚合作之时，新冠肺炎疫情正处于难以预料的发展时期，张老师知道我心急如焚，快马加鞭用一个多月的时间完成调研和策划，在 3 月初全副武装，毅然到访新日电动车无锡总部，从战略到战术、从品牌到营销、从定位到创意、从广告到传播、从文化到管理，将电动车行业现状和新日品牌的未来一一呈现在我们眼前，尤其是超战略的提出，让我预感到这是新日未来必须要走的道路，这是新日的发展基因，也是我们一直想做，但是不知道怎么形容和如何落地的发展战略。因此，提案现场当场我便下令："马上安排落地执行。"

　　经过两个多月的筹备，2020 年 6 月 8 日，超战略全球发布会召开，新日正式拉开品牌变革的帷幕。用张老师的话说，这是一场"超级大会"，正是这场大会让新日从内到外焕然一新。"超战略""超高端智能锂电车""新一代汽车级锂电池，保 5 年"成为行业热词，这其中有赞叹、有质疑，也有不屑，但是我始终相信超战略是新日未来发展的引擎，正如新日从一诞生便抱着敢为人先的想法，从技术到产品走到电动车行业的前列。成立 21 年来，新日从服务北京奥运、上海世博到成为新国标的起草单位之一，从成为行业首家 A 股上市的品牌到现在新日"超战略"的全球发布，我们依旧是在领跑行业。中间这几年，我们埋头做产品、搞技术，在新国标时代，新日依靠"新一代汽车级锂电池，保 5 年"这样超级领先的锂电优势，让新日电动车成为锂电时代消费者的优质选择，这句在高铁、综艺节目、终端门店出现的广告语正是由张老师创意的，张老师的出现帮助新日弥补了多年来忽视营销造成的传播弱势。作为"技术咖"，新日这次真正开始把掏心窝的话传递给消费者，真诚地带给消费者超高端、超划算、超省心的出行方式。在此，我要诚挚地感谢张老师，感谢张老师的创意。

　　这么多年来，我听过很多次演讲，能把经销商们讲得热血沸腾、掌声雷动的，张老师是第一个。大会现场所有合作伙伴都是相信新日，想要继续支持新日的，张老师的激情宣讲没有辜负大家对新日的期待，不论是对超战略的解读，还是对新日锂电发展的宣讲，合

作伙伴们也听到了他们想要的答案，那一刻，让新日再次伟大的梦想成了全场所有人的梦想，同频同梦的新日一定会战无不胜。

超战略带来的影响还在持续和深入，超战略合作峰会的接连召开，合作伙伴的信心仍在持续上涨，它们将会在超战略的指引下，看到新日更强大的产品研发实力和更广泛的品牌影响力。2020 年度新日开展的百城投放行动，布局全国 100 多座高铁站、100 多座高速高炮、100 多组高速列车，以强大的执行力全面传播新日超战略，目之所及，即为新日，新日超战略和超高端智能锂电车正在稳健迈进，厚积薄发。

如今，在短短不到 1 年的时间里，新日品牌取得了突破性成就，会后短短半个月，新日股份市值由会前的 27 亿元跃升至 40.23 亿元。2020 年 10 月 24 日，新日股份公布2020 年三季报，报告显示前三季度营业收入 43.6 亿元，同比增长 78.54%；归属于上市公司股东的净利润 1.24 亿元，同比增长 38.44%，基本每股收益 0.61 元；2020 年三季度成交额同比增长 58.62%；截至 2020 年 11 月 28 日，新日股份市值已突破 73 亿元大关。这其中有这场超级大会所承载的超级力量，令人超级振奋！

"有阳光的地方就有新日"是新日的企业文化，在这里我想改成"有张默闻的品牌就有希望"，大家可以看看，张默闻做过的品牌几乎都是从成功走向成功，这是个像"吉祥物"一样才华横溢的人。我很荣幸，在新日转型升级的关键时刻，遇到了他，在这里，作为全案服务的亲历者，我可以说张老师的亲自操刀是真的、现场主义的工作方式是真的、现场出创意的深厚积淀是真的、准确诊断企业发展问题的慧眼是真的、能够拿出解决问题的东西也是真的。超级大会就是超级营销，我很赞同这个理念，并且推荐张默闻老师的这本新书，干货满满，值得一读。

最后，祝愿张老师新书大卖，超级火爆！

张崇舜

新日电动车创始人、董事长

2021 年 5 月 15 日

 **石俊峰 序**

两场超级大会让龙蟠科技一跃成为世界品牌

作为张老师的客户，作为"世界品牌，中国龙蟠"——2020 年度龙蟠润滑油经销商品牌年会和"龙蟠 1 号 更高端的润滑油"龙蟠 API SP 新品全球发布会的主办方和亲历者，我受邀为张老师的《超级大会就是超级营销②》写序，感到非常荣幸。利用此次作序的机会，我想跟企业家们、跟广大读者谈谈我内心的真实感想。

从 2003 年龙蟠科技创立至今，我把龙蟠打造成了一家市值接近百亿元的上市公司，靠的是好产品和好服务。可以负责任地说，龙蟠科技出品的每一款产品都不比任何一个国际品牌的质量差，但又有多少国人知道龙蟠这个品牌名呢？对于龙蟠科技来说，这是一个非常严肃的问题，虽然我们的市值增长还可以，但消费者对于品牌价值的认识还不够，这是龙蟠科技的短板所在。2019 年，龙蟠科技真正关注到这一点，并下定决心进行品牌建设。机缘巧合之下，我有幸在龙蟠科技的重要历史转折点结识张老师，在张老师的引导下，龙蟠科技迎来了品牌巨变。

和张老师相识在永达传媒举办的会议上，初次见面，张老师听完我对龙蟠科技简短的介绍，在极短的时间内就给我提出了龙蟠的品牌口号"世界品牌，中国龙蟠"。这个口号一下子就把龙蟠的品牌定位给拔高了，龙蟠品牌真正与世界接轨了，我非常喜欢，说出了我的心声。与张老师合作以来，最让我感动的是张老师的勤奋和敬业精神，他是我见过的最勤奋、最敬业的人，包括我本人在内。张老师自己跑终端、走市场，找代理商做了一圈调研，在现场发现问题、分析问题并找到解决问题的办法，将"现场主义"进行到底。张老师也是一个多才多艺的人，他为龙蟠创作的品牌歌曲《世界品牌，中国龙蟠》，让龙蟠有了自己的专属歌曲。每天早上八点钟，这首龙蟠之歌在各个工厂、各个公司、车间喇叭里唱响。不仅如此，张老师还帮我们梳理企业文化，包括使命、愿景、价值观等都做了改变。比如说使命，叫"照顾好全球每一辆汽车"，这就完全是在跟消费者对话了，有情有义还接地气。然后我把龙蟠的新品也交给了张老师，他把产品命名、广告语、广告片、包装、营销策略全给包了，都是精品。品牌营销策划，张老师是非常专业和有高度的，把龙蟠品牌交给张老师我很放心！

有人会问，石俊峰你前面讲的这些跟大会有什么关联呢？我想说，前面做的这些工作都是在为这两场大会积累素材，反过来说就是要通过大会把我们在品牌上的变革公之于众。"世界品牌，中国龙蟠"——2020年度龙蟠润滑油经销商品牌年会和"龙蟠1号，更高端的润滑油"龙蟠API SP新品全球发布会是在2020年4月30日和5月1日两天时间内接连举办的，当时正处于抗疫时期，也让龙蟠这两场大会有了特殊的意义。会前，张老师就强调这两场大会不仅要开，更要往大了开。疫情时期，不管是企业还是代理商都比以往更加需要信心，当别的品牌都在沉寂的时候，就是龙蟠品牌爆发的时机。令人感动的是，张老师成功帮助龙蟠抓住了这个机会，从大会的前期策划到流程创意，从视觉打造到落地执行，从激情演讲到会后的宣传报道，张老师让龙蟠的品牌重塑开了一个好头，"世界品牌，中国龙蟠"的口号也成为龙蟠全体员工及代理商、供应商等合作伙伴之间的共识，成为润滑油行业争相模仿的佳话。

龙蟠两场大会承载的内容很多且份量很重。大会就是一场超级秀，通过两场大会要解决龙蟠品牌的很多问题。首先解决的是思想和信心问题，思想不统一，大家的劲就不能往一处使；现在龙蟠已经进入品牌时代，大会就是在解决内部思想问题，打通一条从工厂思维到品牌思维转变的快速通道，这样大家的信心才能建立起来。其次解决的是龙蟠品牌战略和品牌传播问题，大会是品牌战略的一个超级传播路径，龙蟠前期做的所有品牌建设都要在这个大会上集中展示，通过大会给予品牌充分曝光，在消费者心目中种下"龙蟠"两个字。最后还要解决龙蟠超级单品的打造问题，龙蟠1号是企业花重金打造并寄予厚望的明星产品，也是大会的绝对主角，龙蟠1号能成功上市，很大程度上得益于在龙蟠1号全球发布会上的惊艳亮相……大会的具体内容我就不一一赘述了，张老师的新书上会全景呈现。

钱花了，会也开了，想必大家最关心的还是超级大会到底能给企业带来什么，我就用数据来告诉大家：大会结束，龙蟠科技的股票立马收获了5个涨停，效果非常显著。根据龙蟠半年报显示，龙蟠1～6月净利润增长了50%，股价从之前的9元多涨到了将近30元。2020年10月28日，龙蟠发布了2020年三季度报告，公司实现营业总收入13.7亿元，同比增长12.63%，实现归属于上市公司股东净利润1.44亿元，同比增长52.1%。所以，我非常感激张老师，在我们基础夯实的前提下，张老师帮助龙蟠做了整个品牌和调性的提升工作，做了整个品牌的传播工作，而且全程亲自操刀。如今，龙蟠在润滑油行业里独树一帜，也真正在消费者心目中慢慢建立了一种认知，建立了一种口碑。两场大会也让龙蟠科技牢牢坐实世界品牌的称号，"世界品牌，中国龙蟠"已经从口号变成每个龙蟠人的价值取向，这是一种无比珍贵的品牌资产。

当然，大会给我和龙蟠品牌带来的收获还远远不止这些，龙蟠是张老师超级大会就是超级营销战略思维的超级获益方，感谢张老师将龙蟠的两场大会收录至新书中，在此，我也希望龙蟠超级大会的案例能够为更多的企业发展带来借鉴和启发。最后，祝愿张老师新书大卖！

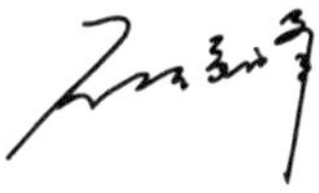

龙蟠科技董事长

2021 年 5 月 28 日于南京

边书平 序

森鹰100%赞同超级大会就是超级营销的战略思维

2020年9月，当我第一次看到张老师的新书《超级大会就是超级营销》震撼上市的时候，我有两种心情，第一是钦佩，第二是可惜。钦佩的是，张老师在如此繁忙的策划工作之余，还能抽出时间来分享自己的策划实战经验，着实让人肃然起敬。可惜的是，和张老师合作的这一年，森鹰也在他的鼎力帮助下，开了两场大获全胜的超级大会，没能走进张老师的新书，我觉得挺可惜的。

但没想到很快，我就接到张老师的电话，《超级大会就是超级营销②》正在筹划当中，而且森鹰就是主角之一！这让我不久前还陷在抑郁里的心情一下子豁然开朗，就差像个孩子一样激动地跳起来了。心想，我和张老师的约定，竟然这么快就能实现了。

这个约定就是，我也要为张老师的书作一次序。在2020年森鹰品牌升级大会上，我出版了人生中的第一本书，并且有幸邀请到了张老师盛情作序，让我的拙作陡然增色许多。就是在那篇序里，我们两个大男人心照不宣地定下了这个约定。回想这一年以来，张老师对森鹰所做的贡献真的太多了，不论是震惊行业的空调窗全新概念，还是进军铝合金窗的战略决策，不论是酷8度空调窗，还是简爱铝合金窗，不论是品牌营销，还是企业文化，……都为实现森鹰的百年品牌和百亿销量目标立下了汗马功劳，让森鹰终于可以像一只真正的雄鹰一样，飞出东北，飞向全国。在张老师的策划下，森鹰的品牌广告遍布全国，百度搜索指数也在呈指数级增长，品牌声量实现了从0到1的历史性飞跃。所以今天借着这个机会，我必须要向张老师郑重表达我的感激之情，好好说说我的心里话。

我首先要感谢张老师的信任。我甚是庆幸能够认识张默闻老师这样的策划大师。说来也巧，我与张老师的缘分，就是从他的书开始的。二十多年来，森鹰在传统的木窗行业算是取得了一些小成绩，但森鹰的品牌问题就像是一根刺，已经困扰了我很久。2019年年底，我们在全国遍寻策划机构，直到读了张老师的书，看到他像施了魔法一样让一个个品牌症结迎刃而解，我就感觉森鹰有救了。但那时张老师年度合作项目已经满了，而且摆在森鹰面前的不是个小问题。可参观完我们在哈尔滨的世界上最大的被动式工厂后，张老师就毅然决定扛起森鹰的品牌大旗，于是就有了后来森鹰品牌腾飞的一系列传奇故事。而这一切的变化，离不开张老师当初最简单的信任，他相信，森鹰的好产品值得拥有更好的品牌。

我还要特别感谢张老师的创意。不得不说，张老师原创的"空调窗"概念真的是一个非常伟大的创意。铝包木窗的概念是我提的，我们行业里也一直这么叫，但消费者不明白是什么意思。张老师的创意彻底打破了我们的产品思维，让森鹰发出了面向消费者的"求爱"信号，为森鹰品牌找到了灵魂基因。这不仅是森鹰的荣光，也是整个窗行业的一座里程碑。还有"不用空调，就用森鹰空调窗"这句广告语，是张老师替森鹰喊出的斩钉截铁的伟大宣告，让森鹰告别铝包木窗旧时代，进入空调窗新时代。还有一套套精准的策略和文化，包括张老师为森鹰所作的两首非常好听的歌曲，都是无法用金钱衡量的宝贵财富。张老师的脑袋里永远装着让人眼前一亮的新创意、新想法。与张老师相处的每一分钟，我都在努力向他学习，渴望从他身上汲取一些关于品牌、策划、创意、营销方面的灵感。

我还要感谢的是张老师的善良。《道德经》中说，善者"居善地，与善仁，言善信，事善能"。张老师是个了不起的人，他已经写了 30 本书，从他的书里我就能透视出他的价值观"策划向善"四个字，善的力量无法阻挡。张老师策划的案例，个个都是行业经典。他跟我说，他一年中超过 200 天的时间都在出差。在这种日夜奔波的情况下，他却仍然愿意像榨海绵一样挤出时间来，将他的创意干货倾囊相授，让策划全案的光辉闪耀华夏大地。这是何等的胸襟，又是何等的善良。相信每一位阅读此书的读者都能从这些案例中挖掘出源源不断的创意宝藏，而这些都是张老师播撒下的善良的种子。

《道德经》中还有一句大家都很熟悉的话："合抱之木，生于毫末；九层之台，起于累土；千里之行，始于足下。"话说起来容易，做起来却不简单。张老师能有如此过人的智慧与才略，离不开日常生活中的点滴积累。我们不是张老师，但我们可以通过学习成为张老师那样的人。所以，要想窥探张老师的才华，习得一些关于品牌营销方面的实战真经，我从心底里建议大家都要读一读张老师的书，特别是这本《超级大会就是超级营销②》，在第一本书的基础上，从更加宏观的全案策划角度深刻解读每一场超级大会，让人看完感觉非常过瘾，受益匪浅。超级大会就是超级营销不是一句简单的口号，而是一个伟大的营销方法，蕴含着强大的能量。我和森鹰都是超级大会的见证者和受益者，所以我完全赞同超级大会就是超级营销的战略思维。翻开这本书的企业家们，如果你们也想要突破营销瓶颈、迎来品牌的跨越式发展，一定要选择聪明的人和聪明的方法，最好就是请张老师为你们全案策划后，开一场实实在在的超级大会，效果肯定立竿见影。

最后，预祝张老师的新书大卖，也祝愿所有的读者都能从这本好书中找到黄金屋和颜如玉。当然，如果森鹰的故事能给大家带来一点点思考和启发，我将倍感欣慰。

边书平

森鹰窗业董事长

2021 年 6 月 1 日于哈尔滨森鹰总部

叶晓亮　序

张老师用一场超级大会
就化解了疫情下的营销困境

2020 年 10 月，就在"皇玛·康之家 2020 健康沙发标准化高端峰会"结束后的两个月，我收到了张老师给的两个惊喜：一是张老师的新书《超级大会就是超级营销②》已进入筹划阶段，而皇玛·康之家又一次有幸作为案例之一入选其中；二是张老师再一次邀请我写点什么，来为他的新书作推荐。

收到这两个惊喜，我真的非常高兴。我为皇玛·康之家品牌感到高兴。在和张默闻策划集团合作的 4 年之中，我亲眼见证着皇玛·康之家品牌一次次发生巨大改变。在张老师的战略指导与品牌规划之下，皇玛·康之家的品牌在不断走向高端化、时尚化、国际化，在行业中成为健康沙发的佼佼者，在市场中成为广大消费者的首选品牌。能够两次被写进张老师《超级大会就是超级营销》的著作中，就是对皇玛·康之家品牌实力最好的认可。

我更为我们两个人之间的情谊高兴。从选择和张默闻策划集团合作的那天起，我和张老师就成为了朋友、战友甚至是兄弟。这么多年，我们在一起走市场，我们在一起演讲，我们在一起共商品牌发展大计……甚至在 2020 年，面对这么多突如其来的困难，市场如此低迷的时刻，张默闻策划集团和皇玛·康之家还是在一起并肩作战。

2020 年年初，受新冠肺炎疫情影响，整个家具行业都受到了前所未有的冲击，"活下去"成为了大多数家具企业的唯一目标。而张老师为皇玛·康之家策划的 2020 健康沙发标准化高端峰会却大获成功，成为一场震惊行业和市场的超级大会。张老师用超级大会这样"一招妙棋"，为我们品牌的发展送来一场及时雨，帮助皇玛·康之家成为第一批突破市场困境的破局者。主要表现在以下三点。

一、一场超级大会，为皇玛带来全新行业影响力

由张老师亲自操刀策划的这场大会，可以说是在中国家具行业里数一数二的大会。不仅仅是因为大会创意的水准高，更是因为大会立意的格局大。

在一开始操刀品牌时，张老师就坚定地为皇玛·康之家抢占住了"健康沙发"的品类制高点。如今新冠疫情之下，健康成为全国乃至全世界的核心追求，成为未来人类命运共同体的关键性议题。张老师站在时代的风口，以"重构健康新标准，开创品质新时代"为

大会主旨，为品牌牢牢把握住发展的风向标。这一大会创意，使得皇玛·康之家成为行业中率先提出"健康标准化倡议"的领头企业，成为引领健康沙发产业发展的先驱力量。大会之后，全国多家媒体平台联合进行此次大会的深度报道，皇玛·康之家的行业影响力直线攀升。

张老师为我们品牌牢牢地注入了健康基因，实现了"皇玛·康之家"等于"健康好沙发"的品牌形象与定位链接。创意思考之远，战略高度之高，不得不令人钦佩。我算是真正了解到了张老师为何从创业开始就称自己是"创意的狼"，是"战略的鹰"。皇玛·康之家品牌大会取得的巨大成功，让我又一次看到了张老师对市场的犀利洞察和精准判断。

二、一场超级大会，为企业注入了一剂强心针

这场大会的顺利召开，不仅让皇玛·康之家的品牌高度节节攀升，更重要的是，它在整体市场处于困境之中时，加强了所有皇玛人对品牌的信心，极大地鼓舞了营销团队的士气。

皇玛·康之家20余年坚守真材实料真功夫，实现了健康标准自我变革。张老师当天带来的大会演讲，从健康沙发定位出发，深刻解读了皇玛·康之家的品牌健康战略，充分肯定了皇玛·康之家已具备中国健康沙发一线品牌的品质实力。张老师如此具有感染力的演讲和对皇玛的高度认可，令现场所有的经销商都热情沸腾，掌声的热烈程度，大会的热闹场面，我到现在还记忆犹新。可以说这一场超级大会的举办，比任何营销活动都更有效果，更有力量。激发企业的凝聚力，提升品牌的影响力，张老师真的用一场大会为我们做到了。

三、一场超级大会，打破了疫情下的营销困境

不能转化为实战成果的大会，不能算是一场真正的超级大会。通过这场大会，张老师证明了超级大会就是超级营销这一营销理论，为皇玛交上了一份满意的答卷，也让皇玛迎来了一场久违的订购狂潮。

大会的成功举办，让行业看到了我们深度耕耘健康沙发领域的恒心，更让全国的经销商看到了皇玛与它们创造共赢未来的决心。在疫情防控的特殊时期，大会现场订货量依然创下年度新高，订货额实现大幅度的增长，远超我的预期，让我看到了张老师的超级大会带来的真正效果，它帮助品牌实现了品效合一的多重发展。能在如此低迷的市场环境之下，带来这样一场振奋人心的订货奇迹，帮皇玛解决了最根本的营销问题，我算是真正领略到张老师的策划能力和实战能力了，高，实在是高！

事实摆在眼前，用一场大会助力一个品牌打破市场困境，打开全新局面，只有张默闻

能做到。所以，皇玛·康之家能够再次成为《超级大会就是超级营销②》中的重要主角之一，我发自内心地感到欣喜和激动。因为这本书肯定凝聚了张默闻老师的策划精华，而皇玛·康之家正是超级大会力量的见证者和实践者之一。

我坚信，皇玛·康之家与张默闻老师的合作将会继续下去，而且这样的合作会更紧密、更深入！最后，我代表皇玛·康之家祝张老师新书大卖！

成都诸葛家具有限责任公司董事长

皇玛·康之家品牌创始人

2021 年 5 月 14 日

 **自序**

超级大会是一个企业营销情商的最高表现

一转眼，《超级大会就是超级营销》第一部已经卖空，又一转眼，《超级大会就是超级营销②》就要出版了，我很感谢我的企业家读者，我更感谢那些想把企业营销大会开成超级大会的营销英雄们。谢谢厚爱。

企业开会是常态，创意会、销售会、董事会、客户会、展览会、年终会……企业的发展就是由一个会接着一个会完成的。但是要开一场成功的、火爆的、让品牌和销量都能得到最大提升的超级营销大会是非常考验企业家的战略营销功夫的。张默闻作为服务多家世界 500 强企业和中国 500 强企业的全案策划操盘手，对于企业年度超级营销大会的策划和召开有着深刻的见解。本书精选了 2020 年度最新鲜的客户和最新鲜的超级大会案例，再度提升超级大会就是超级营销的理论高度并充实了重要的实践原理。这也是《超级大会就是超级营销②》精彩上市的重要原因。

本次上榜的案例是中国电动车教父级品牌新日电动车、中国空调窗领军品牌森鹰空调窗、中国润滑油领军品牌龙蟠润滑油、中国健康沙发领军品牌皇玛·康之家。它们都是各自领域的知名品牌，在行业里的影响力巨大，我相信大家会通过张默闻策划的超级大会感受到它们的价值观、品牌力和大营销的意义。

中国人耳熟能详的大会有很多，奥运会、亚运会、G20 峰会、中国"两会"、春节联欢晚会等都说明大会的重要性。我想我们还是通过 20 世纪世界上最著名的三次会议来阐明一场成功大会的力量和意义。它们就是著名的开罗会议、德黑兰会议和波茨坦会议。

1943 年 10 月 19-30 日，苏、美、英三国外交部部长在莫斯科召开会议，为即将召开的首脑会议进行准备，经与中国政府磋商，发表美、英、苏、中四国《普遍安全宣言》。1943 年 11 月 22-26 日，美、英、中三国政府首脑在开罗举行会议。开罗会议签署的《开罗宣言》，是战后处理日本问题的重要国际文件。

1943 年 11 月 28 日至 12 月 1 日，苏、美、英三国首脑在德黑兰举行德黑兰会议，签署《德黑兰宣言》和《德黑兰协定》。会议决定 1944 年在欧洲开辟第二战场，缓解了苏、美、英三国在对德作战方针上的尖锐分歧，对 1944 年在欧洲取得反法西斯战争的决定性胜利起了重要作用。会议对战后重建世界和平，为联合国的诞生奠定了基础。

1945 年 7 月 17 日至 8 月 2 日，苏、美、英三国首脑举行波茨坦会议，决定战后德国应非军国主义化，实行民主化，肃清纳粹主义。这次会议对战后处置德国和欧洲和平问题确立了基本原则。会议就结束对日作战的条件和战后处置日本的问题达成协议，协议以中、美、英三国共同宣言的形式发表，即《波茨坦公告》。

从这三个会议可以看出 6 个关键点：

（1）每次大会都是由"重要时刻 + 重要人物 + 重要议题 + 重要宣言"所构成。

（2）每次大会一定会形成对世界格局有影响的成果，就是促进和平与生态的发展和演变。

（3）每次大会都是利益相关者的角逐，最后达成统一战线，然后各取所需，实现各自诉求。

（4）每次大会都是先确立原则，再达成协议，最后发表联合声明。

（5）每次大会都是一场级别很高的阐明政治观点的大会，获得了国际的普遍支持。

（6）每次大会只有强者才能将大会开出水平，开出效果，开得成功。

当然，我们也可以从中看出这三个会议的 10 个关键词：重要人物、重要时刻、重要使命、重要组合、重要主题、重要原则、重要声明、重要节点、重要价值、重要执行。

那么，这三次会议给企业召开超级营销大会带来什么启示呢？张默闻认为，至少可以带来 10 个方面的启示：

启示 1：超级营销大会要解决所有相关利益者的利益冲突问题，就是分钱的问题。

启示 2：超级营销大会要解决营销内外部统一战线问题，就是拥护的问题。

启示 3：超级营销大会要解决营销模式创新和营销高速发展的问题，就是路线的问题。

启示 4：超级营销大会要解决品牌战略和品牌传播问题，就是品牌影响力的问题。

启示 5：超级营销大会要解决伟大产品和产品伟大的问题，就是产品力的问题。

启示 6：超级营销大会要解决发表营销宣言的问题，就是动员的问题。

启示 7：超级营销大会要解决竞争者带来的压力问题和企业反制的问题，就是进攻的问题。

启示 8：超级营销大会要解决营销原则和立场问题，就是思想的问题。

启示 9：超级营销大会要解决销量增长和利润增长的问题，就是方法的问题。

启示 10：超级营销大会要解决团队军事化思维和军事化执行的问题，就是执行力的问题。

我们千万不要认为企业大会和世界级的国际化会议没有可比性。请记住我的话：你用什么高度和战略去经营你的营销大会，你的营销大会就会有什么高度。我们很多企业天天开营销大会，但始终没有了解营销大会的精髓。一次成功的大会其实就是一次卓越的营销和传播。

中国企业召开年度营销大会有 5 个特色：①只说好的不说差的，以乐为主。②只管压货不管生死，以压为主。③只管催泪不管真情，以泪为主。④只管颁奖不管感觉，以哄为主。⑤只推新品不管结果，以卖为主。张默闻认为，这些营销大会的常态手段，越来越不能提起合作者的兴趣。合作者年年开会，年年失望，年年忍受，年年绝望。怎么办？很简单，找张默闻策划集团来一场年度超级大会，为多年一成不变的营销大会换换血，换换思维，迎接下一次的精彩。

超级大会是一个企业营销能力的最高表现，它是企业营销战略的一次大的行动和汇演。我们可以这样理解：

（1）超级大会可以证明世界上最伟大的变革和最成功的突破都是通过一次超级大会来统一和实现的。

（2）超级大会是企业的最佳营销表演和最佳营销武装的一次综合能力大检阅，它可以极大地振奋人心。

（3）超级大会一定是思想高度统一、模式高度创新、执行高度有效的营销练兵场，这里要的是气氛、气场和气势。

（4）超级大会一定是充满信心、充满力量、充满创意、充满故事的大会，每个人都是故事里的主人翁。

最后，希望每一个企业都开好超级大会。希望每一个企业都能从超级大会里找到企业做大做强的真正方法。希望张默闻和张默闻著的《超级大会就是超级营销②》与您的重逢，帮助您拉开超级大会的合作序幕！因为，我始终坚信超级大会是一个企业营销情商的最高表现。

第三部正在路上，值得大家期待，更值得大家爱戴。谢谢读者，你们是我的命！

张默闻策划集团创始人、"超级大会就是超级营销"理论发明人

2021 年 5 月 30 日写于杭州

目录

【肆】

真材实料真功夫　皇玛品质甲天下

第一章

超级思想

举办超级大会的10个思维

举办超级营销大会，企业家要拥有什么样的思维呢？张默闻认为，要想掌握超级营销大会的核心技术，有十个思维是企业家要深刻理解的。

第一个思维： 统战思维。统战思维就是构建营销统一联合战线，建立全面信仰营销，推动全员营销、全渠道营销、全伙伴营销的合作思维。统战思维是开好超级大会的第一步。

第二个思维： 进攻思维。在营销战争里，我始终信奉进攻是最好的防守。企业营销要敢于向市场进攻，向对手进攻，获得生存机会，获得发展机会，获得成长机会，要建立好自己的市场根据地，要夺取更多的市场阵地。

第三个思维： 品牌思维。在营销事业里，最重要的思维是品牌思维。用品牌思维来指导一切，管理一切，发展一切，营销的所有事情都会条理清晰，攻守自如，稳健增长。

第四个思维： 客户思维。客户思维是超级大会思维的关键思维。只有将客户的利益放在第一位置、最佳段位、中心的中心，客户才会成为你的忠实粉丝和永远的盟友。以客户为中心不是一句口号而是一系列重要的行动。

第五个思维： 新品思维。超级大会就是超级营销的核心点就是超级好产品。超级好产品自己会说话、自己会营销。经销商会为它疯狂，消费者会被它诱惑。好的新产品有三高：高质量、高气质和高功能，大会中这是要下功夫的地方。

第六个思维： 标准思维。在超级大会里，我们一切都要标准化。话术、行动、终端、样板等都要实现标准化。标准化一切，你的超级大会就会事半功倍。

第七个思维： 使命思维。企业营销一定要紧紧围绕你的使命展开所有的工作。使命最伟大的地方就是告诉你现在干什么。所以，大会就是要告诉所有的合作伙伴，我们现在要怎么干，你们要怎么配合，千万马虎不得。

第八个思维： 对手思维。张默闻一直认为，一个企业，一个品牌，一个品类，没有一个超级对手不是什么好事。超级大会就要知道我们的对手是谁，我们跟谁打，我们超越谁，这个思维非常重要，值得每个企业家重视。保守就会失败。

第九个思维： 年轻化思维。超级大会要始终把品牌年轻化放在重要的位置来思考。这个思维是战略思维。品牌年轻化是一个品牌保持百年不变的伟大基因。这个思维要在超级大会中淋漓尽致地发挥出来，不要动摇这个重要理念。

第十个思维： 创意思维。企业家一定要有创意思维。没有好的创意，所有的传播都是0。创意是企业品牌和消费者沟通最好的武器之一。每年都有新创意，每年都有新营销，这样的超级大会才有意义，才有意思，才有成果。

举办超级大会的10个内容营销

超级营销大会的营销就是通过超级营销大会让企业营销被外部营销力量整合与优化后彻底地引爆，让企业的凝聚力和品牌销量成为第一。但是要实现超级营销大会的营销效果要注意以下 10 种营销方式。

第一种是情感营销。 情感营销是企业超级营销大会非常重要的营销方式之一。这要求企业家情感，企业的文化情感和企业的营销情感都要化作一种对营销的独特情感。理解营销，辅助营销，完善营销。让每一个营销人都在企业的情感营销里灵魂共振，行动如一。

第二种是愿景、使命和价值观营销。 企业的超级大会里最重要的内容之一就是要把企业的愿景、使命和价值观进行深度的营销。让愿景，使命和价值观成为企业营销和超级大会的重要精神信仰。为愿景而骄傲，为使命去战斗，为价值观去拼搏。超级大会一定要重视这个内容，否则就会开成一个热闹而没有深度的大会。

第三种是政策营销。 企业超级大会说到底就是路线、方针和政策的营销。政策营销是客户最关心的问题，其实也是企业内部最关心的问题。每年很多企业的内部和外部的客户都会因为企业的路线、方针和政策流失很多人。这一点要值得企业重视，特别在年度超级营销大会上。

第四种是奖项营销。 我们一直认为超级大会是为经销商颁奖的重要时刻，其实也是为企业营销的英雄们颁奖的时刻。我认为营销人奖项应该和经销商等一起颁发。要把奖项营销变成强化我们与客户的感情纽带。我们要把营销将士和他们的服务的客户一起受到加冕，这才能起到重要的情感沟通和荣耀共享的作用。

第五种是故事营销。 成功的大会都是在讲故事。企业的超级大会也要讲好自己的故事。但是这个故事是关于营销者独有的。我们要把讲故事的权利更多地给予营销者和经销商，用故事的力量去感化这个充满了战争性质和战斗性质的团队，很关键，也很有必要。

第六种是参与感营销。 在超级大会中，永远不要让营销将士们和经销商缺少参与感，要让他们积极地参与到大会中。其实他们很会表演，很会配合企业演出，只是我们习惯性地只找两个客户代表发发言，捧捧场，就算了。这对于要把超级大会开成超级营销的企业来说是很大的浪费。

第七个营销是董事长营销。 这是一个要偶像的时代，企业也需要偶像。而企业的创始人和董事长就是这个企业的偶像。而超级大会上企业董事长的演讲至关重要。讲什么，怎么样，讲出什么效果，都是对董事长非常大的考验，对董事长的思想营销者和策划者都是非常重要的考验。董事长营销和营销董事长是超级大会和超级营销的重点。

第八个营销是政治化营销。 企业一定要讲政治、学政治、懂政治，要把政治环境和经济环境与企业环境紧密地结合起来，建立清澈的政商关系，建立亲密的商政体制，建立企业发展与国家发展的命运共同体。企业发展的最终使命是为国家创造更大价值，用这样的思想来指导营销，企业的营销发展才能更安全、更健康、更长久。

第九个营销是传播营销。我们的客户，我们的媒体，我们的投资合作伙伴都非常关注企业的品牌传播战略，希望企业在品牌的影响力上获得遥遥领先的战绩。所以，在超级大会上，传播的战略、传播的战术和传播的力量展示就显得非常重要。传播是企业品牌的最大生产力和发动机，大会对传播的预算和发布对客户的影响是很有必要的。

第十个营销是视觉与听觉营销。如果可以，在超级大会上要进行两个方面的重要营销展示：一个是企业歌曲和广告歌曲的创作与发布，简称为听觉锤；一个是全新的视觉符号的升级营销展示，简称视觉锤。两把锤砸下去，大会就会增加无限芳华，这就是视觉力量和听觉力量的完美平衡。

每个企业的预算不同、规模不同，超级大会的使命也不同。但是，不管是大企业还是小企业，都要把大会开成有特色的大会，让人久久无法忘记，让人久久铭记在心，让人久久心怀崇敬，期待来年再相逢。

举办超级大会的10个运营细节

超级营销大会的运营成败在于细节的完美。细节到位一切都到位，细节不到位感情就不会到位。我们雕琢细节不仅是为了大会几个小时的辉煌，更是为了在员工和客户心理埋下感动的种子，然后让它们慢慢地发芽。这些细节不是战略，但是却比战略更加重要。因为，人的感受超越一切。那么举办超级大会的十个运营细节是什么呢？张默闻认为，以下10个细节值得好好下点功夫。

第一个细节是邀请函的温暖之美。请把邀请函写得像一首诗，像一首歌，像一段哲理语录，让所有受到邀请的人感觉到不到现场很遗憾。

第二个细节是迎宾处的周到之美。请把大会最美的语言和笑容留在迎宾处，让大家踏进超级大会的瞬间就感受到美和温暖。

第三个细节是重视度的感受之美。请让每个人感觉受到重视，都是贵宾。一旦疏忽就会给来宾带来不好的印象，要把春风刮到每个人的心里。

第四个细节是房间里的问候之美。请把客人的房间里写满你的问候，不管是一张卡片、一叠水果、一束鲜花、一首诗，还是门锁上一颗心。

第五个细节是就餐时的舒心之美。请让大家在就餐的时候感觉到平等和得体。嘉宾座位、敬酒词、特别感谢名单等要不断出现在节目中。

第六个细节是入场时的自豪之美。请重视每个人入场的感觉。要尽量让每个人的形象都在大屏上高光闪现，让来宾陡然觉得自豪最美。

第七个细节是演讲者的感染之美。请把演讲嘉宾一定要找好，因为伟大的演讲嘉宾就是大会的质量保证。演讲最重要的是要有超级感染力。

第八个细节是大屏幕的吸睛之美。请把你的大屏满塞满时尚与创意。每一行字、每一个画面、每一句话都是满满的力量，都是吸睛的武器。

第九个细节是价值观的信心之美。请把大会要传导的价值观细细地传导给你的观众与客户。价值观输送最好是"润物细无声，落在灵魂里"。

第十个细节是大会后的送别之美。请把大会后的客人送好，让他们感觉温暖从未离开，激动从未离开，感动从未离开，下次还要再来。

张默闻认为，开好超级大会，会议战略是企业家的能力，但是会议细节是团队的能力。一个有能力的团队最高超的地方不是热闹，而是那些处处温暖人心的细节。细节到了，山河都会变色，花草都会歌唱。细节都是问题，表面大家客客气气，回到房间骂骂咧咧，这个会其实已经失败了。希望大家做好细节，给超级大会一个连呼吸都美得不行的会议之旅。

举办超级大会的10个超级节目

你们以为把以上的内容做好了，就可以把企业年度超级营销大会开好了？未必！依据中国企业市场现状，根据中国品牌生存环境，张默闻认为：企业年度超级营销大会的10大超级节目也非常重要，没有它们，大会就会逊色很多。这些节目不是必需的节目，而是我认为可以为超级大会加分的节目。

第一个超级的节目：董事长的超级演讲。董事长演讲很重要，讲什么更重要。他演讲的调子是决定年度的营销大会能否开出效果的重要保证。

第二个超级的节目：大单品的超级亮相。超级大会必须有超级大单品压阵。如果说路线方针和政策是客户的信心，那么大单品就是客户的钱袋子。

第三个超级的节目：听觉锤的超级发布。希望每一年企业都能为自己的品牌创造一首广告歌曲，让大家唱起来，传起来，全民K歌K起来。

第四个超级的节目：新创意的超级热推。超级大会一定要有品牌的超级创意，超级创意就是下一年的宣传话术和终端的宣传故事，太重要了。

第五个超级的节目：重量级的超级嘉宾。大会到底请谁做压轴演讲嘉宾很关键，这个人要千方百计找好，否则钱花了、戏唱了，效果却完蛋了。

第六个超级的节目：化石级的超级用户。超级大会里一定要有超级用户，最好是化石级用户。请用户讲故事最有用，憨厚的用户比广告更好。

第七个超级的节目：震撼性的超级全案。一个大会里一定要有一个年度的战略全案，告诉大家我们的方向、我们的版图与我们可以达成的目标。

第八个超级的节目：最佳级的超级奖项。奖项真的很重要，你怎么对待奖项，受奖人就会怎么对待你。所以我们必须要对奖项进行策划和营销。

第九个超级的节目：超豪华的超级节目。娱乐，娱乐，还是娱乐。会议有多严肃，节目就要有多娱乐。解放大家的心情很重要，娱乐要再疯狂一点。

第十个超级的节目：燃点高的超级营销。在超级大会中，我们必须发布年度营销动员令，让营销团队知道营销的使命和打法，为全面决战赋能。

亲爱的读者们，节目好不好，就看大家信心来没来。好节目是创意出来的，更是执行出来的。每个节目都有自己独特的作用和使命，做好每一个节目，就做好了每一个超级大会，超级大会就变成了超级营销。

举办超级大会的20个重要"承担"

张默闻认为，一场成功的中国企业超级营销大会有 20 个"承担"，简称 C20。只要每个人都知道自己承担什么，大会的方向就不会偏掉，大会的信心就不会打折。因为一场大会是由无数个小会组成。那么，我们亲爱的 C20 是什么呢？

第一个"承担"：超级领袖承担的超级方向。**关键点：**保证营销战略方向正确。

第二个"承担"：超级目标承担的超级使命。**关键点：**保证营销目标稳健落地。

第三个"承担"：超级造势承担的超级期待。**关键点：**保证会议热度精彩不断。

第四个"承担"：超级嘉宾承担的超级力量。**关键点：**保证嘉宾观点助力营销。

第五个"承担"：超级主题承担的超级影响。**关键点：**保证大会主题领先行业。

第六个"承担"：超级策划承担的超级震撼。**关键点：**保证策划演讲嗨翻全场。

第七个"承担"：超级信仰承担的超级服务。**关键点：**保证营销信仰落地服务。

第八个"承担"：超级主持承担的超级气场。**关键点：**保证主持气场引导全场。

第九个"承担"：超级视觉承担的超级品位。**关键点：**保证视觉设计引导传播。

第十个"承担"：超级真诚承担的超级共鸣。**关键点：**保证所有承诺变成行动。

第十一个"承担"：超级单品承担的超级销量。**关键点：**保证伟大单品带动销量。

第十二个"承担"：超级大片承担的超级洗礼。**关键点：**保证形象大片震撼心灵。

第十三个"承担"：超级政策承担的超级动力。**关键点：**保证路线政策促进动力。

第十四个"承担"：超级采访承担的超级新闻。**关键点：**保证报道内容登录头条。

第十五个"承担"：超级创意承担的超级传播。**关键点：**保证广告创意获得认可。

第十六个"承担"：超级统帅承担的超级团队。**关键点：**保证营销统帅名副其实。

第十七个"承担"：超级模式承担的超级拥护。**关键点：**保证营销模式抵御竞争。

第十八个"承担"：超级故事承担的超级口碑。**关键点：**保证品牌故事口口相传。

第十九个"承担"：超级终端承担的超级动销。**关键点：**保证终端运动持续火爆。

第二十个"承担"：超级晚宴承担的超级幸福。**关键点：**保证晚宴画风幸福悠扬。

此刻，我又想起了长江商学院的同学问我的问题：在全案营销策划里什么是最重要的？现在我可以回答你，一次成功的企业年度超级营销大会是最重要的。因为，你所有的精彩和想法都要转化为销售，而销售的转化需要一场令人震撼、令人感动、令人信服的超级大会来完成。不信，走着瞧！

举办超级大会的盛典模式和10个原则

　　超级营销大会是一个企业的全员行动大会，具有高战略思维和高战术思维的特性。结合我们操作的无数成功案例与对全球著名企业营销大会的洞察和研究，我们给中国企业的年度超级营销大会设计了独特的大会运营模式——企业盛典级营销大会模式。所谓盛典级营销大会模式就是按照文艺界的盛典思维来开大会。我们就拿其中的颁奖一项来说，可以将奥斯卡电影节的运营模式搬运到企业，解决企业盛典级营销大会的风格。虽然颁奖只是其中的一个重要环节而已。

　　首先，让我们深度了解一下什么是奥斯卡？看看我们企业颁奖的水平和奖项名称以及奖杯的特色如何和它们媲美？奥斯卡金像奖（Oscars），又名美国电影艺术与科学学院奖（Academy Awards，中文简称学院奖），是由美国电影艺术与科学学院主办的电影类奖项，创办于1929年。该奖项是美国历史最为悠久、最具权威性和专业性的电影类奖项，也是全世界最具影响力的电影类奖项。奥斯卡金像奖是美国电影界的最高奖项，与艾美奖（电视类奖项）、格莱美奖（音乐类奖项）、托尼奖（戏剧类奖项）并称为美国演艺界四大奖（EGOT）。奥斯卡金像奖共设置22个常设奖项和3个非常设奖项，此外美国电影艺术与科学学院还设置独立于奥斯卡金像奖的3个荣誉奖项，合称为奥斯卡理事会奖。奥斯卡金像奖每年举办一届，一般于每年2月至4月在美国洛杉矶好莱坞杜比剧院举行颁奖典礼，全球超过200个国家和地区进行电视或网络直播。

　　我们可以看看它们的奖项设置：

最佳影片（Best Picture）

最佳导演（Best Directing）

最佳男主角（Best Actor in a Leading Role）

最佳女主角（Best Actress in a Leading Role）

最佳男配角（Best Actor in a Supporting Role）

最佳女配角（Best Actress in a Supporting Role）

最佳原创剧本 [Best Writing（Original Screenplay）]

最佳改编剧本 [Best Writing（Adapted Screenplay）]

最佳摄影（Best Cinematography）

最佳剪辑（Best Film Editing）

最佳声音效果（Best Sound）

最佳视觉效果（Best Visual Effects）

最佳化妆与发型设计（Best makeup and Hairstyling）

最佳服装设计（Best Costume Design）

最佳艺术指导（Best Production Design）

最佳原创音乐 [Best Music（Original Score）]

最佳原创歌曲 [Best Music（Original Song）]

最佳原创音乐剧 [Best Music（Original Musical）]

最佳动画长片（Best Animated Feature Film）

最佳动画短片 [Best Short Film（Animated）]

最佳真人短片 [Best Short Film（Live Action）]

最佳纪录长片 [Best Documentary（Feature）]

最佳纪录短片 [Best Documentary（Short Subject）]

最佳国际影片（Best International Feature Film）

奥斯卡荣誉奖（Academy Honorary Award）

欧文·撒尔伯格纪念奖（Irving G. Thalberg Memorial Award）

吉恩·赫肖尔特人道主义奖（Jean Hersholt Humanitarian Award）

张默闻认为，年度超级营销大会的颁奖环节就应该办成像奥斯卡金像奖一样具有盛典性质的超级颁奖。我的理由有四个：

第一：这个世界上，只有重要奖项才能获得人们的向往。

第二：这个世界上，只有奖项的高价值才能获得人们的参与。

第三：这个世界上，只有在奖项中营销自己的信仰才能容易获得认可。

第四：这个世界上，只有获奖才会在精神和物质上达到统一的热血峰值。

但是人们向往奥斯卡不仅仅是因为获奖，更是因为对电影的至高无上的热爱。对于企业而言，把传统的营销大会开成一个盛典是符合新时代企业的营销需求的。

张默闻认为，企业应该为员工和合作伙伴颁发系列最佳奖项（张默闻原创奖项，企业可以创新使用）：

最佳企业营销指挥官奖　　　　　　　　最佳企业传播作品奖

最佳企业价值观营销奖　　　　　　　　最佳企业经销商营销奖

最佳企业伟大产品发明奖　　　　　　　最佳企业经销商管理奖

最佳企业经销商场景创新奖　　　　最佳企业供应商成本奖

最佳企业经销商信任奖　　　　　　最佳企业供应商长期主义奖

最佳企业营销话术奖　　　　　　　最佳企业供应商质量奖

最佳企业营销海报奖　　　　　　　最佳企业营销策划公司奖

最佳企业营销学院奖　　　　　　　最佳企业营销媒体代理奖

最佳企业营销人力资源管理奖　　　最佳企业营销（董事长）特别奖

最佳企业营销品牌年轻化奖　　　　最佳企业营销年度综合成就奖

最佳企业营销公共事务管理奖　　　最佳政府支持特别奖

　　一次类似奥斯卡金像奖的企业超级营销大会，人人盛装，场场盛宴，每个人都怀着朝圣的心情来参加超级大会，那是多么令人向往和震撼。但是要想保证超级大会成为超级营销，还要遵守 10 个重要的原则：

第一个原则： 重要主题要重点宣讲的原则。**关键点：** 主题要吸引人。

第二个原则： 重要客户要重点报道的原则。**关键点：** 报道要选对人。

第三个原则： 重要产品要重点登场的原则。**关键点：** 产品要感染人。

第四个原则： 重要要求要重点强调的原则。**关键点：** 要求要震撼人。

第五个原则： 重要采访要重点发布的原则。**关键点：** 发布要说对人。

第六个原则： 重要奖项要重点颁发的原则。**关键点：** 奖项要给对人。

第七个原则： 重要演讲要重点时间的原则。**关键点：** 演讲要改变人。

第八个原则： 重要明星要重点使用的原则。**关键点：** 明星要激发人。

第九个原则： 重要盛宴要重点感动的原则。**关键点：** 盛宴要打动人。

第十个原则： 重要政策要重点沟通的原则。**关键点：** 政策要人传人。

　　张默闻认为，原则通，则会议成。一个失败的大会总有很多原因，一个成功的大会只有一个原因，就是掌握了重要原则，运用好了重要原则，丰富了重要原则，落实清楚每一个步骤，让每一个环节都爆发出无限精彩。大会就像一盘棋，走好每一步，才能笑傲到最后。

第二章
超级案例

新日超战略
锂电超高端

2020新日超战略全球发布会策划纪实

在短短不到 1 年的时间里，新日品牌取得了突破性成就，会后短短半个月，新日股份市值由会前的 27 亿元跃升至 40.23 亿元。2020 年 10 月 24 日，新日股份公布 2020 年三季报，报告显示前三季度营业收入 43.6 亿元，同比增长 78.54%；归属于上市公司股东的净利润 1.24 亿元，同比增长 38.44%，基本每股收益 0.61 元；2020 年三季度成交额同比增长 58.62%；截至 2020 年 11 月 28 日，新日股份市值已突破 73 亿元大关。突破性的成就背后就有这场超级大会所承载的超级力量，令人超级振奋！

新日电动车创始人、董事长

新日超战略全球发布会，震撼来袭。

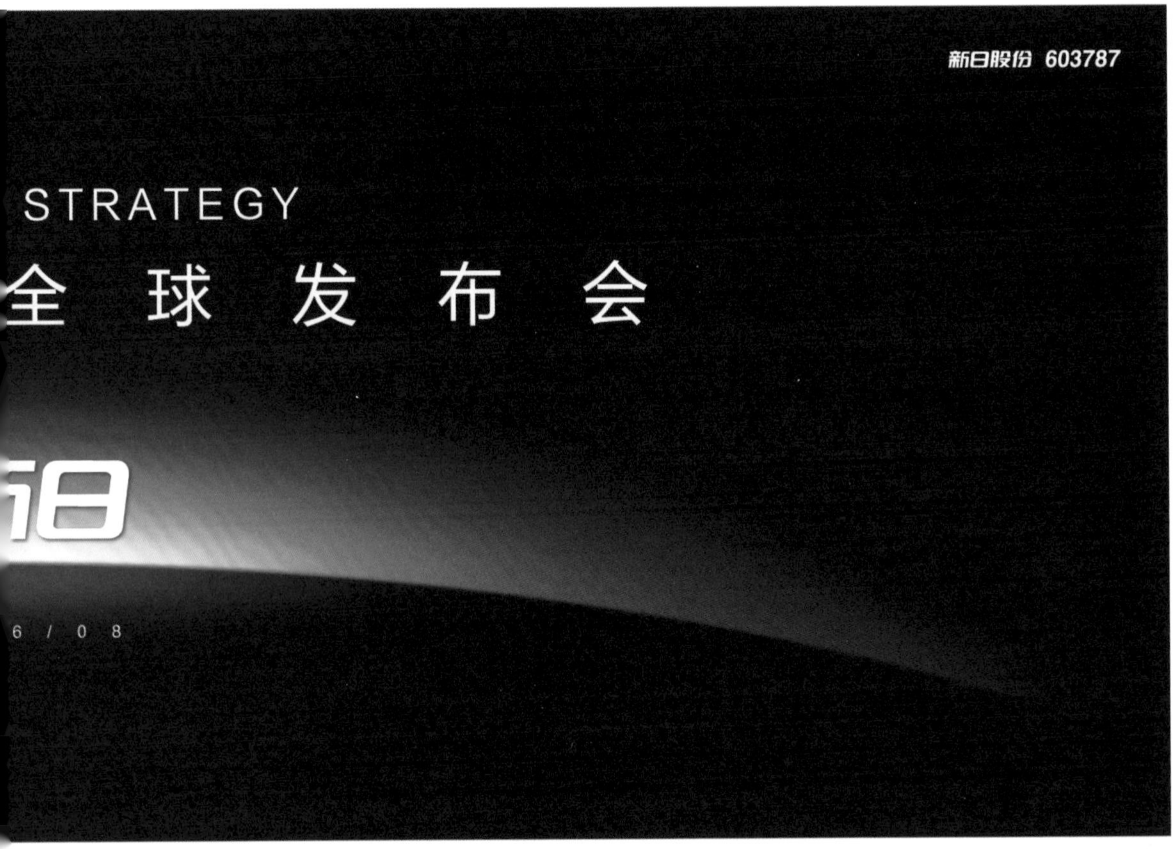

新日股份 603787

STRATEGY

全 球 发 布 会

6 / 08

图①：新日超战略，是赶超智慧与赶超科技的融会贯通，本次大会全方位展示新日超实力，精彩即将开始。 图②：新日超战略大放异彩。
图③：来自全国各地的嘉宾入场，携手超战略，留下浓墨重彩的一笔。 图④：新日超战略乘风飞扬，掀起新日品牌风暴。 图⑤：超战略超传播，各大媒体竞相报道。

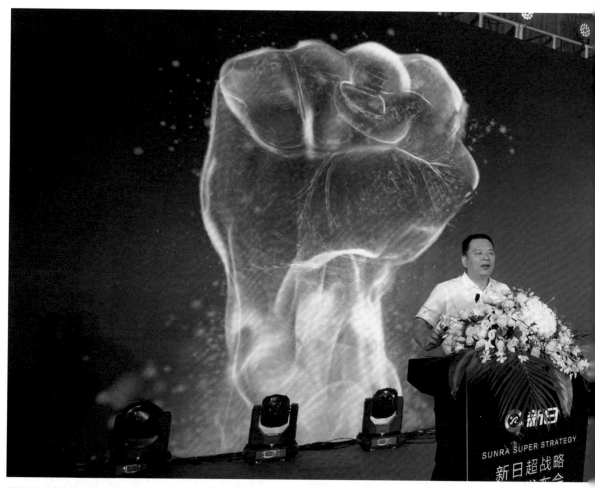

新日电动车董事长张崇舜在大会现场解读超战略，超级内涵与超级信心，收获雷鸣般的掌声。

  2020 年 6 月 8 日，张默闻策划集团全案客户，中国电动车行业头部品牌——新日电动车（新日股份：603787）在无锡太湖饭店成功召开"新日超战略全球发布会"。

  基于大量、深度调研与细致、专业剖析，张默闻在会上提出了符合新日电动车品牌现状的一系列营销策划主张与品牌升级策略，推出新日品牌发展超战略，获得中国自行车协会理事长刘素文，新日股份董事长张崇舜、总裁赵学忠，永达传媒董事长周志强等领导嘉宾以及现场所有经销商的一致认可与高度评价。由张默闻带来的"超赞超战略，有利有锂电"主题演讲更是振奋人心，一度将会议推向高潮。随着一项项品牌战略的全新发布，会场气氛持续高涨，全体与会人员对新日的未来发展前景信心倍增，大会在连片掌声热浪中圆满落下帷幕，为中国电动车行业更迭进程留下浓墨重彩的一笔。

【超级背景】

新日寻求品牌升级重回行业巅峰

江苏新日电动车股份有限公司是中国电动车行业首家登陆主板 A 股的上市企业，拥有多个大型智能生产基地和众多科研检测机构，与美国麻省理工学院、中国科学院、清华大学等知名院校形成了产学研一体化战略合作关系，并成立纯电动车行业首个"博士后工作站"和"院士工作站"，是业内唯一一家同时为北京奥运会、上海世博会、西安世园会提供过服务，并曾与中国航天事业建立合作伙伴关系的中国五百强企业。凭借引领行业的科研成果、产品优势与品牌实力，新日迅速发展为推动行业进步的国民品牌，新日电动车也成为中国高品质、高性能电动车的代名词，并不断致力于开拓产品技术边界、优化销售渠道建设、更新行业规范标准、开辟新型发展模式，为中国电动车行业、全球交通事业贡献一份坚实力量。

作为电动车行业知名品牌，新日明白自身发展的关键就在于是否能抓住瞬息万变的机遇，只有迎向汹涌而来的时代浪潮，企业才能找到广阔的市场空间来容纳品牌的体量和增长的速度，实现自身品牌发展目标。当此时局，新日敏锐地察觉到了时代风向的变化与行业未来趋势的转变，并开始集中精力推动电动车智能化的科技与品牌进程，及时寻求发展模式的转变，向着构建企业公共形象，确立自身品牌定位，全面升级服务标准，提升用户消费体验等方向发出品牌变革信号。

此外，随着新时代行业变革，各大电动车企业纷纷加快发展进程、加大转型力度，市场形势愈发严峻，内敛锋芒的新日让出销量龙头位置许久，亟待打破当前竞争格局，巩固并提升自身品牌地位，重回行业巅峰。而在新日超战略全球发布会上，已为新日探出品牌升级良方的张默闻成竹在胸，慷慨演讲诠释战略，为新日全体将士注入一剂强心针：新日电动车为推动中国电动车行业做出过杰出贡献，不管是在产品还是营销上，新日一直是行业创新发展的典范，随着本次新日超战略全球发布会的成功召开，即将再次领跑行业，属于新日的全新时代即将到来。

一场超级大会的诞生始末，犹如创造一个奇迹的过程，背后是一股股力量的汇聚，是一个个创意的爆发，是一项项策略的升华，最终蜕变为一次营销的巨大飞跃。新日超战略全球发布会提上日程后，张默闻即刻带领团队着手筹备，收集、诊断新日品牌与产品相关信息，运用自身敏锐的全案思维与杰出的策划才能，亲自创意制定大会方案，并巧妙结合过去新日电动车在行业中的领军地位，策划了以《让新日再次伟大》为题的整合营销传播品牌全案，除一系列经典营销策略外，还对品牌灌注了高度信任与衷心祝愿，势必让新日电动车的未来大放异彩。张默闻高度重视本场大会，亲自操刀大会营销与传播层面策划事宜，并全程参与制定、调整会议总体流程，带领张默闻策划集团项目团队奋战前线，从行业领导致辞、战略发布仪式和媒体签约仪式规划，到现场秩序维护，再到会场主画面布置、音画效果呈现，事无巨细地筹备大会所需各类事项，始终与新日全体将士站在一起，以全程无尿点、零差错、超规模、国际化的严格标准，为新日电动车这场品牌升级之战出谋划策，为新日超战略全球发布会的召开保驾护航。

经过缜密的调研诊断，张默闻精准找出了新日电动车品牌升级的突破口，围绕战略主旨，迅速敲定本场超级大会的重要议题，确立新日电动车品牌升级的核心内容，并指导团队积极进行大会相关的PPT优化、会务清单梳理、网络发布会简案撰写等各项工作，同时全方位布局传播策略，有序拟定倒计时文案、邀请函文案、宣誓词、视频文案、媒体采

新日电动车"Hello 锂"系列锂电新品亮相：Hello，帅哥美女。

访等所需文件，同步进行主画面、邀请函、海报、物料、产品主画面、锂电池画面、LED流程画面、VI 应用规范等设计，层层把关，为确保大会的正常开办发挥了重要作用。在前期筹备过程中，张默闻对新日品牌现状有了更深入的了解，有感而发，亲自执笔写下主题为《超赞超战略，有利有锂电》的演讲文稿，句句肺腑之言，阐述超战略布局、剖析新日电动车品牌基因和发展优势的同时，展开对其未来的长期规划与无限畅想，以铿锵有力的话语致新日，敬品牌，为新日电动车指明品牌腾飞的阳光大道，为这场备受瞩目的品牌盛宴挥舞旗帜，为新日品牌迎来荣耀加冕时刻。

【超级现场】

张默闻定位新日超高端超能跑锂电车，大手笔启动新日超战略全球发布大会

2020 年 6 月 8 日，新日电动车"新日超战略全球发布会"在无锡太湖饭店成功召开，会上，由张默闻提出的新日电动车全新定位——"超高端智能锂电车"成功发布，并获得中国自行车协会理事长刘素文、新日股份董事长张崇舜、总裁赵学忠、永达传媒董事长周志强等领导嘉宾以及所有现场经销商的一致认可。

战略升级：超战略为新日品牌保驾护航

对于一个航行在汪洋大海中的水手来说，除了食物和饮水之外，指南针也必不可少，它能帮助水手避免因迷失方向而陷入危险境地。对于沉浮商海、搏弄风浪的企业而言，战略就是指引着航行方向的指南针。战略是根据企业总体发展需要而制定的，它所追求的是整体效果，本质就是全面的、长远的、根本的策略。在注定充满着挑战和机遇的品牌发展征程中，战略的重要作用不仅体现在调整品牌当前发展决策层面，更是注重于对品牌未来的总体布局。面对新日电动车品牌现状全面调整和未来全新升级的决定性命题，超战略就是那个最完美的答案。

现场主义实战调研，品牌战略全面布局

面对新国标背景下的政策转变，以及日趋激烈的行业竞争环境的双重挑战，新日电动车开始寻求品牌和营销的进一步突破，并在全国范围内寻找品牌策划机构，助力新日实现品牌全面升级发展。在此契机下，凭借成功服务多家世界 500 强和中国 500 强企业的丰富策划经验和全案策划实力，以及忠于实战的现场主义精神，张默闻策划集团从众多竞争

机构中脱颖而出，独得新日电动车的青睐，并快速签约建立独家战略合作伙伴关系，成功斩获又一项"百亿品牌工程"。

与新日电动车合作以来，张默闻从调研到策划全程事必躬亲，带领项目组进驻新日电动车总部进行实地考察调研，从根源出发探寻当前新日电动车的企业状况，并在疫情期间通过互联网完成了河北、江苏、湖北、山东、福建等地的重要经销商以及中美跨国经销商在线访谈，及时掌握了来自一线市场的真实反馈，详细了解了当前的竞争环境，也发掘出新日当前阶段所存在的诸多发展弊端，找出了近年品牌发展进程缓慢根源所在，同时深入研究市场局势变革情况与行业竞争环境，积极推进和指引新日电动车的品牌战略工作，对新日超战略全球发布会的规划与召开发挥了巨大作用。

经过反复研讨与深度思考，2020 年 3 月，张默闻日夜兼程率队前往新日电动车江苏无锡总部，提报了多达上千页的新日电动车品牌整合营销策划全案。在长达 6 个多小时的精彩提案中，张默闻抽丝破茧，以调研、竞品、战略、文化、定位、视觉、单品、营销、教育、传播等为切入点对新日电动车品牌进行了整体解析与重构，并围绕企业现状，结合品牌实情，从战略到战术、从品牌到营销、从定位到创意、从广告到传播、从文化到执行环环相扣，对新日电动车进行了整体的品牌战略升级布局，向与会高管描绘了新日电动车的宏伟蓝图，新日电动车董事长张崇舜当场拍板决定："马上安排落地执行。"

超战略全方位公开，指明品牌前进方向

新日超战略全球发布会现场，张默闻指出，面临如今强者更强、后者逐强的格局，能让新日再次伟大，实现品牌全面升级飞跃的必然选择就是——超战略！这是张默闻策划集团基于实地调研与实战经验得出的超级成果，是新国标的新时代背景下为新日电动车量身定制的超级战略，同时也是以品牌产品为核心、以经销商和用户为两翼的品牌配置，更是全体新日人的共同选择和共同奋斗的宣言。

什么是超战略？超战略就是赶超思维和敢超行动的合体。超是超越、超过、超级，最终实现弯道超车；赶超的赶是赶快，敢超的敢是敢于，第一个是速度，第二个是决心；核心关键词是执行力赶超、产品赶超、品牌赶超和终端赶超的四超思维。目前新日需要的便是"赶超主义"，主义在，精神就在，信心就在，重回巅峰便指日可待。为什么是超战略？在此次新日超战略全球发布会上，张默闻强调，新日拥有 22 年电动车生产经验，出口全球近 100 个国家和地区，是中国电动车领军品牌，而新日股份董事长张崇舜是真正的电动车教父，对产品具有爱因斯坦一样的敏感，新日从核心科技到品牌基因，完全符合超战略的全案营销策略条件。

随着本场大会的成功召开，新日电动车明确了品牌升级的战略前进方向，将这场巨头品牌崛起之战一举打响。在新日电动车品牌升级的关键阶段，张默闻针对性地提出"超战

图①：张默闻与新日电动车董事长张崇舜就新日发展达成高度共识，彼此信任，乘风破浪！

图②～图⑤：望闻问切，张默闻马不停蹄进行现场调研，一字一句深度剖析，寻找新日电动车发展线索。疫情期间，中美远程、线下线上联合调研，事无巨细。

略"，推出"定位与创意贯彻、视觉与形象确定、营销与传播落地、团体与信心提振、产品与包装设计、执行与落地布局"六步一体的构想，并从战略、文化、品牌、视觉、营销、传播、活动、团队等各个角度提出精准务实的全方位策略，为新日电动车这艘搏行业新风，乘时代浪潮的巨轮保驾护航，以锐不可当之势迈向品牌全新征程。

为更加精准地落实新日超战略，将新日"新一代汽车级锂电池，保 5 年"的要点深入普及，同时将新日技术理念更准确地传达给消费大众，新日积极开展全国"超战略"旺季启动会，聚集全国经销商团队进行培训，助力超战略落地终端市场。培训会议上，新日股份商学院为全体新日人准备了全新的品牌策略发布会、营销策略发布会、产品策略、2020 年导购培训和终端管理，以及超高端智能锂电车卖点和劲爆旺季启动会会议政策等若干环节，并从个人形象、团队形象、店面形象三大维度为大家带来详细的讲解，从细节做起，从每一个终端门店 5P1S 做起，包括人员精神面貌提升、售前、售中、售后的服务支撑、店铺形象、氛围、产品结构的整体改善，一场终端形象升级风潮悄然而至，为打造新日国际化与高端化的品牌形象注入强劲力量。培训结束后，来自安徽淮北的葛总真情表示："新日全新的品牌战略和终端形象、靓丽的产品以及强有力的锂电池话术，无疑给大家服下了一颗定心丸，我们对新日的未来充满信心！"

超战略之锂电策略，时代赛道赢家领跑

超战略的横空出世，无疑给如今群雄争霸的中国电动车行业带来一场巨大的"市场地震"。在张默闻的操盘指挥下，新日再次焕发蓬勃生机，向百年新日的品牌目标迈出势不可当的步伐，一路高歌猛行，稳占着行业巨头的宝座，新日锂电也一度成为行业热议话题，电动车业界刮起一阵奇袭风暴。但目前而言，新国标正当时，铅酸电池仍然占据主流，性价比仍是消费者主要关注话题，下沉市场仍是动销主阵地之时，张默闻深谙战略依靠传播扩大能效的真谛，并始终认为，随着新日超战略的持续推进，锂电策略必不可缺。因此，张默闻提出在超级品类的推广过程中，新日必须解决教育市场、策划爆品、宣传品牌的三大问题，通过一系列举措教育市场普遍接受锂电车，让新日锂电车占据超高市场覆盖率，用超高端这张王牌主推锂电发展，且保证三者并行，长期持续更是关键所在。

而解决以上问题，则必须算好经济账，解决性价比问题，做好公关事，以各类公关活动充实新日锂电车故事底色、区分好市场，以定制化与定量化相结合的方式开发爆品、培训好终端，实现管理与培训标准化，用终端打破战略层面的空中楼阁幻象，并找准宣传口，紧跟消费群体实施差异化的宣传策略，一举解决市场、爆品与品牌的问题。张默闻表示，打造锂电车爆品是新日实现销量突破、口碑突破、品牌突破的重要举措，对爆品的重视不仅在于市场营销，还在于对爆品技术的深入研发；不仅是战略层面的职责，更是科技层面的职责。而新日锂电的传播与锂电车爆品的打造，其实就是超级品牌与超级品类相互借力

图①：超战略，超成功，提案圆满结束，让新日再次伟大，为张老师点个赞！ 图②：张默闻提案上千页，历时一整天，诚意十足，分量千斤。 图③：点赞新日！点赞超高端！点赞张默闻！ 图④："马上安排落地执行！" 图⑤：新日超战略，我看行！ 图⑥：提案现场掌声不断。

的过程，将新日锂电这一概念打出去并打响，就是从根本上贯彻超战略的关键环节，亦是成就新日超级品牌的决定因素。

依靠对品牌营销的敏锐洞察力与精准判断力，张默闻迅速找出新日电动车在锂电策略的推广中存在过度依赖网红及直播、忽视品牌传播、缺少对金牌活动金牌店铺的极致化打造等几大误区，准确地把住新日品牌命脉，并结合企业发展现状分析表示：对于新日而言，走出误区就是抓住机遇。张默闻运用卡位战略，在超战略的基础上布局未来，为新日指明了战略方向，如通过百城高铁打造品牌形象高地，重点宣传超高端；用百城终端负责锂电传播落地，重点传播锂电优势；以百家软文进行市场教育公关宣传，重点讲公关活动；从百个短视频渠道制造内容营销，重点展示年轻化品牌。除爆品打造策略之外，张默闻还为新日策划了消费者、锂电专家、电动车专家三大访谈，明星进店体验，网红联名款打造，权威机构检测等各类形式丰富的锂电推广战略，全方位展示新日锂电的优越性、经济性、实用性、专业性，让消费者真正理解新日超高端智能锂电车的核心科技、核心卖点、核心质量与核心服务，帮助新日占据中国和全球智能锂电车销量遥遥领先的品类位置，实现品牌弯道超车，领跑电动车智能锂电时代。

品牌升级：实现品牌定位与形象新突破

不同于传统行业的颠覆性创新或新兴行业的开创性崛起，具备一定规模的企业进行品牌更迭升级时，除最终的品牌宣传需求之外，还受差异化竞争策略、技术迭代需求、市场消费主体人群、新品类产品开发等众多因素影响，且移动互联网的兴起导致消费者需求发生明显变化，越来越多品牌向着年轻化、时尚化、国际化方向转型。对多年引领行业发展趋势的新日电动车进行品牌升级，更需结合行业竞争对手与市场需求环境，在保留当前品牌识别度与吸引力优势的同时，进行最大程度的品牌焕新，从品牌定位、产品定位到主画面形象、终端形象等方面展开全方位升级，完成品牌突破性跨越，让新日电动车再度走上行业前沿。

创意成就多维亮点，品牌定位全面跨越

随着超战略的震撼公布，新日电动车的全新品牌定位也隆重发布——新日超高端智能锂电车。面对电动车行业群雄盘踞的局面，张默闻经过专业细致的诊断剖析与归纳提炼，创造性地提出超高端智能概念，一语破局，成功锁定高端市场，占领消费者心智，助力新日实现品牌全面升级，品牌号召力与影响力跃居行业前列。大会现场谈及新日电动车的品牌定位创意时，张默闻一语概之：对品牌而言，名字就是广告，广告就是名片，将品牌、品类与定位结合统一，打出"新日超高端"这张王牌是关键的一步，锂电电动车定将成为新日经销商和用户的高端选择。

随着新国标正式施行，轻便的锂电池取代传统的铅酸电池已成大势所趋，锂电池将成为驱使电动车行业变革的一大关键要素。在规划新日品牌升级策略时，张默闻抓住新日电动车锂电池智能科技的核心卖点，针对锂电池以高速乘用汽车动力系统为标准，开发安全、长寿命核心电芯，敏锐地提出"汽车级锂电池"全新销售主张，同时充分结合新日电动车所采用锂电池具备的 1500 次充放电循环的超长寿命，与新日"5 年内电池容量低于 70% 免费更换"的超长质保亮点，整合推出"新一代汽车级锂电池 保 5 年"的核心诉求，为消费者提供了更优的电池选择方案，在新日超战略全球发布会上一经公开，便激发起行业内外的千层浪，助力新日开启电动车行业锂电新大门。

品牌定位是使品牌在社会公众心目中占有一个独特的、有价值的位置的行动。从新日电动车品牌与产品本身出发，为新日确定品牌定位、销售主张、核心诉求后，张默闻再度着眼于行业竞争局面和市场环境，提出"出口全球近 100 个国家"的品牌竞争定位，以数字形式强化记忆点，突出超高端品牌形象，深度体现新日电动车品牌全球化、产品受欢迎、市场基础广等品牌优势。同时张默闻用一句通俗易懂的"超能跑"，轻松找准新日电动车的质量卖点定位，高度概括新日电动车的产品质量优势，以跑得超远、动力超足、超级耐用三大要点锁定"超能跑"，在新日电动车产品自身动力、电源、控制、辅助四大系统的结合下，最终实现"超能跑"。通过新日品牌各方面定位升级，新日电动车成功以领跑行业的速度、比肩国际的高度、贴近用户的温度，强有力地冲击电动车市场，弯道超车，逆势实现品牌全面跨越。

品牌形象全面焕新，视觉呈现亮眼十足

本次新日超战略全球发布会同步公布了由张默闻亲自创意并全程监制的新日全新品牌主画面，全面提升新日电动车品牌形象。张默闻始终相信创意即策略，品牌主画面是彰显品牌自身价值观的战略阵地，必须具有主张明确、价值独特、视觉冲击、打动人心四大特点，画面广告语更是于方寸之间见功力，细微之处见真章，寥寥数语却字字值千金，对于企业品牌战略的传播落地起着关键作用。品牌主画面使用灰色作为主色调，科技感与品质感十足；醒目的黄色字体具有强烈的视觉冲击力；用加框的形式特别强调"保五年"，重点突出核心卖点，利于形成视觉记忆点；画面搭配新日最新产品 MIKU Super，车型前卫炫酷，整体充满高端质感，与新日超高端品牌定位相得益彰，在新日董事长及高管们、全体经销商、消费者心中留下极其深刻的品牌印记。

张默闻认为，品牌形象升级焕新的首要标准是要通过视觉途径传输产品信号，让消费者在生活里看见品牌、在市场上找到品牌、在无形中信任品牌，一个良好的品牌形象是企业吸引消费者的关键，是企业在市场竞争中的有力武器。除品牌主画面外，张默闻还对新日电动车的产品、门店、活动海报、灯箱、展厅、锂电池包装、服装、标识、官网等方面

超高端
智能锂
新一代汽车级锂

保5年*

新日超高端智能锂电车品牌主画面赏析。

新日股份 603787

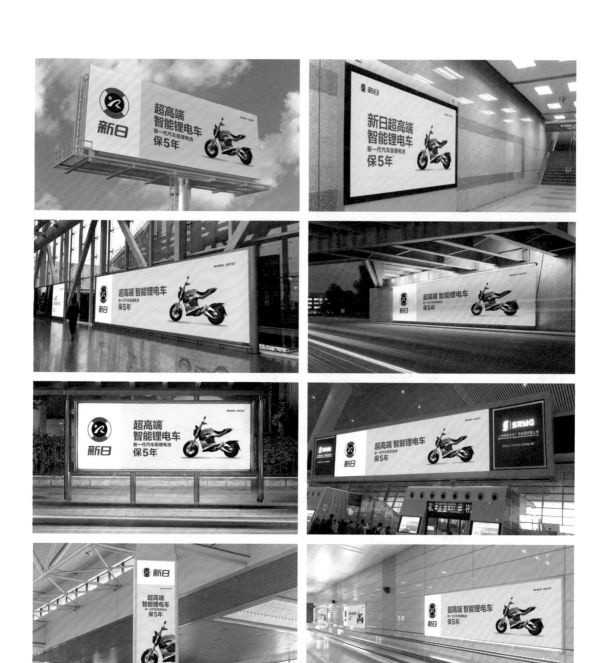

高炮、高铁、户外广告，超传播覆盖百城百站，收获大量流量，新日深入人心。

进行品牌形象全方位焕新，从总部到终端、从产品到物料延展设计统一呈现，以一抹亮眼的"新日黄"品牌主色，在用户心中留下强烈的视觉印象，全面激发品牌活力，全方位、多维度塑造品牌超高端形象，为新日带来一场效果显著的视觉变革。

经过品牌定位与形象的全面升级，新日电动车得以焕发无限生机，锂电风暴席卷全国范围内各大终端门店，目及所至的新日锂电新标语，吸睛十足的新日品牌主画面，以及整齐靓丽的车品陈列展示，处处彰显出新日电动车的活力与品质，以超新潮、超高端的全新门店风貌，为消费者带来一场视觉盛宴，留下的新日印象久久挥之不去，促使消费者走进新日超级终端门店。"新一代汽车级锂电池，保5年"的销售诉求，更极大地增强了品牌竞争力与号召力，让用户持续信赖新日的优质产品，坚持选择新日超高端智能锂电车，让新日电动车的品牌影响力日趋增长，在潜移默化中奠定用户基础，提升行业地位。

传播升级：开启新日品牌传播全新篇章

品牌传播是企业发展的核心战略，是超级营销的不二法则，是企业满足消费者需求、培养消费者忠诚度的有效手段，更是当前企业营销高擎的一面大旗。传播的最终目的则是要发挥创意的力量，利用各种有效发声点在市场上形成品牌声浪，有声浪就有话语权。新日电动车品牌传播升级，既是品牌信息的整合过程，也是品牌形象的塑造过程，更是品牌资产的积累过程，最终指向消费者需求的满足和品牌所有者获益这一双赢结果。通过一系列传播升级策略，新日电动车焕发出前所未有的品牌生命力，产品竞争力与品牌影响力大幅提升，得以掌握更多行业话语权。

成功牵手永达传媒，大幅拓宽媒体渠道

新日超战略全球发布会现场，新日电动车与在途场景传播领航者——永达传媒建立战略合作关系，大幅度开拓品牌传播渠道，启动品牌超级大传播计划。大会顺利收官后，新日电动车第一时间进行线上线下同步宣传，开展百城投放行动，以强大的执行力全面传播新日超战略，布局全国100多座高铁站、100多座高速高炮、100多组高速列车，高饱和度覆盖全国重要市场，形成大声量、强覆盖、深渗透的传播阵势。新日超高端品牌形象高调亮相，强势登陆各大高铁站点、高铁列车和高炮，重点省份全省覆盖、全年宣传，重点城市全天持续宣传，真正做到有侧重点、有策略性媒体覆盖，品牌声量火速高涨，引起了行业内外的巨大关注，目之所及，即为新日。

作为"永达传媒联合张默闻策划为企业打造百亿超级品牌"的重要项目之一，在张默闻的推荐与促进下，新日电动车成功签约永达传媒，达成双向共赢局面。永达传媒是中国公共传播领域的开拓者、中国高铁媒体的领航者，覆盖428座高铁站，拥有在途场景传播

"那我的理由可太充分了！"张默闻现场震撼演讲，超战略收获与会嘉宾超级响应。

图①：新日股份董事长张崇舜、新日股份总裁赵学忠与张默闻等人现场发布"新日超高端 超能跑 智能锂电车，新一代汽车级锂电池，保5年"品牌发展战略，按下超战略起航快车键。 图②：新日 MIKU Super 重磅登场，炫酷设计美学兼具汽车级研发工艺，给予现场观众超智能锂电体验。 图③：成立21年，出口全球近百国家，新日用口碑为自己代言。

图①、图②：新日电动车联手张默闻策划集团、永达传媒，全面实现新日超战略落地。

图③~图⑥：张默闻策划新日超高端品牌 TVC，助力新日电动车品牌形象全新升级。

的绝对话语权，能够强力支持品牌开拓全国市场的传播需求。"永达传媒联合张默闻策划为企业打造百亿超级品牌"是 2020 年初，张默闻策划集团与永达传媒为了帮助企业应对疫情以来的经济冲击而启动的品牌传播工程，希望通过一系列准确扎实的品牌战略、营销策略和传播资源支持，帮助中国品牌在市场竞争中脱颖而出，重构企业增长。

　　临近"十一"长假，新日冠名高铁专列首发仪式在南京南站成功举行并取得热烈反响，成为业内现象级传播事件，线上直播更达到 25 万人次的超高关注度，在双节共庆的客运流量爆发关键节点，集中加大对交通枢纽宣传力度，精准覆盖人群、有效实现用户拓展，达到了最优的宣传效果，为"新日新一代汽车级锂电池，保 5 年"强势宣传又添新活力。在新国标锂电大趋势之下，新日用实力产品匹配策略，差异化的打法匹配用户人群全覆盖，

图①：新日电动车斥巨资覆盖 100 多座高铁站、100 多座高炮、100 列列车的全方位广告投放。图②、图③：新日电动车冠名的高铁列车发车啦！

步步为营重拳出击，新日锂电风暴搭乘中国速度，以迅雷之势突破大品牌传播时代，加速开启行业锂电新时代大门。

在张默闻高超的创意策划与战略指导下，依托永达传媒这一强大的媒体传播平台，新日全新超高端品牌形象将承载着"超越自我，突破未来"的新日梦想遍布全国各大主要城市，并在媒体渠道的全面构建下，同步开拓多样式传播形态，形成曝光度最大化的品牌传播方阵，发展出"有阳光的地方就有新日"的品牌生长密度，让品牌知名度和产品影响力飞速提升，迎来属于新日电动车的品牌传播高光时刻，实现品牌传播与产品变现的双向增长，发出新日电动车迈入新时代的重要信号。

新广告片震撼发布，品牌声量一路飞涨

新日超战略全球发布会上，新日电动车全案策划操盘手和新日超战略提出者——张默闻亲自创意和监制的新日电动车品牌广告片正式全球首发。一次精彩绝妙的广告创意，一场无与伦比的视听盛宴，一场国际范十足的品牌演绎，将新日高管、媒体代表、经销商们彻底征服，大会现场掌声雷动，新日全体经销商和营销将士都热血沸腾，信心满满。时尚模特、豪华班底、大片场景、动感节奏、炫酷音乐、潮流画面……种种魅力元素，将新日品牌的国际感和高端感表现得淋漓尽致，更让新日品牌不断超越的精神和信仰展露无遗，

张默闻答记者问，就新日超战略张默闻给出有高度、有深度的诠释。

一登陆各大媒体平台，便吸引了行业内外无数用户的目光，令新日品牌在消费者心中打上了一个深深的烙印。

一直以来，张默闻始终践行"策划向善"的价值观，认为企业品牌广告片是品牌信仰的载体，通过每一次的传播与消费者建立起精神上的链接，最终让受众成为品牌的忠实粉丝。24年策划生涯中，张默闻深谙打造品牌广告片之道，指导拍摄了金鸡胶囊、快克感冒药、娃哈哈爽歪歪、恒大冰泉、天能电池等几百条广告片，获奖无数，在广告界留下无数个经典大作。为更好地诠释新日超战略，张默闻在进行广告片创意时牢牢锁定新日电动车各方面全新品牌定位，将自身策划思路与创意要点贯穿全片，集中呈现了新日电动车的超高端品牌形象、超一流产品性能、超优质阳光服务，为新日品牌传播升级提供了一个完美的形象展示舞台。

广告片是一种视听兼备、声画统一的广告形式，能全方位展示品牌宣传需求和产品亮点，是扩大传播效果的最佳方式。新日电动车全新品牌广告片的正式发布，将基于超战略推出的新日全新品牌定位、销售主张、核心诉求融合统一，并在张默闻的极致创意之下形成极具传播力的广告词，通过登陆主流卫视、各大网络媒体平台并进行循环轮播，有效攻占消费者心智，实现品牌曝光最大化，成功塑造了新日的超高端品牌形象，全方位展示出新日电动车的科技实力和品牌魅力，让品牌符号与视觉记忆深入人心的同时，更有效拉动产品销量增长，拓宽了市场渠道，成功实现多重爆发，开启新日品牌传播的全新篇章。

出击短视频新领域，拥抱互联网化浪潮

互联网的发展带动电动车行业从传统销售转向线上线下相结合的新零售运营模式，各种形式的媒体运营平台，构成了品牌传播的几大主要阵地。短视频作为一种新兴自媒体形式，已经成为流量时代新宠，迅速累积起大量用户，形成品牌传播规模效应，具有引流能力强、变现能力强、信息传达生动形象等优势，有助于新日孵化品牌口碑，有效实现产品变现。张默闻早早察觉到互联网营销风向的转变，极具前瞻性地为新日布局好全新的营销方针，搭乘互联网流量快车，抓住短视频宣传红利关键节点，围绕"超高端、超锂电"进行全方位品牌营销，提出微信公众号传播与抖音短视频传播两步走的自媒体运营策略，推动新日走在互联网时代前沿，构建起具有新日特色、符合新日现状的品牌自媒体运营矩阵。

有渠道才有传播，有传播才有触达，因此企业要选择好渠道，传播好产品。短视频，便是张默闻为传播新日产品选择的一大宣传渠道，其根据新日品牌发展现状的不同侧重方向，相应规划了不同传播策略。在产品形象层面，进行新品上新的拍摄投放、电动车科普，比如锂电车与铅酸电池的区别、电动车新国标讲解、电动车生产车间展示等内容推广；产品科技层面，进行新日电动车产品科技展示，比如汽车级锂电、无需钥匙指纹解锁科技、防偷防盗科技、车载 USB 边走边充电科技、双驱动双系统科技等卖点推广；营销活动层面，进行新日事件营销、直播活动、公关活动、公益活动、《我们签约吧》节目预告及宣传、节目精彩片段等活动推广；热点趣闻层面，结合时下社会热点或抖音热门话题，借热点事件扩大传播范围等创意推广，以短视频形式展示新日电动车生动丰富、鲜活趣味的品牌特征，形成传播规模，吸引用户好奇与关注，有效地拉近了消费者与品牌间的距离。

开辟新日在短视频端的宣传出口，不仅能辅助新日超高端智能电动车的战略宣传，还可用短视频的形式帮助消费者及时获取新日单品、科技、活动、公益、文化等方面的资讯内容，利于打造立体化、多元化品牌形象，全面展示新日的全新定位，传播新日全新品牌内涵。因此，张默闻从形象、产品、科技、营销、活动、热点、趣闻等角度进行短视频内容规划，植入产品卖点及品牌信息，紧紧锁定新日超高端智能锂电车的品牌形象进行内容创作及发布，通过短视频的方式在消费者层面实现落地宣传，深入融合超战略，助力新日迎向互联网传播风口，品牌声量强势飞涨，一度成为行业品牌传播风向标。

产品升级：打造超级单品迈入锂电时代

一粒种子可以孕育一片森林，一项技术可以创造一次奇迹，一款产品可以成就一个品牌。在现代化企业发展进程中，市场需求变化、行业竞争加剧、技术更新迭代、发展战略转变等因素都可能促使企业进行产品升级，进而达到重塑超级品牌名片的最终目的。在新国标的指导下，新日电动车高度重视行业前沿技术发展，通过自主创新掌握核心科技竞争力，率先实现规模化生产效率提升、关键性技术研发突破和市场竞争环境布局，致力于以科技改变产品，以产品改变品牌。超级单品的打造，定将助力新日电动车开辟广阔市场，实现品牌竞争力的飞速提升，以科技与品质的绝对优势稳坐行业一线市场地位。

高端爆品开拓市场，超强性能引爆品牌

本次新日超战略全球发布会上，新日电动车响应超战略中"超级单品"策略，一举推出 MIKU 家族的新一代产品：超高端、超能跑，搭配新一代汽车级锂电池的智能锂电车 MIKU Super 以及新日爆款 XC 系列产品 XC2。张默闻一直奉行"超级单品就是超级品牌"的观点，他认为，这是一个品牌离不开超级单品的时代，坚持锂电车爆品打造，是新日锂电车实现销量突破、口碑突破、品牌突破的关键，新日电动车当前不缺少对爆品推广的经验，但是缺少对打造爆品的极致坚持，因为对爆品的重视，不仅在于市场营销，还在于对爆品的深入研发。为此，张默闻深入考察市场竞争环境，深入挖掘产品核心卖点，以极富前瞻性与创造力的创意洞察，提出一系列锂电爆款产品打造、落地与推广策略，助力新日电动车以超强性能、超强品质、超高颜值、超高性价比的超级单品吸引消费者，强势提升市场认知度，引爆销量、引爆品牌、引爆行业。

新日电动车品牌 TVC 文案赏析。

新日 \ 超高端的智能锂电车 \ 采用新一代汽车级锂电池 \ 保 5 年 \ 新日 \ 超高端的智能锂电车

超高端
的智能锂电车

采用新一代
汽车级锂电池

采用新一代
汽车级锂电池

扫一扫观看视频

"Hello，锂"锂电保 5 年产品系列发布会主画面赏析。

新日股份 603787

锂！

新一代汽车级锂电池·保5年

MIKU super

C2

XC Mini

CC

"Hello，锂"锂电保 5 年系列宣传语：不用追光，天生自带光芒！

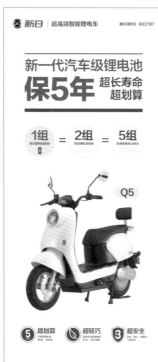

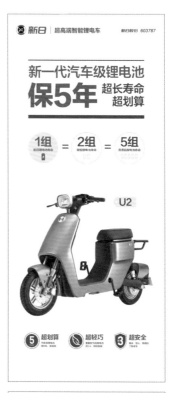

新一代汽车级锂电池海报赏析。新日电动车"Hello，锂"锂电保 5 年系列，款款惹人爱。

新一代汽车级锂电池海报赏析。 新日电动车汽车级锂电池超长寿命超划算，谁用谁说好！

　　在万物互联的浪潮下，新日早在几年前便已开始涉足物联网领域的智能产品研发，一方面通过大数据分析用户需求，并以用户需求反推出产品的研发方向；另一方面通过不断地技术迭代，将过往的经典车型更新升级，从而在业内形成了新日独有的"家族化设计概念"。作为新日"MIKU系列"的第三代车型，MIKU Super在外观上直接继承前代标志性的悬浮座椅、后摇臂减震、金属质装饰管等设计，进一步强化动感与流畅型外观，同时极度贴合张默闻提出的"超高端智能锂电车"品牌定位。在"超高端"方面，MIKU Super采用新日自主研发的双芯双动力系统与新一代汽车级锂电池，加上内置高能电芯，超20项安全防护措施，集超长循环寿命、更大电芯容量、高能量密度、耐低温性能极佳等科技亮点于一体。在"智能"方面，MIKU Super的优势在于可通过一部智能手机，同时兼顾智能操控、车况动态显示、GPS车辆定位、爱车共享、便捷服务五大领域，一触即达。

　　新日MIKU Super的推出，不仅是新日电动车技术与产品的创新与突破，也标志着电动车进入了一个升级换代的新时代，超高端、超能跑的锂电新品必将逐步替代此前的产品，成为新一代消费者的"新宠"。因此，在对MIKU Super进行全生命周期新品推广时，张默闻以一个"玩"字突出产品特性，针对年轻化潮流人群，提出"年轻人的第一辆跨骑电摩"的产品定位，并围绕新日超高端智能锂电车的核心定位及概念，概括出高科技、高价值、高配置的产品特征，利用直播引爆、事件营销、终端布局、迭代营销等方式打造用户场景体验，深入营造玩酷感、高端感，推动 MIKU Super 成为新日明星高端爆品，巩固新日超高端品牌形象的同时，更大力开拓了电动车高端市场。

第十八届重庆中国国际摩托车博览会期间，"中检西部杯"2020 中国摩托车年度车型评选系列活动颁奖典礼顺利举行，通过专业检测、驾乘体验、评委投票、网络投票诸环节，以及最终评审会评选，新日新一代汽车级锂电产品 MIKU Super 在电动组 17 个品牌的 27 款电动摩托车产品中突出重围，成功斩获"电动摩托车特别奖"桂冠，取得又一项辉煌成绩，用实力展现了新日新一代汽车级锂电车品的卓越性能。张默闻为新日打造的高端爆品一炮而红，迅速累积品牌口碑，占据行业领先地位，新日作为出口近百国的行业实力品牌，自创立以来深耕科研，多年间不断取得创新突破，引领电动车行业发展趋势的品牌壮举更是获得业界一致赞誉。

经典爆品拉动销量，率先占据锂电市场

行业技术创新不是闭门造车，只有顺应市场需求，明确需求导向，才能真正以科技力量去推动技术创新，从而满足年轻用户日益增长的消费需求。在为新日打造超级单品前，张默闻便通过一系列价格对比、卖点对比、竞品对比等营销手段寻找突破口，并从消费者角度出发，为新日规划出符合自身产品定位的高性价比、极致研发、超高颜值、资源性强等锂电产品特点，锁定核心消费人群，深入分析用户需求，并兼顾实惠、实用，实际价值等各方面特性，力求在产品性价比及实用性做最大体现，最终成功打造出具备高性价比、高销量特征的经典爆品 XC2。与此同时，张默闻针对锂电单品属性，灵活运用互联网思维，通过打造网红联名款、明星联名款、IP 联名款等新潮营销方式进行全网、全年、全民、全终端爆品推广，为这款超级单品 XC2 打开年轻化市场，并拉动品牌整体销量，大大提升新日锂电产品的曝光度与品牌号召力。

作为品牌全案策划操盘手，张默闻向来讲究将大战略与小规划相结合，重视落地性和可行性。在确定"锂电车"的超级品类定位和超级单品的爆款打造策略后，张默闻结合产品自身卖点与市场实际需求，积极展开一系列推广行动，不仅亲自对新日锂电新品进行名称、广告语等内容创作，更指导团队对新日电动车各系列产品进行包装策划、详情页设计，同时持续提供诸如"HELLO，锂"主题锂电系列产品等新品的推广活动策略与品牌传播方案。随着超战略的落地推进，张默闻持续进行品牌标识焕新分析、产品系列命名调整分析、保五年系列产品推广布局等一系列产品推广策略，以全国领先的专业营销策划水准为新日品牌升级之路保驾护航。

图①：大会现场，新日电动车公布了其按高速乘用汽车动力系统标准开发的安全长寿命核心电芯技术应用——全新一代汽车级锂电池。 图②：新日股份董事长张崇舜堪称"技术大咖"，讲述新日从"全新一代汽车级锂电池"到"双芯动力系统"。 图③：从2019年与京东联合推出的"XC1"到青春旗舰车款"XC Mini"，再到现场发布"XC2"，新日全新演绎经典车型。

图①：MIKU Super 惊艳驾到。作为新日"MIKU 系列"的第三代车型，从外观设计到智能科技，MIKU Super 不负众望。 图②~图⑤：从"技术迭代"到"车系概念"，MIKU Super 与 XC2 新日延续设计之美。 图⑥、图⑦：这么酷，骑两圈？会场外围争相试驾，新日超高端电动车完美实现高难度动作。专业人士操作，请勿模仿哦。

从创意到规划，从流程到细节，张默闻真正将全案思维应用于新日超级单品和各系列产品的打造、升级、运营、推广，迅速获得良好的市场反馈。同时，张默闻找准消费者需求痛点，根据市场风向变化及时调整营销方针，有策略性、有侧重性地进行产品升级策划，全方位展示新日超高端智能锂电车的性能实力，提升行业竞争力，在短时间内帮助新日电动车有效拉升销量，实现品牌与产品的双重爆发，推动新日电动车全面占领锂电市场，赶超行业率先步入锂电超时代。

推出新品契合圈层，超级定位聚焦传播

如何找出既与产品自身特征无限贴合，又可打破现有产品固化模式的产品推广策略，是对超战略进行落实细化的一个关键要点，与新日电动车的整体品牌战略密不可分。纵横商海数十年的张默闻深谙此理，将目光聚焦产品传播创新维度，根据新日产品性能及功能卖点进行定位，囊括消费现状、人群画像、产品定位、命名诠释及相关详情文案策划，并深入运用营销思维进行创意，把握每一个细节，以小见大，成功打造出不仅契合产品圈层，更独具竞争优势的产品策划案例，为新日超高端智能锂电车征服市场奠定坚实基础。

根据新日 CC 国标滑板跨界小型锂电车轻便小巧、时尚美观、色彩多样的产品卖点，再结合该产品符合女性需求，但因无法载人可能让很大一部分消费群体望而却步的消费现状，张默闻为其规划了单身、年轻女孩的人群画像，定位为都市超女锂电车，并提出"二十不惑，青春有你"的极致命名，借势当下热播电视剧《二十不惑》，女性群像电视剧年轻圈层正好契合 CC 锂电车作为陪伴年轻女性的交通工具，为 CC 锂电车平添一层美好寓意。与此同时，超女车象征着年轻女性奔走在都市的勇敢和无畏，更包含着女孩对依靠自己实力创造美好生活的憧憬和鼓励，精准命中消费者痛点，轻松助力新日破圈走红。

由于新日 U2 国标自主锂电小包车具有高性能前后双碟刹、舒适减震、外观简约出众、载人载物方便等独特卖点，且此车型市场空间广阔，具备成为爆品的潜质，因此张默闻为该产品确立了已生儿育女、30 岁左右的年轻夫妻用车的定位，既有袋鼠车载人载物的空间，同时满足城镇消费者的审美偏好，开创性地提出中国第一辆奶爸锂电车的产品定位，以"三十而已，幸福开骑"的温情命名，借势爆款电视剧《三十而已》，掀起国民对 30 岁人群社会问题的讨论，抓住该年龄段不论对女性或男性而言都是全新人生阶段的痛点，点明集实用与颜值于一身的 U2 锂电车，正是中国新家庭年轻父母喜爱的车型。同时张默闻反其道而行，从逆向消费习惯角度分析，发掘家庭购车多为夫妻共同选购，多以妻子偏好为主导的细节，以承载着对男性顾客带娃的美好寓意，体现出温暖、安全、实用、幸福的"奶爸"一词作为噱头，更能俘获女性市场，引发话题讨论并吸引消费者好奇。

对于具备跑得远更能跑得久、高颜值外观、高性能配置、舒适驾乘体验、智能钥匙、解放双手等产品卖点的新日 Q5 自主锂电电动车，结合其经典车型简约时尚、储物载人空间大、适合两人驾乘，在市场上备受青睐的消费现状，张默闻为其规划小情侣或刚组建家庭的小夫妻的消费人群画像，提出情侣锂电车的产品定位和"与你一起，乘风破浪"的宣传主题。张默闻表示，新日 Q5 延续经典融入现代审美的车型，加上内部硬核的高配置装置，适合都市小情侣或刚组建家庭的年轻夫妻驾乘，将 Q5 定义为情侣车能够增加其感情属性，与其他车款产生区隔。从目标受众特点分析，小情侣、小夫妻讲求爱与陪伴关系，一起乘风破浪强调的是一种互相陪伴面对一切的情感，生活中的喜怒哀乐，都有对方一起经历和感受，用情感共鸣吸引都市年轻消费群体。

创意视觉潮流呈现，精准传达产品卖点

张默闻对新日电动车产品所进行的升级焕新，不仅表现在超高端形象塑造、产品定位与命名创意上，更体现在整体推广策略布局层面，注重提升产品核心科技竞争力的同时，追求从文字、视觉等多个维度全方位展示产品，向消费者传达各个产品独具的核心亮点，以强烈的视觉效果增加产品曝光度，并与新日电动车超高端品牌形象一脉相承。针对新日 CC 国标滑板跨界小型锂电车，张默闻结合都市超女锂电车这一创意命名，以图文形式对产品进行详情页设计，精准突出卖点，让消费者轻松获悉有实力有底气的超女车，采用高品质轻量级可提锂电池，持久耐用，女生单手可提，充电更灵活；兼容 48V16Ah 铁锂电池，走多远都随心，轻盈自在享自由；好看也安全，CC 采用 BMS 智能电池管理系统，10 项安全防护，内外兼修实力超群；更拥有全面屏高清仪表，准确显示剩余电量、速度、左右转向提示、小计里程等多种信息，让人眼前有数，勇敢前行；匹配软弹舒适大鞍座，表面磨砂处理，防滑又安全，空间宽大，带来沙发般舒适坐感。此外，360° 安全灯光系统、真空车胎、坚固铁车筐、轻量铝轮等卖点更让新日 CC 国标滑板跨界小型锂电车吸引力十足，成为众多消费者首选精品。

对于定位为中国第一辆奶爸锂电车的新日 U2 国标自主锂电小包车，则更要注重于提升产品自身竞争力，以极具说服力的卖点与之相匹配，满足消费者对这一产品的期待与需求。U2 搭载 BMS 智能电池管理系统，12 项安全防护，防水等级 IPX5，智能钥匙一键启动等诸多亮点，已足够令用户眼前一亮。除此之外，U2 采用摩托车同标准减震，高强度碳素钢车架，轻松缓解颠簸路况冲击，无惧前行；双面制动，前后配置双碟刹，提供超强制动力，跑得远也要停得稳，灵敏守护每次出行；优质碳素钢材搭配高精度美观的焊接工艺，历经严酷的加振试验，整车行驶越发稳固安全；高强度铝合金轮毂，结构扎实稳固，真正体现够安全，才安心的核心卖点诉求。张默闻将新日 Q5 自主锂电电动车定位为情侣锂电车，除经典双人座设计外，更重要的是综合考虑了它所具有的超高品质和超强性能。高性能制动系统搭配耐用真空轮胎，硬核装置带来一路守护；标配前碟后鼓，制动灵敏，

3.0-10 真空轮胎，意外扎破也不会立即爆胎；合理的结构设计、优质的碳素钢材、精湛的焊接工艺，高强度车架隐在暗处；加厚记忆海绵，软硬适中回弹有力，高回弹鞍座，优选高档蒙皮，防水耐晒，骑乘无拘无束；前叉有效行程 60 毫米，后减震器有效行程 50 毫米，颠簸路面如履平地，平稳时刻在线。作为新日锂电的诚意之作，Q5 每一处都是亮点，让消费者惊喜不断。

对于产品推广策划领域，张默闻不仅擅长战略大方向的统筹布局，对如何合理化运用各类产品周边进行宣传更是了如指掌。从包装策划、海报设计，到产品水牌设计、整车包装箱规划等各类与新日锂电产品相关的宣传资料，张默闻都亲自操刀设计，精准把握每一个要点细节，见微知著，将为新日电动车量身定制的超战略贯彻落实，凸显各系列产品独特卖点的同时，不断提高产品整体质感，为消费者呈现出专业、高端、优质的产品及服务体验，彰显新日超高端品牌形象，更将新日产品核心卖点植入消费者心中，奠定品牌市场基础，有效提升品牌竞争力与号召力，创造一项又一项品牌与销量双双爆发的行业记录。

文化升级：全新企业文化塑造品牌灵魂

企业文化是一个企业、一个团队在完成一项事业的过程中所形成的共同追求、价值观念和行为准则。良好的企业文化是推进企业持续发展的思想灵魂，具有重要的凝聚、约束、向导和激励作用，是一种以做大做强为目标的企业发展观念和经营理念。同时，企业文化还是企业经营发展中的一个隐性品牌，一定程度上代表着企业的整体形象与未来目标，是极其利于传播和传承品牌诉求的另一种品牌呈现形式。新日电动车的企业文化升级，需要以愿景、使命、价值观承载品牌的力量与梦想，将企业的文化建设和品牌建设有机结合，用企业文化铸就企业品牌，用企业品牌展示企业文化，推出与品牌内在精神相符的文化理念。

文化理念全新亮相，树立品牌精神风貌

随着新日超战略全球发布会上一项项品牌升级策略的公布，新日电动车的全新愿景、使命、价值观等企业文化正式亮相，品牌精神层次和价值观理念的战略内容得以丰富完善。企业文化是一个企业的灵魂，是推动企业发展的不竭动力。张默闻认为，没有企业文化，没有清晰的企业愿景、使命和价值观做支撑的企业，更不要谈百年品牌的伟大梦想。经过反复解析和慎重考虑，张默闻发现，新日电动车现有的企业文化架构与企业发展现状不甚贴合，可能对品牌发展进程产生影响。因此，张默闻着手对新日电动车的企业文化进行梳理、更新与升级，最终成功提炼出一套紧紧围绕品牌本身，精准而清晰、崇高而富有感召力的全新企业文化，获得了现场一众高管、经销商与媒体人员的高度认可，为新日电动车的品

牌发展之道点亮一盏明灯。

企业愿景是宏大的企业理想，是对企业未来"想成为什么样"的回答，对企业长远发展具有重要的指导作用。成立 21 年来，新日电动车始终坚定自身企业理想不动摇，向着成为百年品牌的目标不懈前行，因此，张默闻便将"树百年新日，创世界第一"确立为新日电动车的企业愿景，让这一宏大理想真正成为新日电动车的百年奋斗目标。而企业使命和业务息息相关，是回答"企业要做什么，为什么要这么做"的现实问题，是企业在社会中的长期责任和追求，张默闻将新日品牌现状与超战略有机结合，为新日提出"成为全球超高端智能锂电车领导者"的企业使命，既是对新日电动车产品实力的深度认可，也是对新日电动车的生产研发提出的更高要求。

价值观是企业最基本的信念，是为了实现愿景、使命等目标的基本原则。张默闻以具有战略高度的策划思维，结合企业各方面现状与诉求，为新日电动车总结概括出"超新超强超阳光"的核心价值观，精炼简短却铿锵有力，一语涵盖战略、管理、营销、服务等多个层面，深度诠释新日电动车的品牌信念。同时，张默闻提炼出"有阳光的地方就有新日"的阳光文化，与新日电动车的发展理念和阳光服务一脉相承，并赋予其更具象化、更富有生命力、更独具企业特色的阳光文化定位。此外，张默闻从全局角度出发，针对性地提出营销理念、客户理念、研发理念、管理理念、七敬理念等全方位价值理念，推出一系列符合新日电动车实际情况，独具指引意义的全新企业文化，树立新日电动车企业精神风貌，推动新日品牌迈向行业前列。

董事长思想新结晶，新日梦点亮新时代

大会召开前，张默闻与新日电动车高层领导展开了深入沟通，进行了专业调研，了解到新日电动车董事长张崇舜对电动车产品拥有十足的热爱与独到的见解，同时极度关注电动车科技研发，与研究该领域的专家相比，可谓是有过之而无不及，手握诸多发明专利，是真正的电动车行业教父级人物。且新日电动车董事长张崇舜的管理思想，带有浓重的管理经验主义和行业专业主义的色彩，是在新日"创百年品牌，树世界第一"的愿景下建立和成熟起来的。其凝结产品的竞争力第一、渠道的竞争力第一、稳健的决策力第一、团队的执行力第一、全球影响力第一的"五个第一"，深刻地表达了他稳健发展、营销全球、高端智能产品、终端有型有动、聚焦强化执行力和勇夺世界第一的营销理念和企业家情怀，是新时代新日、新日新时代的重要的决策和营销思想的核心，代表着整个新日电动车的品牌精神，是能够带领企业、带领团队让新日再次伟大的决定性因素。

作为成功为多个世界 500 强和中国 500 强企业提供过服务的中国知名策划人，张默闻明白董事长的思想对一个企业的重要性，于是以新日电动车董事长张崇舜的思想为重要

张默闻不足一个小时的震撼演讲，现场掌声高达数十次，新日四超，激励全场。

新日股份董事长张崇舜："超高端，超能跑，智能锂电车！真正从消费者的需求出发！"

源泉，结合超战略的重要思想内核与价值目标，在新日超战略全球发布会上，整理提炼出"新日梦"——在"树百年新日，创世界第一"的新日愿景推动下，在成为全球超高端智能电动车领导者的新日使命指导下，在"超新超强超阳光"的新日核心价值观的护航下，在"有阳光的地方就有新日"的阳光文化的感召下，掌握电动车高端与智能核心科技，锚定和呼应国家的新能源战略布局，推动新日成为世界级电动车全球企业。最终实现技术第一、品牌第一、规模第一、服务第一、终端第一、销量第一的"六一工程"，到2025成为中国第一，到2030年实现世界第一的伟大梦想。

随着新日电动车全新企业文化的正式发布，张默闻认为，让全体新日人达成企业文化共识，在精神与行为层面都与品牌文化追求保持一致，是必须落实的一大关键要点。因此，张默闻除了为新日人规划企业文化培训活动外，还及时将新日企业文化上墙设计提上日程，让企业愿景、使命、价值观、理念等企业文化落实到工作环境中，让新日梦能够贴近企业、贴近生活，成为全体员工的精神指南，令全体员工时刻感受到全新企业文化的熏陶与激励，为新日打造由内而外的企业文化氛围，同时树立诚信务实、创新进取的品牌信心，指引着新日向着成为世界级电动车全球企业的品牌目标不懈努力，一路初心不改，怀揣始终践行新日企业愿景、坚守新日企业使命、贯彻拥护新日价值观、拥护新日阳光文化的坚定信念勇往前行。

营销升级：超级营销方针推动品牌飞跃

对品牌营销的探索是企业在激烈竞争环境下的生存之道。最高级的营销，不是建立庞大的营销网络，而是利用品牌符号，将虚拟化的营销网络铺建到广大消费者心里，对产品

新日股份董事长张崇舜："树百年新日 创世界第一！"

产生潜在需求，从而达到销售的根本目的。传统的营销形式注重场景化、接触性，倾向于制造消费者对产品的体验感，而网络时代为企业品牌的发展提供了更广阔的空间，同时也提供了全新的营销形式。网络已逐渐成为品牌口碑传播的阵地，但无论何种营销方式，都是对企业品牌的深度植入传播，塑造企业品牌形象，打造品牌知名度和美誉度。新日的品牌营销升级之路，便是新时代条件下不断深入整合的变革趋势，将传统营销与网络营销结合统一，联动各方面媒体资源共同作用，全面开拓营销渠道，推动新日电动车不断实现品牌超越。

强势冠名热播节目，营销开辟广阔市场

现代营销学之父菲利普·科特勒曾说过，营销不仅适用于产品与服务，也适用于组织和人员，所有组织不管是否进行货币交易，事实上都需要搞营销。针对新日电动车企业内部营销现状，张默闻将自身丰富的品牌营销经验加以浓缩升华，建立起具有中国特色、符合新日品牌特性的全新营销模式，从营销模式到营销团队，从营销使命到营销方法，并推出具备上下级协同性的特色营销政策，设立具有长效机制的营销巡视系统，为新日电动车提供了一套科学、完善的整体营销方针。同时，针对新日现有经销商与代理商，张默闻制定了一系列定位措施，积极进行管理培训，要求营销人员顺应新时代发展转变思维，为企业的全面升级做好充分思想准备，在董事长张崇舜的带领下积极开展营销行动，迎接新日电动车的光明未来。

新日超战略全球发布会上，一项关键营销举措也由张默闻重磅宣布：新日电动车将携手江苏卫视独家总冠名在优酷数字端同步播放的人气节目《我们签约吧》。作为中国第一

张默闻策划集团，百亿企业都在用。

档直播带货职场招聘节目，《我们签约吧》聚焦当前火爆的直播带货形式，与新日电动车寻求品牌年轻化、搭乘互联网流量快车、实现线上线下联动发展的营销理念不谋而合。作为《我们签约吧》的独家冠名合作伙伴，新日电动车在江苏卫视享有独家冠名授权、冠名组合 logo 授权、现场产品植入、主持人口播、节目中插入硬广等一切广告权益，可实现最大化的权益回报，为新日电动车累积用户口碑，展示超高端品牌形象，开发广阔的潜在市场。未来，新日电动车还将会加大广告投放力度，进行央视、湖南卫视、互联网广告投放，电影电视剧品牌植入，楼宇梯媒曝光等全方位传播，以一系列营销手段积极推动新日电动车品牌全面升级，迎接新时代互联网浪潮，开辟电动车行业营销新途径。

得益于独家冠名《我们签约吧》，新日电动车积极延展节目周边资源，线上线下双管齐下，用全新的娱乐营销模式带动品效合一、"新一代汽车级锂电池，保 5 年"的宣传核心，多维度曝光了新日锂电的超强实力，全面展示新日超高端品牌形象，品牌价值随着节目的热播一路飞涨，关于新日电动车的讨论层出不穷，结合新日超战略发布，掀起了一番新日关注热潮。借助《我们签约吧》节目的热播，新日也相应获得了强大的资源优势，在节目环节设置方面，新日自主定制新一代汽车级锂电车展示区，向全国消费者展示新日锂电非凡魅力，同时有流量大咖助阵、外围矩阵加持，倍效实现新日宣传软植入效果，成功推动节目与品牌同升共赢。在直播带货拓展方面，从大牌明星、超级大咖轮番为新日直播带货，到节目嘉宾、优秀选手纷纷到线下门店体验支持，全方位展现出新日锂电车的专业水平与品牌实力，多角度扩散"新日新一代汽车级锂电池，保 5 年"的宣传诉求，在行业内外掀起了一阵阵强劲的锂电风暴，加速新日锂电新时代的到来。

直播带货火热来袭，线上线下联动升级

在张默闻提出的超战略布局下，新日电动车联合卫视、网络、电商三大媒体，从三大维度展开立体传播，力求实现流量时代的品效合一。随着大会闭幕，"新日锂电直播节"同步开启，王祖蓝、吉杰、林依轮、李静、叶一茜、李响等百位明星大咖、超级主播坐镇，319场次的直播带货活动火热来袭，为新日电动车带来最大化品牌曝光，全方位产品宣传、全渠道市场开拓。同时，张默闻围绕新日锂电直播节，为新日制定了一系列兼具话题度与传播度的品牌营销策略，施行不定期开展直播活动预热推广、不间断制造话题传播的营销手段，有效增加品牌传播的广泛度与发酵度，并积极推进新日电动车构建自媒体运营矩阵，持续为品牌聚集人气，扩大产品传播范围，让新日电动车进入更多消费者的生活，让超高端智能锂电车成为行业标杆。

大会顺利落幕不久，新日电动车便强势登陆主播薇娅直播间，反响空前热烈，直播观看人数超 1471 万，新日整场销售破 1 000 万元，新日超高端智能锂电车 C2 火爆全网，上架仅三分钟便售罄，勇夺二轮车全品类单品冠军宝座。作为淘宝头部主播，薇娅直播间选品规则极其严苛，在与品牌达成合作之前，会对其产品进行层层对比筛选、反复测试，从价格到品质、从颜值到配置，都堪称是万中一挑。新日超高端智能锂电车 C2 在众多同类产品中脱颖而出，以绝对优势赢得了薇娅团队的高度认可，直播中三分钟内被抢购一空，一举成为全网热销的爆款单品，书写了一段电商直播联动耐消品销售的佳话。在产生过一次奇妙的化学反应后，薇娅信赖新日电动车的超高颜值与超强品质，不久后再度选择与新日展开亲密合作，献上全"锂"一击，万千粉丝共同见证新日超长电池寿命奇迹，巨惠升级加超值福利，再度带来一场锂电风暴，全民狂欢。

在多场直播的前期准备中，张默闻都亲自坐镇前线，运用丰富的实战经验与策划本领，对直播活动进行整体把握，确保活动有序进行，发挥非凡的创意才能和营销技能，将品牌宣传提升至最佳效应。对于薇娅直播话题的选择，张默闻从不同角度寻找薇娅与新日电动车的关联之处，围绕栏目、品牌、产品、互动、借势等多个传播角度策划话题，如推出一姐邂逅教父话题；通过门户网站发布新日品牌负责人专访或通过新日微博、微信发布搞笑漫画、浪漫海报等形式，突出新日行业地位和先进技术；全网发布软文、截取《我们签约吧》节目薇娅金句，以新闻报道海报、终端海报或短视频形式呈现，辅助终端促销，进行朋友圈转发扩大传播范围；薇娅夫妇讨论锂电车市场地位大量前期宣传成功让薇娅为新日直播的话题在全网范围内迅速发酵，为直播的火爆成功预热，为取得轰动行业的销量成绩做出关键性推动作用。

新日联手薇娅直播取得的销量奇迹，不仅是张默闻为新日电动车提出的超战略的一次营销大胜利，更是新日电动车进行全面升级的一场品牌大飞跃。继薇娅直播之后，新日电动车乘胜追击，特邀前央视主播、知名主持人郎永淳为观众带来一场新日锂电保5年系列产品直播品鉴会，抖音京东同步直播，流量加持，郎永淳亲自到场体验视觉满分的新日全新升级店面，感受新日锂电风暴的狂欢之势。现场，郎永淳多次提及锂电发展已经是一种趋势，而且相对于铅酸电池，锂电池显然更加先进环保，他对于新日锂电的发展前景十分看好。同时作为以严谨、认真著称的媒体工作者、互联网创业者，郎永淳现场化身考察员，亲身检验新日锂电池寿命、电池轻量化、防水级别等层面的效果，期间频频点头表示认可，全程赞不绝口。

图①、图②：搭乘直播新势力，新日电动车冠名首档 MCN 职场达人招聘节目《我们签约吧》，百位明星大咖助阵，掀起全网购货热潮。 图③、图④：新日北京通州门店锂电保 5 年系列产品直播品鉴会现场，特别邀请郎永淳作为嘉宾助阵。 图⑤、图⑥：直播品鉴会取得优异成绩，新日新一代汽车级锂电池再度获得嘉宾的高度称赞以及观众的高度关注与认可！

活动展会全面启动，品牌效益飞速提升

随着超战略的全面启动，在张默闻的操盘策划下，新日电动车迅速展开了一系列品牌营销活动，真正将各种营销策略落地施行。大会结束后，新日电动车随即开展终端全面升级，对全国品牌门店形象进行全面焕新，并运用现有媒体资源进行门店互动，陆续举行各类产品营销活动，为新日电动车品牌聚集人气，将客流量转化为销售量，产生了良好的线上线下双向联动效应。同时，张默闻基于当前网络化品牌营销热潮，为新日电动车策划了"百湖环游，新日骑迹"新品事件营销，打造品牌 IP 引起话题传播，并围绕锂电爆款车型进行工厂直播，传播新日锂电车的高端性和优越性及市场好评，结合"新日超高端智能锂电车"品牌定位及产品进行宣传，辅助有效广告夯实新日超高端品牌形象，最大化提升新日电动车品牌营销效益，通过举办各类品牌活动打破市场僵局，参加多个行业展会展示品牌实力。

在超战略的指引下，新日电动车成功参展第 41 届中国浙江国际自行车新能源电动车展览会，新日 MIKU Super、XC2、CC、Q5 等新日新一代车型焕新齐聚，走入行业最新产品、最前沿技术的汇聚地，家族化设计以及精致烤漆工艺使其在现场形成一道靓丽的风景线，围观人众络绎不绝，新日工作人员现场为观众详细讲解了新日锂电的强大功能，在行业锂电池普遍质保 2~3 年的环境下，"新日新一代汽车级锂电池，保 5 年"打开了新局面，既提高了消费者的权益，又在行业中打出一片蓝海，潜力无限。

新日以绝对亮眼的表现展示了中国电动车产业未来品牌发展趋势所向、产品与市场趋势所往，不仅获得国内用户的大力支持，同时也获得了众多来自海外的热切关注与咨询。走出国门的新日，正以高品质、好口碑的品牌价值不断引领着全球经销商飞速前行。而就在浙江展开幕的前一天，新日电动车成功举办了超战略合作峰会，作为畅销全球近 100 个国家和地区的实力品牌，新日此次峰会深度分享了新日超高端智能锂电车的品牌理念以及技术支持等核心内容，不仅彰显了新日的品牌实力，同时也展现了新日在行业的前瞻决断力，吸引了无数关注与支持，当天到达活动现场的参展商人数更是超出预期，现场气氛火爆，大会取得空前成功。

一场高规格、高水准的行业展会，能代表和反映本行业的发展动态及发展趋势，同时对该行业具有很强的指导作用和影响力。张默闻深知，参加行业展会能为企业开辟全新市场，带来强势的媒体宣传，并得到权威协会和行业代表的肯定与支持，因此张默闻从专业角度进行营销策划，积极推进新日参与各大电动车行业展会，展示企业最新科研成果的同时，将超战略一以贯之，全面扩大新日电动车的品牌影响力，建立与维持客户关系，检验产品和服务质量，并吸引媒体关注报道。在大会现场，新日直接宣告落地超战略，传播大品牌，把展会规划为新日电动车全面焕新的重要场景，推出超高端的全新品牌形象，全方

图①~图④：新日电动车保5年锂电系列新品亮相浙江展会，所到之处，备受瞩目。 图⑤：新日"新一代汽车级锂电，保5年"的开创性产品成为新日备受关注的亮点。

位展示产品的超强实力与超高颜值，抓住新日品牌红利期、品类爆发期的最佳机会，帮助新日锂电车火爆市场，助力教父级电动车品牌新日逆势翻盘，再一次领跑中国电动车市场。品牌声量与行业地位取得巨大飞跃。

蓄力亮相品牌盛会，弯道超车锂电时代

为乘势抓住电动车锂电新时代发展机遇，继续践行新日超战略，张默闻再度为新日电动车策划营销方案，利用开展能带来爆炸式营销效果的超级大会，持续展示产品实力与提升品牌声量，助推新日抓住弯道超车锂电时代的重大机会，加速品牌战略升级进程。由此，一场绽放于第 38 届中国江苏国际新能源电动车及零部件交易会（以下简称南京展）中的新日超高端智能锂电馆新品形象发布暨超战略合作峰会应运而生。为保证展会的顺利开办，张默闻身体力行，从传播策略、宣传话题到大会内容、大会议程均全程亲自操刀筹备，用一条条创意策略、一个个策划方案构筑起这场注定轰动行业的品牌盛事。展会包括新日超高端智能锂电馆新品形象发布和超战略合作峰会两大主题内容，推出搭载"新一代汽车级锂电池，保 5 年"的全系锂电系列新品，展现新日超高端品牌形象的同时，邀请新日优秀经销商代表齐聚一堂，开展全国范围内的招商答谢，促进品牌全新阶段的多方合作共赢。

在前期进行展会主题策划时，张默闻综合考虑新日电动车当前品牌面临的行业困境与其自身具备引领未来趋势的产品实力间的矛盾点，深入挖掘创意，策划出一句"新日锂电，领跑中国"的主题口号，以一股铿锵有力、大气磅礴的力量，推动新日打破局势突出重围。张默闻诠释道，新日电动车领跑中国电动车锂电时代是必然趋势，新一代汽车级锂电池在两轮车与四轮车同时参展的情况下，有了更强大、更直接的支撑，直接宣传新日锂电的超高端定位，定然能掷地有声。教父级电动车品牌新日再一次领跑中国，得益于新日锂电车的全面火爆，新日锂电车是新日领跑中国的核武器，南京展是新日品牌形象焕新的重要展示场景，新日用这一主题直接宣告超高端，落地超战略，传播大品牌，势在必行。

而新日电动车超战略合作峰会的主题策划，张默闻同样以新日锂电为突破口，提出"以锂相待"主题，包含以锂电产品共赢与以礼相迎的双层内涵，直接宣传超级品类，超高端智能锂电车是新日的战略性品类，告诉代理商选择新日锂电车就是抓住新日品牌红利期、品类爆发期的最佳时期。同时暗示超级福利，表明新日对新老代理商在政策、产品、服务等方面将给予重大利好，成功吸引超多关注与支持，让这次盛会成为业界一大话题点，刮起阵阵新日锂电风暴。

在展会营销传播层面，张默闻剖析竞品主推的宣传话题概念，洞悉消费者使用电动车不会跑到规定里程才充电，有机会便充电，满足消费者心理安全感的需求，并结合目前电动车行业竞争局面，发现竞品都在强调续航里程，只有新日针对锂电池寿命，提出"保 5 年"概念和锂电池耐用经用的卖点，因此新日必须抓住消费者对实用、耐用的需求，将电池寿命宣传做到极致。

此外，张默闻为新日定制了一系列媒体传播策略，强调反复出现是王道，走过路过皆新日，媒体侧重"线下为主，线上为辅"，以南京高铁、展馆为主要宣传阵地，尤其注意高铁站、展馆区域，大巴外车身广告覆盖。同时输出"一体两翼"内容传播战略，以品牌

超高端智能锂电车

新日锂电 领跑中

新日超高端智能锂电馆新品形象发布暨超战略合

SUNRA LITHIUM BAT

图①："新日锂电，领跑中国"新日超高端智能锂电馆新品形象发布暨超战略合作峰会主画面赏析。　图②～图⑦新日超高端锂电生活馆
全系列锂电新品超燃驾到，在南京掀起黄色风暴，凭实力占据展会 C 位。

新日股份 603787

新日锂电池

骑上新日电动车，你就是这条街最靓的崽！

为主体，以话题、招商为两翼，围绕传播主题，不间断制造宣传话题。随着展会筹备进程的陆续推进，张默闻持续指导团队为新日设计全新品牌宣传手册，全面展示企业形象与实力，并设计展会邀请函，邀请行业人士、全体经销商、广大媒体共赏盛事，策划全新企业宣传片，开启品牌升级全新篇章，围绕着本场新日超高端智能锂电馆新品形象发布暨超战略合作峰会，为新日电动车构建起立体式多维度宣传体系。

【超级成果】

超级大会铸就超级信心

自2020年初与新日电动车合作以来，张默闻一直亲力亲为，带领项目组进驻新日电动车总部进行调研，并在疫情期间通过互联网完成了中美跨国的经销商在线访谈，启动疫情期间的跨国办公，极大地推进了新日电动车的品牌战略工作。期间，张默闻率领项目组夜以继日，反复研讨，为新日电动车找到痛点，找到创意，找到定位，找到超战略。

在此次"新日超战略全球发布会"上，张默闻表示，超战略是为新日电动车在新国标的新时代发展下量身定制的超级战略，是新日再次伟大的必然选择，是以品牌产品为核心，以经销商和用户为两翼的品牌配置，是全体新日人的共同选择和共同奋斗的宣言。

硕果累累：一场品牌盛宴点亮新日腾飞信号

一场成功的超级大会，不仅能让企业实现品牌声量最大化、营销效果最大化、传播范围最大化，更能促成多方面成果大爆发，全方位提升品牌核心竞争力，成为品牌升级征途中的一块里程碑。新日超战略全球发布会的震撼召开，便是企业对品牌、产品、服务进行全面升级的庄严宣告，是一项营销与传播的关键举措，新日电动车通过本场大会一举提振资本市场、惊艳亮相行业舞台、全面攻占消费者市场，成果斐然。新日电动车在锂电技术的全新突破，注定成为其在发展变革的电动车行业中制胜的法宝，在超级大会上的全面焕新，也注定成为新日征服国际市场的重要启程节点，新日品牌飞跃的信号已然点亮。

品牌提振资本市场，全案斩获国际大奖

自 2020 年 6 月 8 日"新日超战略全球发布会"成功召开以来，新日股份（股票代码：603787）受到资本市场的高度关注与热切追捧，短短 10 个交易日便实现四次涨停，截至 10 月 13 日，新日股价连续攀升，市值由会前的 27 亿跃升至 62.20 亿，整体涨幅超过50%。对此，新日超战略的提出者与指导者张默闻表示，这便是超级大会的独特魅力所在，是超战略的成功之处，新日电动车的品牌升级提振了资本市场的信心，让消费者看到了新日的可能性，对于后续新日电动车的持续发展十分利好，相信不远的未来，新日品牌将在超战略的指引下迅速崛起，成为电动车行业锂电时代领军者。这场超级大会为新日带来的超级成果远不止于此，2020 年 8 月 5 日，中央电视台经济频道《经济信息联播》针对 2020 年电动车行业的迅速发展与技术进步趋势展开详细介绍，新日董事会办公室主任陈开亚接受节目电话采访，就新日在电动车锂电池领域实现的重大突破进行阐述，新日以其领先行业的科技成果、轰动行业的品牌效应，得到了相关专家的一致认可。

除得到资本市场、官方频道的关注与认可外，张默闻为新日电动车独家策划推出的品牌升级战略"超战略"更得到了来自广告行业的极高赞誉。2020 年 8 月 25 日，在由广告人文化集团、世界传媒产业协会联合主办的"2020Y2Y 品牌年轻节暨第九届 ADMEN国际大奖"颁奖盛典上，张默闻策划集团选送的"新日电动车品牌整合营销传播策划全案"得到组委会评审的高度肯定，在涵盖了整合营销、内容营销、IP 营销、活动营销、创意传播营销等多个类别的近两千件优秀案例中脱颖而出，荣获 ADMEN 国际大奖·整合营销·实战金案。被誉为"广告界奥斯卡"的 ADMEN 国际大奖，聚焦全球传媒产业、文化创意产业，汇聚了中国广告业最前沿的实战案例，自创立以来一直以创新、实效为导向，以案例、机构评奖为基点，整合行业的顶层智慧，为业界带来了更多启发与思考。新日电动车能斩获本项实战金案，是组委会对新日品牌升级创新、品牌营销成绩的认可，也是对张默闻全案策划能力的表彰，同时证明了新日"超战略"的战略创意性、执行专业度、效果呈现度、

![新日 超高端智能锂电车]

以锂相待

2020新日超战略合作峰会

中国·南京

图①："以锂相待"2020新日超战略合作峰会主画面赏析。 图②~图⑤："以锂相待"新日超战略合作峰会顺利召开，新战略、新传播、新营销、新产品、新技术赢得合作伙伴的一致认可。

新日股份 603787

资源整合性等各方面都已达到国际顶尖水准。

张默闻提出的超战略为新日电动车带来的成果远不止于此。2020 年 10 月 12 日，在浙江义乌举办的 2020 首届"'新国标'锂电出行生态链千人武林大会暨 2020 高工锂电轻型电动车产业峰会华锂奖"评选活动中，新日电动车董事长张崇舜先生在活动中被评为杰出贡献奖。此次峰会是一场锂电生态大融合的生态链顶级峰会，行业一二线品牌全席参加，新日所在的浙江展 B2002 展位是地处核心展区 B 馆的"C 位"，开放观展后迅速成为了人气最高的展位，参观咨询新日的人群络绎不绝。从外观设计到"新日新一代汽车级锂电，保 5 年"的绝对优势，让新日成为全场关注的焦点。新日电动车作为领军品牌，能在该活动上斩获杰出贡献奖，既表现了行业在锂电方面对"新日新一代汽车级锂电池，保 5 年"技术的高度肯定，同时又表明在新国标时代抢占锂电风口的最佳窗口中，新日通过自身取得的突破性锂电技术，打开了电动车行业锂电变革的新途径，直接印证了新日超战略全球发布会为新日品牌升级带来的显著成效。

新日引爆行业话题，开启品牌全新征程

自牵手张默闻以来，新日电动车品牌全方位焕发起蓬勃生机，一场新日超战略全球发布会引爆行业，品牌声量日趋高涨，新日各系列锂电产品备受广大消费者瞩目。2020 年 5 月 11 日，一场以"不止好看"为主题的新日青春旗舰新品发布会隆重举行，在短短一个小时内，各大平台达到近 200 万次曝光及近 50 000 台新车预约加购的好成绩，为用户展现了一场"不止好看，更有品质，更有实力，更有水准"的高质量发布会。8 月 24 日，新日锂电保 5 年系列产品线上发布会圆满落幕，线上直播曝光量高达 30 万次，七款锂电全新产品首度合体亮相，全面达成新日新一代汽车级锂电产品矩阵，从高性价比精选车型到高端奢华车型，全方位包裹消费者需求，以新潮、时尚的全新骑乘体验触达年轻化群体，反响空前热烈，发布会消息占据行业新闻头版头条，引爆业界话题讨论。

超战略为新日电动车带来了强劲不竭的发展驱动力，同样为无数始终秉持"诚信、务实、创新、进取"的新日精神，同新日一起实现一个又一个行业突破的新日人，带来了源源不绝的精神支撑力。此次"锂电保五年"系列产品发布会上，新日电动车特意从万千经销商中挑选出三位在新日超战略全球发布会后有着卓越表现的优秀代表，奖励并颁发"新日超战略优秀践行者"奖章，并邀请至现场为大家分享作为新日经销商这一身份的心得体会。其中一位代理新日近 20 年的元老级经销商表示，凭借超战略，新日产品在当地市场刮起了年轻化的旋风，给新国标市场重新注入信心，广大消费者也实实在在感受到了新日锂电池带来的强大功能，经销商也感受到了新日给自己带来的温暖与信任。此番真情流露，正如新日超战略全球发布会上，新日电动车董事长张崇舜的动情发言："新日在张默闻策划集团的帮助下实施超战略，就是要进行自我超越。我相信我们的经销商，相信我们的团队，

相信我们的产品，相信我们的消费者，相信我们的新日梦最终一定能够实现！"

新日超战略全球发布会是一场新日新战略、新传播、新营销、新产品、新技术的战略级高端发布会，是一场新日新气质、新特色、新梦想、新文化、新气象的突破性全新发布会，是一场预示着新日高端化、智能化、全球化发展道路正式形成和国际化品牌全球推进的发布会。

这场领先行业的超级大会，对于打响、打赢这场品牌升级战役至关重要，是新日电动车品牌发展历程的一块新的里程碑，代表着新日电动车在新时代新国标背景下，以及在日趋激烈的行业竞争环境中逆势崛起的决心与信心，推动新日塑造全面超高端品牌形象，开启品牌传播全新篇章，宣告新一代汽车级锂电池的重大科研成果，打造超级锂电爆品，巩固高端电动车市场，引领行业迈入智能锂电时代。

通过这次新日超战略全球发布会，全行业、全领域、全球都将看见新日电动车产品的实力、将士的魄力、品牌的魅力，看见肩负成为全球超高端智能锂电车领导者使命的崭新新日强势亮相，看见一个百年品牌挥舞起伟大旗帜，一步步走向世界。

【超级评价】

一场超级成功的大会收获行业内外的超级关注

好评连连：一场超级大会吹响新日崛起号角

品牌营销是一个充满挑战的过程，不仅需要前瞻性战略布局，还需要一鸣惊人的品牌集中爆发。一场超级大会便是实现品牌爆发的最佳选择，带来的营销效应不可小觑。在超战略的支撑下，基于新日电动车过去在行业内外累积的良好口碑，加上超级大会这一营销手段具备的震撼人心的精彩效果，这场新日超战略全球发布会收获了大量赞誉，无论现场新日高管们、全体经销商、媒体人员，还是行业内外专家、广大消费者、官方媒体平台，均给予这场轰动行业的顶级大会高度评价，为新日品牌崛起征程吹响嘹亮的号角。

点燃品牌升级激情，与会人员交口称誉

一场成功的超级大会，不仅可以打破市场固化格局，转变经销商的思想，重燃品牌营销的激情，也可以改变企业内部管理层的观念，重塑全体将士打赢品牌升级战的信心、恒心与决心。新日超战略全球发布会便是最典型的例证，一系列全方位品牌升级战略的重磅发布，让与会人员看见了新日电动车赶超行业、飞速崛起的光明前景。听完张默闻激情澎

湃的演讲，现场新日电动车的高管们纷纷称赞道："张老师的演讲就是稳准狠，真正是说到了经销商的心坎上，对经销商的士气有着巨大的鼓舞，对公司超战略的落地有着巨大的推动作用，干货满满，实战性强！"

"其实来开会前，我已经怀疑自己两年前选择做新日代理是不是一个错误，但是今天参会后，我感觉信心又回来了，自己选择新日没有错！新日的定位、产品、卖点都非常符合市场实际，这下终于可以借到新日品牌的力了，产品不怕贵，越是品牌越好卖。"大会商家感言环节，来自上海营销中心的代表也忍不住上台分享了自己的参会感想，激奋之情溢于言表。全程参与本场盛会，并深度领会张默闻联手新日电动车推出的"超战略"后，中国自行车协会理事长刘素文给予新日电动车高度赞扬与殷切期许："新日电动车提出超战略，正是抓住了仅有的历史机遇，积极利用自身技术积累，打造过硬产品，在历史进程中占据优势，引领行业发展。我相信，未来的新日必将更加精彩！"

领跑中国锂电时代，业内专家纷纷看好

行业数据表明，未来的 3～5 年，全球的电动自行车行业将进入高速发展期，锂电电动车市场前景愈发广阔，谁能抢先完成电动车锂电动力技术开发升级，完成铅酸到锂电的大逆转，谁就能在电动车行业更新迭代中拔得头筹。显然，一直秉承"产学研一体化"战略的新日电动车抓住了行业未来发展机会，通过与联合国达成深度合作，新日电动车在锂电池技术领域的探索和研发已处于行业先锋地位，以其独具特色的产品品质技艺、独树一帜的品牌发展模式始终指引着行业变革之路。随着新日超战略全球发布会的成功召开，业内专家发表评论称："作为业内极少数能够做到自产锂电池的电动车生产企业，新日通过大数据支持，在做到真正从消费者的需求出发，实现车电一体的同时更实现了质保通道的一体化。而新日自主生产的新日超级锂电池更可根据整车适配，确保了新日具备超越竞争对手的优势，同时更为电动车行业做了一个良好的典范。"

随着人们消费意识的觉醒，消费者对产品的要求越来越高，针对智能、品质、个性化等诸多需求在市场上不断涌现，以新日为代表的行业头部品牌，经过多年的探索和研发，已经打造出更适合当下电动车市场的核心技术和实用产品，实现了锂电技术的升级和进步。本场新日超战略全球发布会的震撼举行，宣告着新日一系列锂电产品的全新面世，表明新日电动车作为舵手，带领着整个行业驶向了智能化、锂电化的现代化海洋，因此，新日被专家誉为中国电动车行业锂电时代的先行者、领航者。回顾新日超战略全球发布会的召开过程，新日电动车进行品牌升级的本质目的，仍是致力于提升用户的满意度、提升使用者的出行体验、以科技力量改善人类出行，这一志在未来的出发点，更令行业内外权威专家对新日电动车表示赞许。

图①：好朋友，向上走。新日股份董事长张崇舜就大会成功召开向张默闻表示感谢。　图②：新日电动车市场策划部负责人吴剑华与张默闻交流超战略品牌发展心得。　图③：新日股份团委书记、党工团联席办公室主任桂小军为新日超战略点赞！　图④、图⑤：与会嘉宾纷纷合影留念，为新日点赞，为新日发展举杯欢庆。

引领行业备受瞩目，媒体报道高度评价

通过本次大会，新日电动车的媒体影响力大幅增长，品牌关注度急剧飙升，各大权威行业媒体、主流媒体争相将镜头对准这场不论对新日电动车、还是对整个电动车行业而言都意义重大的超级大会，惊叹于空前轰动的会议效果、极其盛大的大会规模、异常热烈的会场氛围的同时，给予了新日电动车企业充分支持和高度赞许，其中搜狐网评价报道称："2020年中国电动车行业必将迎来一场全新的变局，在这场变局中，行业与企业将会结成一个命运共同体。透过此次新日超战略全球发布会，我们真正感受到了新日在品牌变革过程中所展现出的勇气、智慧和眼光，这也将为整个电动车行业点燃变革的火炬，注入永续的创新发展驱动力。"

面对新日电动车董事长、高管们、现场与会经销商以及各大官方媒体的频频称誉，全程亲自操刀所有策划的张默闻功成不居，转将目光投向未来新日电动车的品牌策划战略部署，以掷地有声的话语表明自己的决心：这次精彩万分的新日超战略全球发布会意义非凡，新日电动车正面临品牌升级的重要时期，通过战略、创意、产品、传播的全面升级，通过对资源整合与优化，让新日再次伟大就是我们的目标，张默闻策划集团将秉持和客户一起成为领导者的使命，继续与新日电动车并肩作战，不忘初心，砥砺前行！

世界品牌
中国龙蟠

2020年度龙蟠润滑油经销商品牌年会策划纪实

钱花了，会也开了，想必大家最关心的还是超级大会到底能给企业带来什么，我就用数据来告诉大家：大会结束，龙蟠科技股票立马收获了5个涨停，效果非常显著。根据龙蟠半年报显示，龙蟠1—6月份净利润增长了50%，股价从会议前的9元多涨到了将近30元。截至2020年10月28日龙蟠发布了2020年三季度报告，公司实现营业总收入13.7亿元，同比增长12.63%，实现归属于上市公司股东净利润1.44亿元，同比增长52.1%。所以，我非常感激张老师，在我们基础夯实的前提下，帮助龙蟠做了整个品牌和调性的提升工作，做了整个品牌的传播工作，而且全程亲自操刀。如今，龙蟠在润滑油行业里独树一帜，也真正在消费者心目中建立了一种认知，建立了一种口碑。两场大会也让龙蟠科技牢牢坐实世界品牌的称号，"世界品牌，中国龙蟠"已经从口号变成每个龙蟠人的价值取向，这是一种无比珍贵的品牌资产。

龙蟠科技董事长

世界品牌

2020年度龙蟠润滑

GLOBAL BRAN

中国龙蟠

由经销商品牌年会

PAL IN CHINA

2020 年 4 月 30 日，"世界品牌，中国龙蟠"——2020 年度龙蟠润滑油经销商品牌年会在江苏南京隆重召开。龙蟠科技董事长石俊峰、张默闻策划集团创始人张默闻、永达传媒董事长周志强、龙蟠科技营销中心与市场中心等的相关高层领导及来自全国各地的龙蟠润滑油经销商代表出席了本次大会，湖北地区的经销商则以分会场的形式参与本次盛会。正是这一场大会，让龙蟠润滑油品牌形象、媒体传播、营销建设、文化建设、组织管理等呈现出巨大的影响力，龙蟠润滑油厚积薄发，潜心沉淀的品牌力量一触即发，势不可当！

【超级背景】

龙蟠润滑油走向世界需翻越的"三座大山"

2019 年 11 月 30 日，由在途场景传播领航者永达传媒主办的"营销迭代全屏实力——2019 跨屏时代在途场景传播创新发展峰会"在中国乌镇召开，张默闻受邀出席并在会上作了主题演讲，分享中国品牌要坚持的十条道路，并对高铁媒体在传播新生态环境下如何打造品牌表达了自己独到的见解，此时龙蟠科技董事长石俊峰正在台下默默记录着一切，张默闻与龙蟠润滑油的缘分就此开启。

2019 年末，江苏龙蟠科技股份有限公司与张默闻策划集团正式达成战略合作，开启了润滑油行业的品牌营销和传播新时代。2020 年 4 月 30 日，"世界品牌，中国龙蟠"——

大会开始前，两位董事长亲密握手，共同期待精彩的到来，口罩也难掩脸上的笑意。

2020 年度龙蟠润滑油经销商品牌年会在江苏南京正式启动，这是一次品牌重构的大会，也是一次信心重塑的大会，更是一次战略宣告的大会，对龙蟠品牌重构升级意义深远。

品牌不强，走向世界受阻

纵观润滑油行业，一边是国际品牌三足鼎立，国产品牌割据混战，一边是国家对环保要求不断提升，新能源发展势头强劲，国产润滑油品牌想要在群雄争霸的市场环境中崭露头角，处处都是挑战。润滑油产业属于技术密集型产业，较之于国产品牌，国际品牌产品带给消费者更多的安全感，这正是一众国产润滑油品牌面临的增长困境。消费者对国际品牌更加青睐，造成了国外大品牌对国内市场的大肆侵略，国内品牌缺乏竞争优势，深陷低端产品价格战。

在复杂的行业背景下，龙蟠润滑油陷入品牌发展瓶颈期，力求通过打造品牌的方式找寻竞争力。为此，龙蟠润滑油与张默闻策划集团正式牵手，开启品牌新征程。

张默闻策划集团研究发现，龙蟠润滑油创始人石俊峰先生是润滑油技术专业出身，因此在品牌创立初期至今，将更多的精力放在了润滑油品质把控上，十余年的发展历程，十余年的世界品质要求，造就了龙蟠润滑油的高端产品品质，却因为品牌影响力受到不同因素的限制，难以与世界品牌抗衡。手握高端品质产品，却无法与世界品牌一样被人熟知，高端产品无法卖出高价格，陷入低端产品价格战难以翻身，在行业内影响力有限，走向世界的征程频频受阻，这一直是龙蟠润滑油的痛点所在。

营销不佳，增长困难重重

龙蟠润滑油历经十余年的发展，目前已经发展成为国内规模领先的汽车环保精细化学品企业，拥有四大智能化生产基地，凭借高端品质的润滑油获得了奔驰、宝马、保时捷等一众汽车品牌的认可，并为世界级品牌代加工，工厂实力和产品品质无须质疑，然而龙蟠润滑油"只建工厂，不见市场"的经营模式逐渐暴露出弊端。

在商业竞争日趋激烈的当下，好产品缺乏好营销也难以卖出好价格，营销也早已不再是简单的叫卖，而是需要完整营销体系、营销政策、营销组织、营销管理等，换言之，营销是一件系统庞大的事情。对于润滑油这种技术密集型产业，消费者对国际品牌的信任度普遍高于国内品牌，国内品牌想要在市场上崭露头角，需要更强大的营销系统支持。龙蟠润滑油发展十余年，潜心研究润滑油技术，在全国大力建设生产基地，对前线的市场营销没有给予足够的重视，缺少健全的营销系统，这也成为其品牌及销售增长困难的重要原因之一。

不可否认的是，激烈的市场竞争背后是行业的新一轮洗牌，一些科技企业、电商巨头在润滑油行业试水，想要在此市场上分一杯羹，为消费者带来更多选择，这些都推动着国内润滑油品牌进入品牌营销改革深水区，同时为龙蟠的营销变革带来了更大的挑战。

信心不足，发展动力不够

除了品牌不强、营销不佳等现实问题，真正影响龙蟠走得更远的是龙蟠的一线员工及代理商的信心。张默闻调研中发现，不管是前线的员工还是一线代理商，整体的士气略有颓势，归根结底，还是国产润滑油品牌相对国际大品牌来说缺少竞争优势，导致行业整体利润率较低。这就要求龙蟠在一众国产品牌中抢占先机，进行品牌升级，摆脱恶性竞争的价格战。龙蟠首先要解决的是提高企业内外对龙蟠的信心问题，将发展中最根本的因素"人"的问题解决，才能为企业增加新的发展动力。

如何在短时间内提高士气，增加合作伙伴的信心？张默闻表示，唯有一次成功的企业年度超级营销大会，才能够承担这个重任。开一场整合营销传播大会，可以围绕战略、产品、竞争对手、传播、代理商、组织管理等多角度做文章，邀请行业大咖、重磅媒体、代理商、经销商等到会议现场，将整个行业的关注点都集中到龙蟠身上；宣布未来战略发展方向，让代理商等伙伴明确未来努力的目标，各大媒体争相报道提高品牌传播声量；设置互动环节增强和代理商等人的感情链接，提升所有人对龙蟠润滑油的信心。

【超级现场】

世界品牌龙蟠科技品牌年会成功收官，张默闻战略策划演讲赋能引行业瞩目

2020年4月30日，"世界品牌，中国龙蟠"——2020年度龙蟠润滑油经销商品牌年会在江苏南京完美收官。会上，龙蟠科技正式公布张默闻全新策划的"世界品牌，中国龙蟠"的发展战略及企业文化，线上线下近千名关注龙蟠发展的各界人士，共同见证了龙蟠润滑油大步迈进世界品牌的历史性时刻，现场精彩纷呈、气氛热烈。会上，张默闻带来了一场题为《让客户看见服务，让中国看见龙蟠》的主题演讲，获得了龙蟠科技董事长，龙蟠科技营销中心、市场中心等相关高层的高度评价。会议高潮迭起，气氛持续高涨，全体龙蟠人信心倍增。此次大会为龙蟠润滑油品牌发展史添了浓墨重彩的一笔，同时在中国润滑油行业引起了强烈的讨论与反响！

文化升级：实效文化凝聚力量

品牌崛起，文化先行。在龙蟠南京总部的大楼前，挂着一副对联：不忘初心致力绿色化学成就世界品牌，牢记使命照顾全球汽车就看中国龙蟠。这正是张默闻通过洞察龙蟠品牌发展实际情况及目标而创作的企业对联，是龙蟠全新企业文化的重要组成部分，现已成

为龙蟠企业上下所有人的统一认知。

会上，在"世界品牌，中国龙蟠"总战略的指导下，龙蟠科技董事长石俊峰以变革者的身份首先作了题为《世界品牌，中国龙蟠》的主题演讲，公布了品牌战略及全新企业文化，阐释了"照顾好全球每一辆汽车"的企业使命，在伟大使命的感召下，向全体经销商发出真诚呼唤，希望经销商们勇敢加入龙蟠全新的挑战中来，征战全球舞台，掀开发展新篇章。此番演讲对于龙蟠润滑油来说，是企业全新文化战略的一次重要落地宣导，是企业文化全新升级至关重要的一刻。

企业文化是品牌建设的重要内容，企业文化建设不是一蹴而就的，而是一个系统性、长期性的工程。张默闻一贯认为："所有不把企业的品牌和营销与企业的使命、愿景和价值观结合起来的发展，都难以成功。"企业文化是企业的灵魂，是推动企业品牌、营销、战略、形象等不断前进的动力和源泉，没有正确企业文化的公司是难以健康发展的，讲究文化的企业才能做到百年。龙蟠润滑油是龙蟠科技旗下面向汽车后市场的主力汽车养护产品品牌，经过十余年的努力，现已发展成为国内规模领先的汽车环保精细化学品企业，基于润滑科技积淀服务经验为全球用户带来节能环保性能润滑技术解决方案。龙蟠全合成润滑油中的高端产品由全合成基础油和高性能添加剂制造而成，龙蟠的产品品质已成为其品牌最大的优势之一。2020 年，面对龙蟠品牌新的发展目标，"文化赋能品牌"将成为龙蟠润滑油的战略选择。

基于龙蟠润滑油企业情况以及对市场的深入调研，张默闻发现：龙蟠企业内外对企业文化的需求呼声很大，龙蟠现有的企业文化与当前企业发展现状实际不符，尤其是自企业上市以来，不管是在管理上还是品牌发展上，龙蟠都进入了全新的发展阶段，原有的文化系统不足以支撑企业的巨大变化，龙蟠亟待进行文化的重构与变革。

企业文化并不是凭空捏造的。张默闻认为，企业文化就是企业家文化，是企业家的价值观、精神和信仰，想要重构企业文化，必须要深刻读懂董事长的心思，理解企业家的想法。龙蟠董事长石俊峰的思想便是龙蟠企业文化的重要源泉。龙蟠润滑油发展十余年，也有一定的文化积淀，在重构文化时不能将以前的东西完全抛弃。结合董事长全新的思想与战略布局，张默闻为龙蟠制定的文化定位，既融合了龙蟠现有的品牌基因，又增加了全球化的战略要求，让龙蟠品牌由内而外焕然一新，呈现出强大的文化力量。

中国有中国的梦，叫中国梦；龙蟠也有龙蟠的梦，叫"龙蟠梦"。"龙蟠梦"是龙蟠发展的重要指导思想和重要经营理念。"龙蟠梦"的核心目标可以概括为"双百"目标，即实现龙蟠百年品牌和百亿目标，具体表现为企业富强、员工幸福、客户满意。基于"双百"目标和"龙蟠梦"的具体表现，面对龙蟠润滑油营销现状，张默闻针对品牌愿景、使命、价值观等提出了"龙蟠七大定位"：

张默闻为龙蟠科技创作的对联，涵盖了龙蟠科技全新企业愿景、使命、价值观，是龙蟠科技企业文化与口号的完美结合，现已挂在龙蟠科技大楼门前两侧。

图①：龙蟠科技董事长石俊峰现场发布龙蟠科技愿景、使命、价值观等全新企业文化，为企业发展注入内在动力。

图②：张默闻为龙蟠科技提出了全新的使命：照顾好全球每一辆汽车，获得龙蟠高层一致认可。

1. 使命定位：照顾好全球每一辆汽车。

2. 愿景定位：通过研发和品牌驱动，成长为世界第七的汽车绿色化学国际集团。

3. 核心理念定位：懂汽车更懂客户。

4. 企业口号定位：世界品牌，中国龙蟠。

5. 全球化定位：有汽车的地方就有龙蟠。

6. 企业情感定位：爱车爱龙蟠。

7. 龙蟠宣言定位：

我自豪，我是中国龙蟠，我是世界品牌；

我们秉承责任、创新、挑战、卓越的核心价值观；

用照顾好全球每一辆汽车的使命来践行我们的工作；

图①：龙蟠科技董事长石俊峰在演讲中对龙蟠科技全新愿景进行解读，龙蟠上下一同朝着成为"世界第七"的伟大愿景努力奋斗。 图②：龙蟠科技董事长石俊峰激情诠释企业全新使命，指出放眼全球市场，"照顾"全球汽车。
图③：龙蟠科技董事长石俊峰强调，龙蟠科技的员工不仅要懂汽车，懂汽车行业，还要懂客户，做到对客户层层负责，把客户服务做到位。

在成长为世界第七绿色化学国际集团的愿景指引下，为最终实现龙蟠百年品牌和百亿目标而努力奋斗！

市场风起云涌，龙蟠积极应对。如今，龙蟠已经形成一套完善的组织文化系统，在每个龙蟠人心中都树立了一面旗帜，这面旗帜便是"世界品牌，中国龙蟠"！随着龙蟠科技董事长石俊峰演讲的深入，完成了企业文化战略的布局，由内而外，自上而下，由表及里，层层深入，在现场及分会场的代理商心里种下了"世界品牌，中国龙蟠"的文化种子，更重要的是树立起龙蟠人的民族自信心，我们是世界品牌，我们是中国龙蟠！在"照顾好全球每一辆汽车"使命的指引下，在"成长为世界第七绿色化学国际集团"的愿景感召下，龙蟠人为实现伟大的"龙蟠梦"而努力进取，为实现民族品牌与世界品牌同台共舞而不懈奋斗！

战略升级：品牌内外焕然一新

"世界品牌，中国龙蟠"是本次大会的主题，也是张默闻与龙蟠科技董事长石俊峰初次见面时提出的战略总纲领。在总纲领的指导下，面对润滑油行业复杂的市场环境，龙蟠积极调整战略方向，重组战略布局，加快品牌战略升级进程，逐步向"百亿龙蟠"和"百年品牌"进军，向龙蟠"成长为世界第七绿色化学国际集团"伟大愿景迈进！

品牌剖析，坚持现场主义

面对新能源的猛烈发展势头，润滑油行业开始了新一轮的变革，这也意味着龙蟠科技将面临全新的机遇和挑战。自龙蟠科技与张默闻策划集团达成战略合作以来，张默闻始终坚持亲自操刀亲自创意的工作原则，从初期调研到品牌策划及创意落地，均坚持现场主义工作作风。

2019 年末，张默闻亲率团队奔赴龙蟠科技总部南京，与企业高层展开高端访谈，而后马不停蹄身赴南京、上海一线市场，走访终端门店、汽车维修厂、四季通换油中心等地，面对面与终端代理商、修车店老板等进行交流与探讨，充分了解代理商需求及一线市场动向。从董事长到经销商，从终端销售到修车厂老板，张默闻针对龙蟠科技品牌重构问题，倾听一线市场最真实的声音，洞察事实真相，用望闻问切的方法为品牌诊断问题所在。

一切答案都在现场，现场是找到答案的唯一方式。此次调研对于龙蟠科技意义重大，调研结束后，张默闻就龙蟠品牌、文化、管理、传播、销售、视觉、终端等诸多方面提出了战略性的意见，他指出，龙蟠润滑油一定要与世界品牌竞争，从国际润滑油品牌手中抢夺市场，推动龙蟠科技走出中国，走向世界。同时，张默闻认为应优化龙蟠科技的视觉形象，让视觉形象更加国际化和高端化。一系列观点均获得了龙蟠科技董事长石俊峰的高度肯定，同时也印证了张默闻提出的"世界品牌，中国龙蟠"的正确性。

图①：张默闻率团队在南京卡车修理厂实地调研，与卡车亲切合影。　图②：张默闻与龙蟠润滑油市场总监陈晓星在上海修理厂实地调研，对龙蟠润滑油爱不释手。

图①：干一行，爱一行，张默闻在南京汽车修理厂实地调研，与修理厂老板、修理工探讨专业问题。　图②：张默闻与龙蟠润滑油市场总监陈晓星、龙蟠润滑油上海经销商岳满意等在养车大V陈列区合影，策划大V点赞养车大V活动。

2020 年 1 月 17 日，张默闻携精心策划的《世界品牌，中国龙蟠——龙蟠科技整合营销传播策划全案》前往江苏南京龙蟠科技总部进行了长达 6 小时的提案。这份起源于一线市场调研的全案，围绕品牌营销、渠道传播、文化建设、超级单品、视觉优化、歌曲创意等不同维度提出了完整的发展思路，涵盖战略道路、战术方法、落地策略、具体任务等不同层面。信息庞大的品牌战略提案，让龙蟠科技董事长石俊峰先生领略到了张默闻的战略高度与策划魅力，首先发出肯定的声音："我很少记笔记，今天我是从头记到尾，首先感谢张老师带来的精彩的提案，把龙蟠品牌交给张老师我是绝对放心的，我们要做的就是全力配合，将战略实现落地！"

战略布局，明确前进方向

在此后的合作中，深入的调研让张默闻意识到，润滑油作为技术密集型产业，渠道建设很重要，但同时还要尽快弥补品牌传播上的短板。中国是后汽车市场发展的一片沃土，世界各国的汽车都在中华大地上驰骋，这就代表着以龙蟠为代表的润滑油品牌拥有世界上最大的市场，这也是激烈竞争环境下的巨大机会。

张默闻认为，战略是所有战术的总的指导方针，战略不清晰，目标就无法实现。为此，张默闻特别为龙蟠提出发展总战略，简称"龙战略"。这是基于市场一线调研与企业发展需求现状得出的发展战略，是新时代背景下为龙蟠润滑油破局重生独家定制的超级战略。"龙战略"即：掌握汽车化学核心科技；推动龙蟠技术全球化、配方全球化、营销全球化和品牌全球化；锚定和融合国家新能源战略；致力于成为排名世界第七的世界品牌，最终实现"百年品牌""百亿销量"的双百战略。"龙战略"是指导龙蟠润滑油品牌发展、实现"龙蟠梦"的重要战略方针，厘清了发展战略，为龙蟠走向世界铺路。随着本场大会的成功召开，龙蟠润滑油明确了战略升级的方向，在"龙战略"和"世界品牌，中国龙蟠"的双重战略指导下，打响了龙蟠润滑油崛起之战第一枪。

经销商年会现场，张默闻对"世界品牌，中国龙蟠"的战略纲领也作出了详细的阐释，打消在场经销商及合作伙伴的疑虑，佐证"龙战略"的正确性。张默闻指出，为龙蟠提出"世界品牌，中国龙蟠"的定位，是完全有理由、有依据的。作为主板上市公司，龙蟠拥有：高端品质的产品，是世界润滑油品牌的代工商、生产商；全球化的布局，目前龙蟠新加坡公司已经成立，产品出口至 15 个国家及地区；全球性认证，产品符合全球最严苛的认证标准；来自国际大企业的人才，他们的加入，带动龙蟠的管理、文化等上升到了全球企业的高度。所以龙蟠完全可以称得上"世界品牌"的称号，所有龙蟠人都要有这份民族自信，世界品牌不仅仅是指外国品牌，中国品牌的产品卖到全世界就可以自豪地说自己是世界品牌！目前，"世界品牌，中国龙蟠"八个大字已在龙蟠南京总部大楼展示，成为龙蟠独有的视觉识别。

图①："世界品牌，中国龙蟠"的口号在龙蟠科技大楼闪耀，成为龙蟠科技独特的视觉符号。

图②：龙蟠科技董事长正式发布龙蟠科技全新战略、举措，和与会人员共同见证龙蟠润滑油发展的历史性时刻。

图③：做令中国骄傲的品牌，龙蟠科技董事长讲述家国情怀。

品牌升级：民族品牌强势崛起

竞争市场千帆竞发浪潮汹涌，民族品牌强势崛起正当时，龙蟠润滑油真正迎来了品牌升级新时代。"世界品牌，中国龙蟠"八个大字在大会现场随处可见，龙蟠润滑油从以前的世界品牌代加工工厂正式加入民族润滑油品牌阵营，大刀阔斧进行品牌升级变革，从品牌定位到品牌形象，从品牌文化到品牌视觉，从品牌理念到品牌宣传，从董事长的亲自挂帅到龙蟠高管的集体歌颂，龙蟠润滑油的改变是由内而外的，是一种民族自信心的彰显。

当现场依然沉浸在龙蟠高管朗诵的激情中时，龙蟠科技市场总监陈晓星为大家带来一场主题为《龙蟠品牌七项修炼》的主题演讲，从话术、自媒体、信仰、二次传播、能见度、会议营销和品牌活动等 7 个方面阐释了龙蟠品牌修炼的内核。除此之外，在本次品牌年会现场，张默闻关于品牌的其他策略也悉数公布，使得龙蟠品牌与代理商步调一致。

品牌宣传，宣传物料比肩国际

大会伊始，张默闻操刀创作的龙蟠科技全新宣传片震撼首映，获得了龙蟠营销将士和合作伙伴的集体掌声，这正是他们对宣传片高度评价的表达。张默闻表示：龙蟠科技的宣传平台和物料都要与"世界品牌，中国龙蟠"的定位相契合，摒弃一切粗制滥造，秉承国际化的表达标准，让"世界品牌，中国龙蟠"实现完美落地。

在此基础上，张默闻亲自操刀创意龙蟠企业宣传片文案，从龙蟠科技的全球口号、龙蟠科技的全球梦想、龙蟠科技的全球驱动、龙蟠科技的全球宣言及龙蟠科技的全球未来五大板块对"世界品牌，中国龙蟠"进行阐释，展示了一个有信仰、有梦想、有实力、有责任、有未来的强大龙蟠。全新的宣传片亮相是全新品牌的亮相，是全新信心的亮相，是全新实力的亮相，让"世界品牌，中国龙蟠"从口号落地到品牌，有声有色、有血有肉，让代理商及合作伙伴看见龙蟠变革的决心和信心，让行业看见龙蟠的实力和崛起！

【龙蟠科技 2020 全新形象宣传片文案赏析】

世界品牌，中国龙蟠：龙蟠科技的全球口号

龙蟠科技，创始于 2003 年，是中国高端汽车化学的探索者和创领者。2017 年 4 月 10 日龙蟠科技正式登陆上海证券交易所主板，成为根在中国、布局全球的国际化上市企业。龙蟠科技创造了车用尿素国内销量排名第一、防冻液国内销量排名第一、制动液国内销量排名第一以及第一家中国走向海外市场的民营润滑油企业等多项第一殊荣。2020 年，龙蟠科技创始人、董事长石俊峰先生发布了"世界品牌、中国龙蟠"的龙蟠全球新口号，为龙

张默闻战略策划为龙蟠润滑油走向世界布局，会上带来精彩演讲赋能品牌发展。

蟠全球化战略打响了第一枪。"世界品牌，中国龙蟠"的口号发布，标志着龙蟠科技"有汽车的地方就有龙蟠"的全球化战略全面启动，技术全球化、采购全球化、品牌全球化、市场全球化、人才全球化、认证全球化、伙伴全球化七大维度护航发展，一个高端、高速、高质量的龙蟠科技正在向我们走来。

世界品牌，中国龙蟠：龙蟠科技的全球梦想

龙蟠梦是龙蟠科技董事长石俊峰提出的龙蟠发展的重要指导思想和重要经营理念，最终目标是要实现龙蟠科技从优秀到卓越，从卓越到基业长青的新时代、新龙蟠的梦想。"龙蟠梦"的核心目标也可以概括为"双百"目标，也就是在"通过研发和品牌驱动，成长为世界第七的汽车绿色化学国际集团"的愿景指导下，最终实现龙蟠百年品牌和百亿目标。"龙蟠梦"的实现，具体表现是企业富强、员工幸福、客户满意。实现途径是坚持"照顾好全球每一辆汽车"的使命，坚持走龙蟠特色的全球化道路，坚持"责任、创新、挑战、卓越"核心价值观，坚持"懂汽车、更懂客户"的核心理念，坚持弘扬龙的精神，实施手段是文化、战略、科技、品牌、营销五位一体建设。龙蟠梦，是中国梦的一部分，更是员工梦、经销商梦的具体体现，有梦想才有未来，"龙蟠梦"的确立将加快龙蟠科技世界第七的全球地位。

世界品牌，中国龙蟠：龙蟠科技的全球宣言

2020 年石俊峰董事长与时俱进，提出了企业传承百年的一副对联：不忘初心致力绿色化学成就世界品牌，牢记使命照顾全球汽车就看中国龙蟠。在此基础上，龙蟠又在管理思想、管理理念、管理逻辑、行为文化上进行了全面升级，最后形成了振奋人心的《龙蟠宣言》：

我自豪，我是中国龙蟠，我是世界品牌；

我们秉承责任、创新、挑战、卓越的核心价值观；

用照顾好全球每一辆汽车的使命来践行我们的工作；

在成长为世界第七绿色化学国际集团的愿景指引下，

为最终实现龙蟠百年品牌和百亿目标而努力奋斗！

放眼未来，龙蟠将在致力于成为世界第七的汽车绿色化学国际集团的企业愿景指导下，在照顾好全球每一辆汽车的使命引领下，在懂汽车更懂客户的核心理念推动下，让龙蟠科技走向世界，最终实现龙蟠百年品牌和百亿目标的"龙蟠梦"。

龙蟠润滑油品牌全新升级，为龙蟠润滑油带来无限发展动能，龙蟠科技高层非常感谢张默闻，并将龙蟠科技旗下知名车用尿素可兰素品牌托付给张默闻，希望张默闻能够帮助可兰素再上一层楼。

自 2009 年成立以来，可兰素始终以改善全球生态环境为己任，凭借强劲的科研能力与突出的产品品质，长期占据行业榜首地位，连续多年销量遥遥领先。据英国著名咨询机构 INTEGER 发布报告，可兰素品牌车用尿素成为中国 AdBlue 市场 2011-2015 年期间的销量第一品牌并保持至今，向全球展现了中国优质车用尿素品牌的强悍实力。

在与可兰素达成战略合作后，张默闻迅速开展调研工作，针对龙蟠科技的发展战略及可兰素的行业背景，扎根市场一线，倾听经销商、代理商的反馈。在关注终端市场切身感受的同时，张默闻逐一诊断可兰素品牌问题，整合调研信息抓住根本症结，迅速理清可兰素品牌发展纲要。张默闻卓越的实战能力得到龙蟠科技的一致认可，对可兰素的全新战略表示十分期待。

2020 年 8 月，张默闻亲自操刀策划的可兰素品牌战略全案应运而生。带着调研的所有努力成果，张默闻此次提出可兰素的品牌解决方案，对于品牌文化、品牌定位、品牌精神有了新一层次的提高。

迎合世界品牌中国龙蟠的国际化视野，专注于 PM2.5 治理领域的可兰素，坚持以用户需求为导向，以研发为驱动，为新国六排放标准提供更加系统化解决方案，引领行业发展。张默闻根据可兰素新时代下的更高诉求，立足市场，审视品牌发展的根本要求，张默闻提出可兰素全新的企业使命、愿景、价值观文化：

品牌使命：让天空更蓝，让汽车更有劲。

品牌愿景：让全球高速驰骋的商用车都用上可兰素。

品牌精神：品牌第一的精神、质量第一的精神、销量第一的精神。

品牌定位：可兰素——更高端的车用尿素。

品牌口号：可兰素，带来一路好空气。

可兰素的品牌广告语定位：用可兰素，卡车更有劲。

迈入品牌全新发展阶段，可兰素不断追求卓越，打造"可兰素——更高端的车用尿素"品牌定位，牢牢锁定高端品牌特性，轻松实现品牌升级，在同类产品中一骑绝尘。可兰素以解决消费者需求为根本、以巩固品牌行业地位为出发点，推出全新广告语"用可兰素，卡车更有劲"，为攻取车用尿素市场注入一剂强心针。同时，可兰素坚持"品牌第一的精神，质量第一的精神，销量第一的精神"的企业精神，持续攀登行业之巅，成就超级品牌。

2020 年是国家实现高质量发展稳步推进之年，是汽车工业发展的变革之年，是国六排放全面实施之年，更是可兰素全面深入空气污染治理的领航之年。可兰素以科技创造智慧未来，以环保守卫健康生活，品牌口号"可兰素，带来一路好空气"的诞生，高度体现了可兰素致力于空气污染治理领域的战略诉求，象征着企业守护空气质量的美好希冀。同时，可兰素坚持"空气的质量决定生命的质量"的品牌情感定位，立足于为人类创造更美

张默闻为龙蟠科技旗下车用尿素品牌可兰素进行了战略重构，提出的"用可兰素，卡车更有劲"广告语强势登陆户外媒体，在全国范围内掀起了"蓝色风暴"。

好的空气环境，深度体现企业的人文关怀理念，以锐意创新、坚定不移的精神不断奋勇直前，开创中国环保科技事业的全新时代！

十年砥砺征程，品牌初心未改，可兰素一路走来，不懈努力打造市场为先、技术领先的环保高科技企业，迅速从一个开拓者成长为车用尿素行业的标杆品牌。未来，可兰素坚持履行"领跑全球减排科技，减少汽车尾气污染"的企业社会责任，坚持"让我们不再受汽车尾气伤害"的品牌灵魂建设，致力于为全球减排目标，为减少汽车尾气污染贡献一份力量，实现企业价值，塑造品牌形象，乘时代雄风崛起，扬科技强翼腾飞。

品牌视觉，视觉标识全面焕新

张默闻表示品牌标识是品牌传播的最重要的视觉元素，也是品牌升级中的重要一环，既然龙蟠是"世界品牌"，那么标识一定要拥有世界品牌的气质。因此，在龙蟠标识升级过程中，保持龙蟠原有标识整体形状不变，加持"圆形线条"，强调视觉重心，既能够完美保留了龙蟠标识此前的品牌积累，又让标识大牌感凸显，极具延展性和实用性。变更字体，将原本纤细的字体变得端正，辨识度更高。保留绿色品牌色，并将其应用在主画面等各个地方，形成独特品牌基因。一套标准视觉识别系统，让标识、字体及色彩等变得更加规范化和系统化。

张默闻对龙蟠品牌视觉的阐释

企业标准色：龙蟠科技企业标准色为绿色，绿色代表健康、环保、新生，与龙蟠的汽车环保精细化学品事业和绿色发展道路相一致。龙蟠科技是国内规模领先的汽车环保精细化学品企业，为市场提供绿色环保产品，为客户提供绿色健康服务，在全球布局绿色新生产业，践行绿色价值观，秉承"照顾好全球每一辆汽车"的使命，向"致力于通过研发和品牌驱动，成长为世界第七的汽车绿色化学国际集团"伟大愿景迈进！

标识：龙蟠科技标识为正圆立体图形，整体类似圆形方孔钱币，代表财富与力量；外围的圆环使标识更加稳固，整体结构稳定丰满；圆环内的共生图形，是油滴也是发动机的扇叶，油滴的高光和阴暗面相互映衬，立体感强，标识更具有动态性。正圆形的标识与共生图形的结合，让龙蟠科技的标识兼具中国古典和谐之风及国际化标识的简约大气之美，共生图形彰显了中国传统文化中的"中庸"及"中和"之道，圆形与共生图形的组合排列，体现了永恒、循环的特征，这代表的是中国民营企业润滑油品牌的坚韧与力量。

字体：龙蟠科技企业标准中英文字体整体呈现出粗壮板正的特性，极具力量感和科技感，符合龙蟠所处行业属性，让消费者更加容易产生信服感和信任感；与其他国际品牌使用字体方式一致，与"世界品牌 中国龙蟠"的定位相契合，国际感和大牌感凸显；中英文的字体组合极具识别效果，在细节上更加规整统一；粗壮板正的字体与方正圆形的标识结

走向世界的品牌，走向世界的标识。张默闻为龙蟠科技优化标识等视觉识别系统，赋予龙蟠科技大牌感和力量感。

合，整体产生和谐共生的视觉审美。

会上，张默闻将新旧标识、新旧字体、新旧组合及其应用对比呈献给现场代理商，全新的视觉识别系统让品牌具备世界品牌的国际化气质，获得了代理商的高度认可！标识字体的焕新开启了龙蟠品牌视觉升级的第一道大门，作为民族品牌润滑油的代表，龙蟠已经做好了走向世界的准备，以更加开放的姿态不断在世界品牌之路上探索，走上品牌升级之路，这不仅为代理商带去信心，更加速了民族品牌走向世界的进程！

品牌电视广告片，中国龙蟠走向世界

2020年初，龙蟠润滑油品牌电视广告片年初登录央视新闻频道，打响龙蟠润滑油走向世界第一枪。

品牌电视广告片是品牌战略的重要内容，是品牌战术的具体落地。2020年

春节期间，CCTV-13全天轮播张默闻策划的"龙蟠润滑油，走向世界的品牌"电视广告片，在主流媒体强势发声，正式打响龙蟠润滑油品牌战役第一枪。

初，龙蟠科技与张默闻策划集团刚刚达成合作伊始，龙蟠润滑油确定了"世界品牌，中国龙蟠"的战略定位，张默闻表示要让品牌有个"缓冲时期"，第一阶段先将"走向世界的品牌"概念打透，慢慢在行业突出龙蟠润滑油的地位，奠定品牌基调。为此，张默闻经过对龙蟠润滑油品牌战略布局、市场竞争现状的分析，决定从"走向世界"的角度入手，紧紧锁定"世界品牌"，在市场教育阶段，将龙蟠润滑油民族品牌的世界雄心展示出来，用实力说话。

战略清晰、内容突出、画面震撼的龙蟠润滑油品牌电视广告片一经提出，就振奋了龙蟠科技高层的心，龙蟠高管对龙蟠润滑油的信心被提升，营销将士及代理商等合作伙伴的激情被点燃。此条品牌电视广告片是龙蟠润滑油品牌升级的初探索，在大会现场与代理商等合作伙伴一同再次回顾和观看，彰显的是龙蟠润滑油的战略定位和品牌雄心，极大鼓舞了龙蟠人的信心！

品牌信心，企业内外同频同梦

当石俊峰董事长亲自挂帅发展品牌，当张默闻为龙蟠润滑油制定出品牌发展路线和伟大的"龙蟠梦"，那么梦想的实现则需要龙蟠润滑油品牌和营销战士们去行动和落地。

在此次品牌年会现场，为表达品牌战略升级的决心和信心，龙蟠科技高管代表上台，带来"世界品牌，中国龙蟠"主题诗歌朗诵节目，气势雄厚、信念笃定，立志让世界看到中国民族品牌润滑油走向世界的坚定信心，用傲人实力回答"什么是龙蟠"，向行业宣告"世界品牌 中国龙蟠"的战略定位。龙蟠润滑油像是一条随时腾飞的巨龙，在云雾缭绕的山巅俯瞰，会议现场气氛立即进入一波新高潮。

《世界品牌，中国龙蟠》诗歌文案赏析

文 / 石俊峰 张默闻

01

有人问我，什么是龙蟠？

我说，龙蟠就是中国梦的家园。

这里有热血的男儿，这里有巾帼的婵娟；

这里有英雄的赞歌，这里有不息的风帆。

我们是一个个精锐的兵团，

我们是一艘艘梦想的飞船。

因为，

我们是世界品牌，我们是中国龙蟠。

02

有人问我，什么是龙蟠？

我说，龙蟠就是科技梦的家园。

这里有科技的荣光，这里有理想的丰满；

这里有世界的工厂，这里有技术的蔚蓝。

我们是一幅幅技术的图片，

我们是一张张昂贵的画卷。

因为，

我们是世界品牌，我们是中国龙蟠。

张默闻策划创意高管诗歌朗诵环节，龙蟠润滑油七位高管动情演绎，凝聚力量追逐"龙蟠梦"。

03

有人问我，什么是龙蟠？

我说，龙蟠就是品牌梦的家园。

这里有创意的巨匠，这里有品牌的明天；

这里有传世的文化，这里有精神的草原。

我们是一帧帧广告的笑脸，

我们是一个个图腾的锤炼。

因为，

我们是世界品牌，我们是中国龙蟠。

04

有人问我，什么是龙蟠？

我说，龙蟠就是战略梦的家园。

这里有愿景的期盼，这里有使命的非凡；

这里有速度的盘旋，这里有温柔的循环。

我们是一个个战略的跨栏，

我们是一次次定位的波澜。

因为，

我们是世界品牌，我们是中国龙蟠。

05

有人问我，什么是龙蟠？

我说，龙蟠就是高端梦的家园。

这里有质量的源泉，这里有高端的伙伴；

这里有口碑的勋章，这里有工匠的渊源。

我们是一条条高端的信念，

我们是一个个品质的摇篮。

因为，

我们是世界品牌，我们是中国龙蟠。

06

有人问我，什么是龙蟠？

我说，龙蟠就是全球梦的家园。

这里有世界的伙伴，这里有顶级的天团；

这里有认证的辉煌，这里有认可的登攀。

我们是一个个伙伴的周全，

我们是一辆辆汽车的联欢。

因为，

我们是世界品牌，我们是中国龙蟠。

07

有人问我，什么是龙蟠？

我说，龙蟠就是一号梦的家园。

这里有一号的龙蟠，这里有一号的硝烟；

这里有一号的伟大，这里有一号的光环。

我们是一次次高端的体验，

我们是一次次享受的美满。

因为，

我们是世界品牌，我们是中国龙蟠。

产品升级：全系列产品都优异

产品是一切营销的落脚点，是企业的核心竞争力。会上，2020年龙蟠润滑油全系列产品全新发布，全新超级单品龙蟠1号隆重出场，赢得了全场嘉宾及行业内外的广泛关注，标志着龙蟠润滑油正式迎来超级单品时代。

全系列产品，72项指标都优异

张默闻策划集团与龙蟠科技合作伊始，张默闻便投身对品牌、产品、市场、对手等相关调研中去，随着对龙蟠润滑油研究的深入，龙蟠润滑油全系产品均使用进口基础油及顶级添加剂，且与全球一流基础油和添加剂企业签署了战略合作协议，先后获得国内外知名原始设备制造厂商技术认证，所以龙蟠润滑油产品质量毋庸置疑。"要么就不做，要做就要把产品做到极致。"这是龙蟠董事长石俊峰挂在嘴边的一句话，这也代表着龙蟠对产品质量的严苛要求。

龙蟠润滑油的过硬产品质量为品牌发展打下坚实基础，但是面对技术密集型的润滑油产品，消费者对其蕴含的科技和技术容易产生理解屏障，无法将润滑油的优势有效传达给消费者。为此，张默闻为龙蟠润滑油产品系列创意卖点广告语："72项指标都优异"，简化烦琐难懂的润滑油专业科技与技术，直接将指标量化结果告知消费者，润滑油相关的72项指标都优异，将数字作为记忆点，降低消费者认知难度。张默闻的巧妙创意让龙蟠高端品质的润滑油有了落地宣传点和产品记忆点，同时为后续的品牌营销活动提供了创意大方向。

"72项指标都优异"并不是凭空创造出来的，而是由专业机构根据各项指标测试所得。会上，龙蟠润滑油产品负责人对龙蟠润滑油72项优异指标进行了详细的阐释和解读，有权威机构的见证和严谨科学的实验为基础，有理有据，有图有证。实验证明，不管是从抗磨性、抗氧化性、经济性、清洁性等各方面硬性指标看，龙蟠润滑油都是属于优秀的级别，

张默闻创意提炼的广告语"72 项指标都优异"成为龙蟠润滑油的强大卖点。

这也正是张默闻敢于提出"72 项指标都优异"的事实依据。

超级单品，龙蟠 1 号，更高端的润滑油

本次经销商年会上，张默闻公布了龙蟠将会走超级单品战略，他表示，超级单品就是超级战略，这是一个超级单品拉动超级销量，提升超级品牌的时代，尤其是对于龙蟠润滑

油来说，产品线冗长，急需一个能够代表龙蟠高质量产品的单品，以单品撬动品牌，这是龙蟠实现销量突破、品牌提升、产品优化的关键点所在。纵观整个润滑油行业，国际品牌不缺少爆款单品和明星单品，而龙蟠则缺少打造超级单品的经验，这不仅关乎市场营销，润滑油的技术密集型产品特点也决定了超级单品与产品研发和产品科技密切相关。

2020 年 5 月，美国石油协会发布了乘用车发动机机油的新标准——API SP，API 是润滑油质量三大标准之一，质量标准从 SA 到 SN 一直在更迭，此番 SP 新标准的发布，将是乘用车润滑油各方面性能的全新升级，在提高燃油效率的同时加强对发动机的保护。在新标准发布之前，龙蟠已拥有了能够满足 API SP 标准的乘用车润滑油产品。针对 API SP 新标准，龙蟠历时数年悉心打造此系列产品，关键性能全面升级，具有强大技术优势。龙蟠高层一致认为将此系列产品作为龙蟠首个超级单品进行推广。

张默闻将龙蟠超级单品命名为"龙蟠 1 号"，获得了龙蟠高层的一致认可和通过。1 号就是高端，1 号就是实力，"龙蟠 1 号"中独有的 HYPERZING 超级锌技术，向世界级润滑油品质重拳出击，不同于其他乘用车润滑油，"龙蟠 1 号"抗氧化性能提升40%，清洁性能提升 65%，不仅能给涡轮增压直喷发动机带来更优保护，也能够为非涡轮发动机带来优秀保护力。为此，张默闻为"龙蟠 1 号"创意出"更高端的润滑油"广告语，一举占据高端润滑油行业地位。

从此，润滑油市场便有两大"1 号"高端产品为全球汽车服务，属于中国民族润滑油品牌的伟大超级单品就此诞生。会议现场新品发布环节，"龙蟠 1 号"作为重磅产品最后出场，获得全场瞩目与欢呼！

传播升级：锁定主流瞄准人流

早在 2020 年初，"世界品牌，中国龙蟠"的品牌传播战就在春节前打响，央视新闻频道全天轮播"龙蟠润滑油，走向世界的品牌"，"龙蟠号"高铁专列在春节首发，开启暖心春运之旅，"走向世界的品牌，龙蟠润滑油"随高铁远播，这套传播组合拳使"世界品牌，中国龙蟠"的品牌形象深入人心。

疫情期间，结合特殊时期传播特点，龙蟠再次精准锁定最具权威性的国家媒体中央电视台，锁定央视新闻频道。在新闻频道的栏目选择上，龙蟠科技"龙蟠润滑油，走向世界的品牌"品牌电视广告片选择了在由白岩松、董倩主持的时事新闻评论直播节目《新闻1+1》节目中插播。《新闻 1+1》作为央视新闻频道唯一的一档时事新闻评论直播节目，尤其自本次新型冠状病毒肺炎疫情暴发以来，受到人民群众的广泛关注。来自医疗机构、政府部门等各方面的权威专家，为全国电视观众分析、探讨最新的疫情防控资讯，已经成为焦点中的焦点。精准聚焦的传播策略及投放效果，令龙蟠润滑油达到了万众瞩目、事半功倍的效果。随着权威媒体、权威专家的权威声音，龙蟠润滑油也红遍大江南北。

图①：张默闻操刀"龙蟠1号，更高端的润滑油"，引行业瞩目。 图②：张默闻激情演讲战略助力龙蟠1号成为龙蟠润滑油走向世界的秘钥。 图③：龙蟠1号大型"炫技"现场，嘉宾身着龙蟠1号文化衫，胸有成竹。 图④：龙蟠1号，高端大气上档次！图⑤：龙蟠1号，张默闻现场代言。

1

4

5

媒体签约，迎来大传播时代

张默闻认为，营销的本质是传播，世界上所有营销的成功都是传播的成功，离开传播，营销是无法成功的，龙蟠润滑油必须进行传播改革，改变传播思维，不能向规模化广告投放屈服。为了全面启动世界品牌的打造，让一切营销与品牌升级实现全面落地，会议现场，在几百名代理商及直播镜头外的百万名观众的见证下，龙蟠与高铁、央视、中国之声、百度四大媒体代表正式签订战略合作协议，宣告了龙蟠 2020 品牌传播全面启动，龙蟠即将进入品牌影响力提升的快车道。与此同时，龙蟠科技董事长现场承诺，加大对代理商更换门头的扶持力度，终端的门头也同步进行更新与统一，让终端的每一块门头都变成龙蟠润滑油的广告招牌。

会后，龙蟠润滑油广告陆续登陆高铁、高炮、中国之声、百度等主流媒体，全新广告片也即将登陆各大平台，占据主流媒体平台，线上线下联动传播，精准锁定受众群，开启龙蟠润滑油 2020 年新一轮的传播攻势。

值得一提的是，龙蟠润滑油作为张默闻策划集团联合中国高铁媒体领导品牌永达传媒推出的"2020 五个百亿品牌工程"项目，在张默闻策划集团的推动下，龙蟠低成本签约永达传媒，正式开启品牌大传播时代。"百亿品牌工程"是为应对疫情对中国品牌的冲击，通过"品牌战略 + 有效传播"的系统性支持，全面帮助中国品牌应对挑战，抓住企业增长新机遇，使客户早日成为行业性的百亿品牌。永达传媒作为中国公共领域的开拓者、中国高铁媒体的领航者，在中国覆盖多达 428 座高铁站，拥有在途场景传播的话语权，能够强力支持品牌开拓全国市场的传播需求。

随着双方签约的成功，龙蟠率先抢占江苏市场，江苏省作为重点省份开启全年重点宣传，龙蟠润滑油强势登陆省内大小高铁站、高速高炮、列车，承载着龙蟠"照顾好全球每一辆汽车"的企业使命，持续打造"世界品牌，中国龙蟠"的高端润滑油形象。

以歌传情，歌曲打造听觉锤

此次品牌年会现场，张默闻为龙蟠润滑油打造的企业歌曲《世界品牌，中国龙蟠》MV 震撼首发，气势恢宏，旋律激昂，瞬间点燃会场氛围。张默闻在品牌创意上以实战著称，向来不拘泥于形式，将超级战略谱写进企业歌曲中，正是张默闻基于听觉锤的独特洞察，力求为企业量身定制一张有声名片，让龙蟠润滑油的高端品质借助听觉传递到每一位消费者心中去，这也是龙蟠科技在传播形式上的重要突破。

龙蟠科技的企业歌曲，不仅是企业战略的创意化输出，更是企业全体心声的激情表达，极具战略高度和传播深度。"我们是世界品牌，我们是中国龙蟠，我们秉承懂汽车更懂客户的核心理念，用照顾好全球每一辆汽车的使命，把龙蟠成为世界第七的梦想实现，梦想实现"，铿锵的旋律，唱响龙蟠的企业文化与发展梦想，张默闻从龙蟠人的角度出发，将使命与梦想承载在坚守岗位和攻克难关之中，"我们一起上班下班，我们一起同路征战"，颇具代入感和画面感的歌词，更是凝聚了龙蟠力量与智慧。在企业歌曲的旋律中，我们看到了广大经销商及合作伙伴紧紧跟随龙蟠实现"龙蟠梦"的决心和信心。

《世界品牌，中国龙蟠》的全网火热，再一次证明了张默闻超级金曲谱写超级战略的又一曲坛佳话。将战略写进歌曲，听者会哼，唱者会做，是张默闻基于听觉锤的独特洞察。"世界品牌，中国龙蟠"是企业歌曲名，又不仅是企业歌曲名，它是张默闻为龙蟠科技提出的企业口号。这是一句口号，又不仅是一句口号，这是龙蟠科技发展的目标，这八个字代表龙蟠多年来积蓄力量的一次集中爆发，是公司走向新发展、新征程、新里程碑的重大举措，涵盖了文化、组织、产品等一系列的变革与举措，这更是企业战略问题、路线问题、方针问题。相信龙蟠科技定将在激昂的旋律中，成功实现百年"龙蟠梦"，一步步走向世界。

【《世界品牌，中国龙蟠》歌词赏析】

作词：张默闻 作曲：陈伟 艺术指导：石俊峰 演唱：张津涤

我们一起跨过江河，我们一起翻越高山，因为我们的名字叫中国龙蟠。我们一起展望明天，我们一起高歌扬帆，因为我们的名字叫中国龙蟠。

我们是世界品牌，我们是中国龙蟠，我们秉承懂汽车更懂客户的核心理念，用照顾好全球每一辆汽车的使命，把龙蟠成为世界第七的梦想实现，梦想实现。

我们一起上班下班，我们一起同路征战，因为我们的名字叫中国龙蟠。我们一起激情装满，我们一起挥洒血汗，因为我们的名字叫中国龙蟠。

我们是世界品牌，我们是中国龙蟠，我们秉承懂汽车更懂客户的核心理念，用照顾好全球每一辆汽车的使命，把龙蟠成为世界第七的梦想实现，梦想实现。

扫一扫，一起唱

营销升级：锚定对手紧抓师傅

从 2020 年初到年中的品牌年会，从品牌战略布局到品牌营销落地，历时半年时间，张默闻制定的一系列营销战术，紧紧锁定"世界品牌，中国龙蟠"的定位，帮助龙蟠润滑油继续深化营销变革。

渠道战术：抓住修理厂和师傅。张默闻指出，龙蟠润滑油必须重视渠道建设，关注消

图①：重量级！百亿品牌传播者＋百亿企业创始人＋百亿品牌操盘手。　图②：永达传媒董事长周志强正是龙蟠科技董事长石俊峰与张默闻在战略合作上的"媒人"。　图③：永达传媒董事长周志强现场演讲，助力龙蟠润滑油品牌大传播战略。　图④：龙蟠科技与永达、央视、中国之声、百度四大媒体代表正式签订战略合作协议，宣告龙蟠润滑油 2020 品牌传播全面启动。　图⑤：哥俩好！张默闻与龙蟠科技总裁秦建为龙蟠点赞。

①

④

⑤

费者、关注修车师傅、关注修理厂，掌握渠道话语权。润滑油品牌普遍存在与消费者"失联"的问题，消费者很少关注自己的车使用的润滑油品牌，且难以理解润滑油的专业性知识，产品使用的主导权主要掌握在修车师傅或者保养师傅的手中，张默闻创作的广告语："爱车保养，一定要让师傅用龙蟠润滑油"，牢牢抓住"师傅"的角色，重视终端关键人，才能让龙蟠润滑油在同质化严重的市场中取得竞争优势。

对标战术：向国际大品牌看齐。张默闻一向强调，龙蟠润滑油的发展策略是看齐策略，不是与任何品牌进行恶意竞争，而是一起进步，共同提升全球消费者的乘车体验，助力中国国产润滑油品牌升级。龙蟠润滑油的强势崛起，是民族品牌摆脱刻板印象的先锋，是中国国产油品走向世界的冲锋号。

终端战术：72 项指标都优异。营销的落脚点是优质的产品，只有品质过硬经得起市场检验的产品，才能享受到营销的福利。润滑油属于技术密集型产品，非专业人士无法理解其中蕴含的科技与技术，张默闻另辟蹊径，改变固有的广告传播模式，将润滑油指标进行量化，用数字创意广告语，降低消费者认知难度，增加记忆点，又巧妙表达了润滑油品质的优异。

活动战术：活动宜精不宜多。"一切营销活动都要紧紧锚定对标品牌，围绕世界品牌，把一个经典活动做一万次，做透做精，而不是做一万次不同的活动。"张默闻在营销活动上始终坚持宜精不宜多的原则，始终围绕一个核心做透，改变消费者心智，消费者提到龙蟠就能想到"世界品牌"，这就足够了。

一次成功的品牌年会，就是一次成功的营销盛会，当一切战略部署完毕，具体战术也要落实到人。紧随媒体签约仪式的完美落幕，龙蟠科技营销副总经理秦建、南北区经销商代表、湖北地区经销商代表等分别就下半年的市场、渠道、终端、销售、产品能见度等进行了精彩的演讲和经验分享。

产品上，龙蟠润滑油超级单品龙蟠 1 号在当地市场的能见度要达到 60% 以上，全面启动超级单品龙蟠 1 号的上市工作，广告、终端、门头等迅速铺开，加大对代理商的扶持力度，集中力量推广龙蟠 1 号；动销上，重新梳理销售目标，将目标实现标准化和量化，加快网点建设速度，针对单品及销售节点，每月有效开展动销活动；渠道上，完善销售团队建设，活化终端，精准推进对代理商的帮扶计划，对各级销售人员进行培训，让代理商成为龙蟠品牌运营商和服务商。一系列营销举措与政策一一得到阐释，让在场代理商感受到了龙蟠润滑油建设品牌的大手笔和大气魄，龙蟠正在按照自己的步伐，一步一步走向改革的道路。

公益战术：积极抗疫承担社会责任。作为疫情中心的湖北，始终牵动着各方的心，而张默闻为龙蟠科技创意的"为武汉加油，为中国加油"的公益策划，则得到了龙蟠科技的火速落地和全面执行，董事长石俊峰更是给予高度评价。

　　疫情刚刚开始，龙蟠科技董事长石俊峰便紧急致电张默闻，与其商讨龙蟠科技在这场灾难面前如何承担"责任"，践行企业价值观。这一想法与张默闻率先提出并作为张默闻策划集团"策划向善"的指导思想不谋而合。在了解到董事长石俊峰的需求之后，龙蟠品牌操盘手张默闻基于自身对突发事件的高度敏感，准确提出"为武汉加油，为中国加油"的策划方案，即：建议龙蟠助力每一辆去武汉援助的汽车跑得更快，只要去过武汉救援的汽车，龙蟠免费提供润滑油，全力支持武汉，支持祖国，一起打赢新型冠状病毒歼灭战！

　　龙蟠科技立马采取行动，为了更快速、更及时地把一车车救灾物资送到湖北全省的各个县市，龙蟠润滑油联合国内知名的互联网物流平台中储智运，向为湖北灾区运送救灾物资的车辆免费捐赠总额预计高达100万元的"四季通"系列润滑油产品，为救灾车辆提供有力的后勤保障。龙蟠科技表示，在2020年2月1日至15日期间，参加上述应急物流

龙蟠科技百万抗疫：加油武汉，加油中国！龙蟠润滑油向奋战在一线的抗疫医护人员致敬。

绿色通道运输的卡车司机，均可获得龙蟠免费提供的四季通 CI-4 润滑油产品，所有产品将由龙蟠通过快递方式免费送到每一位司机的手中。

作为国内知名的润滑油上市企业，自本次新型冠状病毒感染的肺炎疫情暴发以来，龙蟠积极贡献自己的力量，为抗击疫情做出贡献。其实疫情刚刚开始，龙蟠科技全体员工就自发向江苏省人民医院捐赠现金 10 万元，本次 100 万元润滑油产品的捐赠，是龙蟠第二次向灾区人民伸出援助之手，张默闻策划集团为客户的善举点赞，同时将鼎力相助客户实现善举，全面彰显企业大爱和策划向善的无限力量！

管理升级：展开培训服务终端

管理体系的升级也是本次大会的重中之重，张默闻作为龙蟠润滑油品牌全案策划操盘手，在全案中对龙蟠管理体系的变革作出了详细的规划，涉及管理思想、管理理念、管理标准、代理商管理定位、销售团队管理定位等具体内容，在本次大会中——实现落地。

服务战略，引领渠道风尚

作为本次盛会的策划者、龙蟠润滑油操盘手，张默闻策划集团董事长张默闻在会上发表题为《让客户看见服务，让中国看见龙蟠》的重要演讲，为现场及观看直播的代理商们带来一次有关服务升级的培训课程。他紧紧围绕大会主题，从关键词"能见度"入手，详细阐释了打造龙蟠能见度的重要性及落地策略。

演讲中，张默闻引用了张默闻策划集团娃哈哈营养快线和天能电池两个案例，佐证"能见度重要"的观点。张默闻表示，龙蟠已经进入新营销时代，在全新品牌战略下，经销商强龙蟠才会强，经销商必须全面进入高质量时代，而产品能见度将成为经销商在龙蟠的立身之本，同时也是和竞争对手较量的前提条件，对品牌升级具有关键作用。为此，张默闻重磅提出了"让客户看见服务的十条任务"，从经销商服务、广告、政策、单品等角度详细阐释了龙蟠能见度的战略思路与具体打法。从品牌战略到落地打法，从竞争对手到企业本身，张默闻为龙蟠润滑油制定集品牌、渠道、人员、服务、话术等多维度的打造方案，给在场经销商带来一场极具实战性与创意性的策略指导，也让在场经销商坚信龙蟠在疫情时期一定能够逆势而上创造新的发展。

句句实战的观点，干货满满的演讲，让在场的经销商心中对龙蟠世界品牌的自豪感油然而生。会后，经销商们纷纷表示要严格按照张老师的指示进行落地执行。

培训战略，践行学习强企

张默闻的演讲金句频出，"经销商强龙蟠才会强"，"经销商不需要口头服务，他们需要的是看得见的暖心服务和专业服务"。如何强大代理商？如何做到经销商需要的暖心服务和专业服务？

早在调研中张默闻发现，代理商对龙蟠推出的新产品优势缺少必要的了解，在销售中带货困难，所以要对代理商和师傅进行密集和专业的培训。为此，在《龙蟠科技整合营销全案》中，张默闻提出要尽快成立龙蟠企业大学，全面展开对代理商的培训，为龙蟠科技培养更多复合型人才。除了培训代理商外，张默闻还强调，企业大学是践行科学管理的重要途径，美国通用电气公司内部培训大学克劳顿管理学院，被称为美国企业界的哈佛，是通用电气公司高级管理人员培训中心，在管理模式和操作手法中探索了诸多成功经验，这也印证了企业大学的必要性，尤其是对于龙蟠科技这种技术密集型企业。

值得一提的是，2020年5月30日，龙蟠科技大学正式宣告成立，作为培养适合龙蟠企业文化的核心人才的成长基地隆重落成，龙蟠科技在高效构建服务于客户、经销商、终端的一体化体系，为企业发展注入新动力等方面寄予重大期望。

企业发展战略催生企业大学，企业大学需要上层文化引导。张默闻根据龙蟠科技大学肩负的战略任务，对其进行了一系列战略定位的规划。在龙蟠科技致力于成为世界第七的汽车绿色化学集团的愿景下，龙蟠科技大学愿景定位确立为"成为中国汽车化学行业世界级企业大学"，让所有龙蟠人以建设龙蟠大学为傲，为龙蟠人传道授业解惑。为匹配"世界品牌，中国龙蟠"的企业发展战略目标，龙蟠科技大学的使命定位是"提高每个龙蟠人的学习力和创造力"，"更好想法、更好说法、更好做法"成为其核心价值观定位。从上层建筑的完善到硬件条件的落实，龙蟠科技大学正式成立。

激励战略，鼓舞凝聚人心

张默闻始终认为，一次成功的超级大会一定是充满信心、充满力量、充满创意、充满故事的大会，每个人都是品牌故事里的主人翁。一次成功的超级大会，不仅仅是企业方的盛会，是与会人员每个人的盛会。代理商作为会议的一大主人翁群体，必须要让代理商深入参与到盛会中去。

具有营销盛会实战经验的张默闻建议，在盛会中增加颁奖环节，为优秀代理商颁奖，为感动龙蟠人物颁奖，为值得喝彩的人颁奖。盛会不仅要颁奖，还要注重颁奖的仪式感，将颁奖环节作为极其隆重的一环举行。颁奖主画面高端震撼，奖杯奖牌制作精良，龙蟠高管亲自颁奖，每一处细节尽显用心，花样频的精彩与惊喜令在场嘉宾应接不暇。

此举不仅能够让代理商深入参与到会议中去，激发主人翁精神，激励代理商等合作伙伴做得更好，更重要的是为龙蟠带来榜样的力量，树立学习的楷模，明确代理商努力的方向。在龙蟠品牌发展新时期，只有立新功才是唯一的出路，将抱怨和负能量放在一边，积极拥抱和迎接新改变新政策，这才是新时期龙蟠代理商应有的风采！

此次"世界品牌，中国龙蟠——2020年度龙蟠润滑油经销商品牌年会"的成功召开，

图①：大会精彩环节频频上演，张默闻作为龙蟠润滑油品牌全案策划操盘手，在会上带来重要演讲，详细阐释打造龙蟠能见度的重要性和落地策略。　图②～图④：张默闻演讲获得在场经销商大力支持，掌声不断。图⑤：龙蟠科技董事长石俊峰等为合作伙伴颁发七大奖项，合作伙伴信心满满！图⑥：龙蟠科技2020年首次颁设的"感动龙蟠十大人物奖"，以树立团队标杆、弘扬龙蟠精神、发挥榜样力量。

上中国看见龙蟠

龙蟠 2020年度龙蟠润滑油
经销商品牌年会

NA

①

龙蟠润滑油
2020品牌年会颁奖典礼

世界品牌 中国龙蟠
GLOBAL BRAND LOPAL IN CHINA

⑤

2019感动龙蟠 年度人物颁奖典礼

世界品牌 中国龙蟠
GLOBAL BRAND LOPAL IN CHINA

⑥

张默闻深情鼓励龙蟠科技、鼓励合作伙伴，演讲时间多久，掌声就持续多久！

标志着龙蟠润滑油全新的品牌战略和企业文化获得了巨大的成功，龙蟠润滑油的品牌发展将迈入全新的时代，"世界品牌"战役已经打响！

【超级成果】

一场大会一次升级，焕新品牌增长信心

中国润滑油行业逐渐显现出调整和转型的需求。中国是后汽车市场的一片沃土，电商巨头等资本力量及跨界合作推动着行业的革新，以龙蟠润滑油为代表的中国民营润滑油企

能让人不玩手机，专心听讲，张默闻的演讲总能说到人们的心里去。

业，以积极的姿态拥抱变革。

自 2020 年初张默闻提出"世界品牌，中国龙蟠"的定位以来，龙蟠在品牌、营销、产品、科技、管理、培训等各个方面，按照张默闻的布局一步步升级更新。此番品牌年会，是对上半年战略实施的一次成果检验，也是对下半年品牌发展方向的一次梳理，承载使命之多，同时也创造了丰硕的成果。

资本市场青睐有加

自 2020 年 5 月品牌升级大会以来，截至 2020 年 6 月 12 日，短短一个多月的时间，龙蟠股票实现多次涨停，龙蟠科技市值由服务前的 25 亿元跃升至 46.54 亿元。目前龙蟠科技总市值已超过 200 亿元，百亿品牌名副其实！

本次品牌盛会的召开，帮助龙蟠润滑油完成了品牌传播、战略发布、文化焕新、新品发布、全国招商、形象升级等使命，极大地提振了资本市场的信心，也让市场对中国民族品牌更加充满信心，同时也为龙蟠"世界品牌，中国龙蟠"全新战略的坚决执行提供了充分的理由和信心。

品牌形象一跃而起

在龙蟠润滑油品牌盛会召开之前，张默闻通过在一线市场对龙蟠润滑油品牌形象深入

的调研了解到，在绝大多数人心中，龙蟠润滑油是注重工厂建设、忽略品牌建设的代加工工厂形象，产品质量过硬，但是始终与国际品牌无法相比。张默闻表示，龙蟠必须重视品牌形象的塑造，进而改变大众对龙蟠品牌形象的刻板印象。

张默闻为龙蟠润滑油策划的品牌形象重塑之路，依然紧紧围绕"世界品牌，中国龙蟠"。首先是标识与字体的改进，一切都追随国际大牌进行。改造后的圆形立体标识个性鲜明，粗壮端正的字体彰显大牌。随后对龙蟠广告片、企业宣传片、百度百科、产品包装、产品手册、官方网站等等能够代表品牌形象的宣传工具全面翻新，让龙蟠的国际大牌气质逐渐彰显。

龙蟠润滑油新的品牌形象在大会上一经亮相，便获得了会场嘉宾及行业的关注，通过大会每个环节的解读和阐释，龙蟠品牌形象一跃而起。张默闻亲自操刀亲自策划的现场主义工作作风，让龙蟠润滑油在短时间内实现了品牌形象新的升级！

合作伙伴信心回归

龙蟠润滑油品牌盛会为龙蟠润滑油代理商等合作伙伴带来了一场及时雨。润滑油市场，国际品牌呈压倒之势打击国内品牌，国内品牌群雄混战争夺市场，龙蟠广大代理商长期处于水深火热的价格战中，高端品质的产品不能卖出应有的价格。同时，龙蟠润滑油品牌和产品的卖点不够清晰，没有能够说服消费者的话术，这就导致龙蟠旗下润滑油产品在市场

龙蟠科技全家福。"世界品牌，中国龙蟠"众志成城，一定行！

上表现乏力。

随着龙蟠润滑油品牌盛会的成功召开，让合作伙伴看到了龙蟠品牌未来的发展方向和道路，同时也展现了龙蟠科技强大的企业实力和强硬的产品实力，更重要的是对"世界品牌，中国龙蟠"的解读，让代理商等合作伙伴消除了质疑，在心中悄悄种下"世界品牌，中国龙蟠"的种子。

会后，一位来自上海的经销商代表表示："曾经的风光不代表今日的辉煌，突如其来的改变有些震撼，非常好，不愧是重量级的策划公司，经过这次会议及改革，肯定会有很多人想与龙蟠携手共筑辉煌，也巩固了老经销商的信心。"龙蟠润滑油内部企业员工说："龙蟠润滑油真的在改变，我们现在可以很自信地说龙蟠润滑油就是世界品牌！"

【超级评价】

一场备受好评的大会才是一次成功的大会

"世界品牌，中国龙蟠——2020年度龙蟠润滑油经销商品牌年会"是张默闻策划集团与龙蟠科技达成战略合作以来召开的第一次大型营销盛会，引起了行业内外及各大媒体的广泛关注。张默闻紧紧围绕"世界品牌，中国龙蟠"的品牌核心诉求，从大会调性确定到会议流程创意，从主画面设计到物料延展，从亮眼环节策划到精彩震撼演讲，为龙蟠带来一场史无前例的营销盛会，是品牌发展史上的里程碑式大会，得到了龙蟠董事长、代理商及各大媒体等一众好评。石俊峰董事长曾在会后多次致电，表达对张默闻策划集团的感谢之情。

龙蟠科技董事长石俊峰：把品牌交给张老师我非常放心！

本次大会对龙蟠品牌来说是一次重量级大会，对张默闻策划集团来说同样意义非凡。牵手龙蟠近半年，张默闻担任龙蟠润滑油全案操盘手，在品牌战略、产品创意、营销传播、组织管理、企业文化等各方面进行全新的布局，为龙蟠梳理了整合营销传播方面的诸多思路，为龙蟠找到了"世界品牌，中国龙蟠"的发展之道。而这次大会，也正是张默闻策划集团与龙蟠润滑油合作近半年的成果展示。对于石俊峰董事长来说，同样对近半年的品牌发展成果满怀期待。

2020年5月6日，龙蟠科技盘中触及涨停板，后市或有继续冲高动能。龙蟠科技董事长石俊峰得知此消息后，亲自致电张默闻表达感谢：正是由于"世界品牌，中国龙蟠"——2020年度龙蟠润滑油经销商品牌年会的成功召开，在业内引起强烈的反响并极大提振资本市场的信心！不管是龙蟠科技还是张默闻策划集团，都在大会中看到了所期待的结果，石俊峰董事长会后更是多次致电张默闻："这次大会的成功，离不开张老师及团队的支持，张老师在品牌上的专业程度我们都看到了，把品牌交给张老师我非常放心，一切都按照张老师说的办。"

龙蟠润滑油代理商：我们现在非常有信心喊出"世界品牌，中国龙蟠"！

晚宴上，一位来自上海的老经销商感慨道："参会前说龙蟠是世界品牌，我们普遍都觉得心虚，但是经过这场大会，尤其是听完张老师的演讲，我们可以很自信地喊出龙蟠就是世界品牌！"一场大会不仅解决了龙蟠世界品牌的发展和布局问题，更重要的是解决了经销商和市场对"龙蟠是世界品牌"的质疑之声，就意味着扫清了龙蟠走向世界的无形屏障，与合作伙伴同频共梦，朝着一个目标和方向努力，才能让品牌发展之路变得平坦和顺畅。

另一位代理商表示："当龙蟠的代理商很多年了，这是我参加过最有高度、有干货、有内容的一次大会，实在是太震撼了，张老师的策划让我重新看到了未来，相信龙蟠有张老师的加入一定能够让品牌更上一层楼，我们作为代理商也不能拖企业的后腿，要和龙蟠一起走向世界！"品牌升级不是一蹴而就的事情，尤其是对于龙蟠润滑油来说，前有国际大品牌拦路，后有国内品牌追赶竞争，品牌升级之路注定不平坦。但是能够得到代理商等合作伙伴的认可和支持，无疑为品牌增添了十足的动力。张默闻也表示，龙蟠能够拥有这群不离不弃、不屈不挠的代理商伙伴，就意味着拥有一支战斗力十足的军队，在品牌战场上一定能够为龙蟠征战四方，成就品牌新辉煌！

"世界品牌，中国龙蟠"——2020年度龙蟠润滑油经销商品牌年会，是一场经销商团队与销售团队的盛会，是一场新品牌新文化新梦想的战略发布会，标志着龙蟠润滑油将产品实力转化为品牌实力，加快推进品牌高端化、全球化、国际化的进程。

此次大会对于树立伙伴信心、树立资本市场信心至关重要，正式打响了龙蟠润滑油品牌升级战役第一枪。在三足鼎立、群雄争霸的润滑油行业，龙蟠润滑油正面迎战激烈的市场竞争，推动塑造龙蟠"世界品牌"的高端形象，开启传播新攻势，发布最新研究成果，全系列新产品正式亮相，佐证"世界品牌"的硬实力。通过大会，向全行业展示了龙蟠润滑油在产品研发和产业布局上的实力，中国民营润滑油品牌向世界强势发声的魄力，势如破竹，勇往直前，相信龙蟠润滑油必将成为民族润滑油品牌的代表和骄傲！

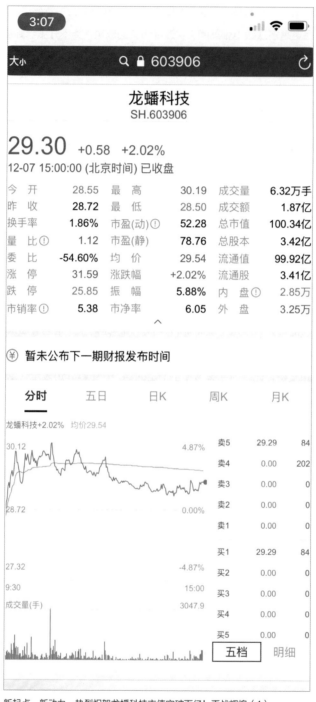

新起点，新动力，热烈祝贺龙蟠科技市值突破百亿！再战辉煌（1）。

新起点，新动力，热烈祝贺龙蟠科技市值突破百亿！再战辉煌（2）。

龙蟠1号
更高端的润滑油

2020龙蟠润滑油API SP新品
全球发布会策划纪实

龙蟠1号^T
更高端的润滑油

龙蟠润滑油API SP新品全球发布会

Global Launch of
New Advanced
Lopal 1 API SP Fully
Synthetic Motor Oils

龙蟠润滑油属于江苏龙蟠科技股份有限公司（以下简称"龙蟠科技"）旗下品牌。龙蟠科技成立于 2003 年，总部位于江苏省南京市，是国内规模领先的汽车环保精细化学品企业，市场覆盖国内所有省市以及全球 15 个国家和地区。2017 年 4 月 10 日，龙蟠科技在上海证券交易所正式挂牌上市。

2020 年 5 月 1 日，"龙蟠 1 号，更高端的润滑油"龙蟠 API SP 新品全球发布会在南京隆重举行。龙蟠 1 号润滑油，采用超级锌科技，是龙蟠研发中心创新科技，"中国智造"全新一代添加剂技术，确保润滑油 72 项指标都优异，其有效成分具有较佳的反应活性和低挥发性，一定温度下的分解产物在金属表面形成高效致密抗磨因子层，增强抗磨损性，快速降低摩擦系数，为引擎提供长效保护。龙蟠 1 号的全球发布，代表着中国高端润滑油走向世界，这是中国力量，也代表着中国民营企业进军世界市场的决心和实力。

【超级背景】

一场超级大会承载多重使命

龙蟠润滑油，中国民营润滑油代表品牌，以高质量的产品为立身之本，历经短短十余年的发展，现已拥有国内四大智能化生产基地，完成了包括车用润滑油、工业润滑油、工程机械润滑油、防冻液、制动液、润滑脂及乘用车养护品等在内的多元化品类布局。2009 年，龙蟠成为国内第一家启动电商销售的润滑油品牌，龙蟠天猫旗舰店连续多年"双十一"销量领先，多次荣获最受欢迎产品奖。2019 年，龙蟠首款全球化产品"Trisonic"正式全球同步发售，标志着龙蟠成为中国首家真正走向海外市场的民营润滑油企业。

产品是一切营销的根本，龙蟠手握品质高端的产品，品牌上的短板成为其发展的阻力之一，为此其选择与张默闻策划集团达成合作，进行品牌与产品的重构升级。2020 年 5 月 1 日，"龙蟠 1 号，更高端的润滑油"龙蟠 API SP 新品全球发布会在南京隆重举行，来自各大主机厂家、添加剂与基础油公司等供应商、全国 60 多家新闻媒体与投资机构代表和龙蟠全国各地的经销商代表应邀参会。本次大会承载着龙蟠全新产品战略发布、龙蟠全球新品发布、龙蟠独特核心技术发布等多重战略任务，引起各大媒体及润滑油行业的广泛关注。

宣告单品战略

超级单品就是超级战略，张默闻深谙此理，与龙蟠合作之初便指出："龙蟠的产品体系复杂，亟待找出一款最能够代表龙蟠润滑油科技属性的产品，集中力量推广，以单品撬

龙蟠润滑油 API SP 新品全球发布会主画面及会场物料赏析。

动品牌。"此次"龙蟠1号，更高端的润滑油"龙蟠 API SP 新品全球发布会是一次超级单品战略宣告会。

龙蟠润滑油成立十余年，一直保持与世界品牌同步，致力于打造世界级高端乘用车润滑油产品，用世界级产品品质回馈消费者。面对不断更新迭代的产品标准，龙蟠在润滑油技术上不断探索与突破，凭借专业品质和良好口碑，在商用车养护领域占据前列，符合世界标准的产品质量及多元化的品类布局，让龙蟠在产品矩阵上信心十足。

对于拥有七大产品系列、上千款产品的龙蟠来说，酒香也怕巷子深，企业营销资源有限，难以覆盖每个产品，高质量、高标准的产品难以被市场熟知。没有一款主推产品面向市场，始终不是长久之计。早在龙蟠科技整合营销传播策划全案中，张默闻便提出超级单品的战略，并为超级单品进行了命名创意、广告语创意及包装创意等规划。张默闻表示，伟大的品牌，就是伟大的单品，龙蟠润滑油想要成为百年品牌，实现百亿目标，必须走超级单品战略，整合企业营销资源，放大超级单品价值，用单品带动龙蟠润滑油品牌价值和品牌形象。

"龙蟠1号，更高端的润滑油"广告主画面赏析。

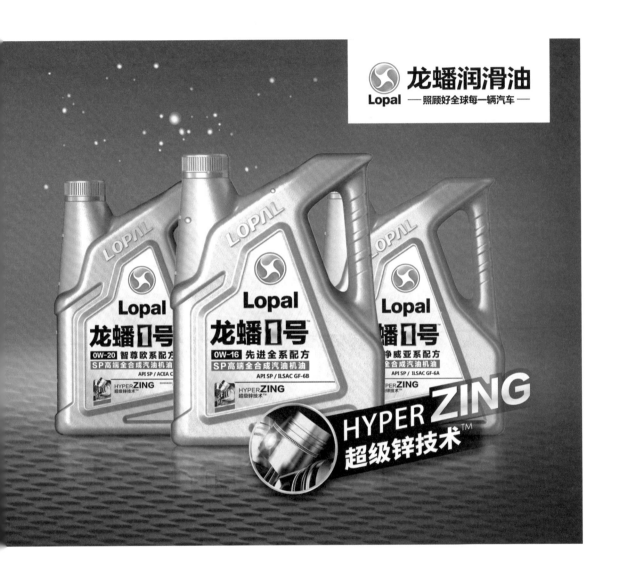

龙蟠 1 号 2020 年度广告投放大手笔，占据消费者心智，提高龙蟠润滑油品牌在江苏乃至中国的影响力（1）。

龙蟠1号2020年度广告投放大手笔，占据消费者心智，提高龙蟠润滑油品牌在江苏乃至中国的影响力（2）。

彰显硬核实力

"谁说世界品牌只能是外国品牌？我不信中国人造不出好油！"龙蟠科技董事长石俊峰出身润滑油技术专业，对润滑油的技术研发与生产有足够的自信，且对产品品质把控尤为严苛。在润滑油产品技术的研发和升级上，龙蟠始终走在行业前列，目前龙蟠润滑油全系产品均使用进口基础油及顶级添加剂，并与全球一流基础油和添加剂企业签署战略合作协议，配套供应精细化学品生产所需原材料。

此外，龙蟠润滑油可以称得上"认证大户"，龙蟠润滑油均已获得 API、ACEA、ILSAC、JASO、SAE、美国材料与试验协会、德国技术检验协会、欧盟 CE 等认证。众所周知，在产品认证上，ACEA 欧盟标准比 API 美国标准更加严苛，在黏度控制、挥发性、热稳定性等方面的要求都高于美国标准，欧系品牌，特别是德系品牌的发动机更为精密，对润滑油的要求也更高，符合欧盟标准的机油符合大部分发动机的要求，足以见得龙蟠润滑油的产品品质。与此同时，龙蟠润滑油先后获得奔驰、宝马、保时捷、沃尔沃、大众、日产、雷诺、康明斯、曼、通用、伊顿等超过 30 个国际知名原始设备制造厂商技术认证；获得一汽、合力、东风、解放、江淮、华菱、上汽、中通、金龙、众泰、猎豹、北汽、宇通、申龙、安凯、徐工、集瑞等超过 50 个国内原始设备制造厂商技术认证。

龙蟠润滑油过硬的产品质量为品牌发展打下坚实基础，面对龙蟠品牌未来发展的突破口，张默闻指出：龙蟠产品质量过硬不仅要在企业内部达成共识，也要在代理商、修车师傅及消费者心中留下深刻印象，更要在行业内大声宣告。

发布全球新品

减排降耗一直都是永恒不变的世界性话题，为了降低汽车产生的二氧化碳及其他温室气体的排放量，汽车发动技术规格也在不断升级，兼具高性能与低排放的涡轮增压直喷发动机在乘用车行业市场占比越来越重，但是在提高性能的同时，涡轮增压直喷式发动机内高温高压的环境也大大增强了发动机的磨损。与此同时，近年来新能源汽车的异军突起，也对乘用车润滑油指标提出了新要求。因此，在内外双重压力下，乘用车润滑油新的 API SP 标准应运而生。

美国石油协会于 2020 年 5 月发布适用于乘用车发动机油的新标准——API SP，全面优化对发动机的保护，提升抗磨损性、抗氧化保护力、积碳抑制力等。众所周知，API 是润滑油质量三大标准之一，质量标准从 SA 到 SN 一直在更迭，此番 SP 新标准的发布，将是乘用车润滑油各方面性能的全新升级，在提高燃油效率的同时加强对发动机的保护。

在乘用车发动机油新标准正式公布之前，世界品牌中国龙蟠已拥有了能够满足 API SP 标准的乘用车润滑油产品。对比当下 API SN 标准油品，龙蟠对高端系列产品在抗磨损性、抗低速早燃、抗氧化沉积以及其他性能方面均进行了关键升级，确保在提升燃油效率的同时避免早燃现象发生，为涡轮增压直喷发动机带来更加强效的保护。这无疑是龙蟠润滑油高端产品品质与走在市场前列的科技研发实力最好的见证，也是此次龙蟠新品全球发布会的首要意义所在。

【超级现场】

更高端的润滑油龙蟠1号引行业瞩目，更实战的张默闻战略引领获行业点赞

2020年5月1日，"龙蟠1号，更高端的润滑油"龙蟠API SP新品全球发布会在南京隆重举行。此次会议受到了政商各界的广泛关注，南京经济技术开发区管委会副主任沈吟龙、南京溧水经济技术开发区招商局局长陈玉铭、龙蟠科技董事长石俊峰、张默闻策划集团创始人张默闻以及来自各大主机厂家、添加剂与基础油公司等供应商、全国60多家新闻媒体与投资机构代表和龙蟠全国各地的经销商代表应邀参会。

战略升级：超级单品的诞生

会上，更高端的润滑油龙蟠1号全球首发，张默闻的"超级单品就是超级品牌"战略引发润滑油行业的瞩目。超级单品龙蟠1号的诞生，是张默闻实地调研龙蟠润滑油产品现状以及凭借24年实战经验得出的战略成果，是龙蟠润滑油在新时代、新标准背景下必须坚持的战略道路，同时也是中国民营润滑油走向世界的必然选择。

实地调研让超级战略有理有据

2019年末，张默闻率队深入龙蟠企业内部及外部一线市场，先后与龙蟠科技董事长、营销副总裁、营销总经理、产品经理、市场总监、南京市经销商、南北销售区总监、上海代理商及修车厂老板等展开访谈交流，调研内容涵盖企业战略、品牌塑造、企业文化、市场环境、竞争对手、渠道战略等核心问题，被调研者积极参与其中，从不同角度讲述关于品牌发展的期望及看法。在这环环相扣、丝丝入里的一问一答之间，龙蟠科技的优势与劣势被层层剖开，企业发展的难点与亮点也层层展现，张默闻在现场提出问题、发现问题、分析问题，从而对龙蟠科技品牌的定位、传播、营销、文化等问题也有了初步的答案。

此番调研对于龙蟠科技品牌重塑来说意义重大，调研结束后，张默闻就龙蟠品牌、文化、管理、传播、销售、视觉、终端等诸多方面提出了战略性的意见，他指出，龙蟠润滑油一

上海 Mr. 车高端汽车维修服务焕新龙蟠 1 号门头，高端醒目。

定要与世界品牌竞争，从国际润滑油品牌中抢夺市场，推动龙蟠科技走出中国，走向世界。这些想法和龙蟠董事长石俊峰的观点不谋而合，获得了龙蟠科技董事长石俊峰的高度肯定。让龙蟠润滑油走向世界，让中国民营润滑油在世界崭露头角，让世界看到中国民族品牌的力量，这也是龙蟠科技与张默闻策划集团达成战略合作的主要动机。张默闻表示，想要与世界品牌同台共舞，需要一款能够与世界知名产品比肩的超级单品。石俊峰董事长当即表示会大力支持和推行张默闻的战略举措，这也为龙蟠全球新品发布会的召开奠定了坚实的事实基础。

　　带着一线采集的信息，经过反复的研讨和思考，2020 年 1 月 17 日，张默闻携精心策划的《世界品牌，中国龙蟠——龙蟠科技整合营销传播策划全案》前往江苏南京龙蟠科技总部进行了长达 6 小时的提案。这份起源于一线市场调研的全案，涵盖战略道路、战术方法、落地策略、具体任务等不同层面，当张默闻谈及超级单品战略的内容，董事长首先发出肯定的声音，表示要将超级单品战略贯彻下去，全体高管同样深表赞同。

实战经验让超级创意有勇有谋

　　龙蟠润滑油在产品研发和生产上经验丰富，但是缺少一定的营销思维去打造超级单品。全案策划 24 年，张默闻拥有 24 年超级单品打造经验，曾为中国著名儿童鞋服品牌 ABC KIDS 打造超级单品生日小红鞋，成为市场断货王；为国民雪糕东北大板打造超级单品墨镜咖啡，掀起终端销量风暴；为森鹰窗业打造超级单品森鹰空调窗，颠覆行业认知，巩固了森鹰窗业行业第一品牌地位；为冠芳超级单品山楂饮料创意"山楂树下"名称及"山楂树下，多吃不怕"广告语，让冠芳 8 年累计市场销售额突破 50 亿元，成为冲击山楂饮料

图①：龙蟠1号 更高端的润滑油位于陈列架"C位"，净威清净配方，美亚系车专属。 图②～图④：维修厂里里外外，龙蟠润滑油品牌宣传无处不在。

百亿市场的头号品牌……

龙蟠科技整合营销传播策划全案中，张默闻对龙蟠润滑油超级单品进行了一系列战略创意定位：

一、命名创意——1号代表更高端

张默闻坚持超级单品的名称必须带有"1号"，1号就是实力，1号代表更高端，1号是消费者一听就懂的语言。最终和龙蟠高层反复研讨，将超级单品的名称确定为"龙蟠1号"，属于中国民族润滑油品牌的伟大超级单品就此诞生。

二、广告语创意——更高端的润滑油

2020年5月1日，正值润滑油行业API SP产品标准开通认证通道，同时也是龙蟠润滑油新品龙蟠1号发布之日。龙蟠1号是龙蟠润滑油针对API SP新标准，历时数年悉心打造出的高端润滑油产品，关键性能全面升级，具有强大技术优势，龙蟠高层一致认为将此系列产品作为超级单品进行推广。基于此，张默闻为龙蟠1号创意出"更高端的润滑油"广告语，一举占据高端润滑油行业地位。从此，润滑油市场便有两大"1号"高端产品为全球汽车服务。

三、包装创意——"1号"包装掀起"1号"浪潮

张默闻认为，极具辨识度的包装在广告传播上会起到事半功倍的效果。在龙蟠1号瓶贴的设计上，张默闻表示数字"1"一定要醒目，因为"1号"不仅是龙蟠高端润滑油的独特识别符号，更是不可超越复制的品牌资产，同时传递出龙蟠润滑油作为世界品牌的自信和中国品牌的力量。值得一提的是，龙蟠1号系列产品的包装听、瓶盖及瓶贴，全部选择与国际大品牌同一生产商，将"更高端"贯彻到底。

四、海报创意——绿色记忆强势到底

龙蟠绿是龙蟠1号主画面的颜色，这抹绿色既是龙蟠品牌基因的传承，又象征着勃勃生机与绿色化学的无限能量。在绿色画面的基础上，张默闻以多年广告投放的经验来看，要在巨大的人流量中捕获关注，还需要进一步优化，体现画面的质感。经过几次调试和实地调研，张默闻选择在绿色中融入黑色，使视觉中心更聚焦，画面效果更沉稳，更能体现"高端感"。

五、广告片创意——夯实"更高端"地位

为了更好地传递龙蟠1号的实力，张默闻在龙蟠1号广告片的创意上，紧紧锁定"高端"，将龙蟠1号定位为"更高端的润滑油"，瞄准高端市场，用"更高端"占领消费者心智。张默闻表示："龙蟠1号是龙蟠润滑油最高技术的化身，具有与国际大牌比肩的产品品质，我们完全有证据证明龙蟠1号就是更高端的润滑油，这也是我敢于喊出'更高端'的理由！"

1 号代表更高端，1 号就是实力，张默闻大胆创意的"1 号"名称与"更高端的润滑油"定位互为依托，在广告片中不断重复和强化，让"龙蟠 1 号"成为更高端润滑油的代名词，深深烙印在消费者心中。

锁定了广告片的核心创意点，在画面呈现上，张默闻亲临现场连续两天全程参与拍摄监制，和导演、演员充分沟通清楚需求和细节，以保证最后的成片效果。正值疫情防控的关键时期，张默闻事必躬亲的工作原则，让龙蟠科技董事长石俊峰颇为感动。

龙蟠 1 号全新广告片在发布会现场正式亮相后，有经销商表示："看完广告片之后，对龙蟠 1 号的产品和销售更加有信心了！"因疫情管控原因没能到来现场的经销商在直播平台上留言道："这个广告片激起了我想要立马用龙蟠 1 号保养汽车的想法，希望下次保养能用上龙蟠 1 号！"

品牌升级：更高端的润滑油

新品发布会上，龙蟠科技董事长石俊峰在大会上首先以产品技术官的身份带来了一场主题为《龙蟠 1 号就是龙蟠的核武器》的演讲，龙蟠 1 号不仅仅是一款符合新标准的新产品，更是龙蟠润滑油战略性产品。在乘用车机油新标准下，龙蟠润滑油的强势出击，是龙蟠科技 17 年尖端润滑油的集成之作。值得关注的是，龙蟠 1 号经过《中国汽车报》的评审，被授予"走向世界的高端润滑油品牌"荣誉，发布会现场接受荣誉奖牌。

江苏龙蟠科技股份有限公司董事长石俊峰大会作专场演讲，细致深入讲解龙蟠 1 号，更高端的润滑油不外如是。

龙蟠 1 号 15 秒广告片文案赏析。

高端车要用高端润滑油＼龙蟠 1 号＼更高端的润滑油＼领跑引擎新动力＼龙蟠 1 号＼更高端的润滑油＼龙蟠科技。

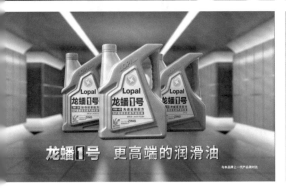

扫一扫观看视频

品牌定位：世界品质占位高端

2020 年 5 月 1 日，是全球最高端的轿车发动机油标准——API 美国石油学会 SP 标准的全球发布日，也是龙蟠 1 号 SP 规格全合成润滑油的发布日，龙蟠科技推出高端产品的节奏与世界最新标准以及全球行业保持高度同步。SP 等级的龙蟠 1 号系列新产品，是第一批投放市场符合 SP 认证规格的产品，代表着全球润滑技术最新的趋势、标准和规格，代表着龙蟠科技最高端的润滑油，引领龙蟠科技所有绿色化学产品的超级爆款单品，是龙蟠科技所有产品、品牌的旗帜，代表着龙蟠的气质和形象。

随着石俊峰董事长演讲的深入，龙蟠 1 号全新的品牌定位——"更高端的润滑油"在会上隆重公布。世界品牌三足鼎立，国产品牌群雄割据，张默闻为龙蟠 1 号创造性地提出"更高端"的定位，牢牢锁定高端市场，率先用"高端"占领消费者心智，帮助龙蟠品牌实现全面升级。对于龙蟠润滑油而言，龙蟠 1 号是品牌走向世界的通行证，"更高端"的定位让龙蟠 1 号高端的产品品质被消费者看到。

从技术、工艺到包装设计，龙蟠 1 号"更高端的润滑油"征服与会嘉宾及全球观看直播的伙伴们，纷纷为龙蟠 1 号点赞。

产品卖点定位能够让产品在消费者心中留下独特的印象，龙蟠 1 号"更高端的润滑油"的超级定位需要一个超级卖点支撑。基于龙蟠 1 号本身的产品特点和品牌定位，张默闻深度剖析产品特性，从行业标准和产品发展趋势着手，针对涡轮增压直喷发动机高温高压的环境和 API SP 标准下润滑油以黏度降低耐磨性提高的优势，提炼出龙蟠 1 号全新卖点定位"抗磨还省油"，将龙蟠 1 号特有的销售主张与消费者的痛点结合。在润滑油的三大主要功能——抗磨、省油、清洁中，龙蟠 1 号超级卖点牢牢占位其中两大功能，有利于消除消费者对润滑油技术的理解障碍，让龙蟠1号成为消费者的高端选择。在对龙蟠1号超级卖点的调研中，张默闻发现，车主对润滑油的清洁功能感受不强，无法直观感知润滑油的清洁功能，但是在抗磨和省油功能上能够有直观的感受。为此，龙蟠1号提出"抗磨还省油"成为龙蟠1号更高端润滑油的全新卖点，实现了"更高端"的定位在消费者层面的落地。龙蟠1号一经推出便以领跑行业的高端品质为全球消费者带来高端润滑体验，全方位的定位升级强有力地冲击润滑油市场，带来品牌跨越式发展。

品牌形象：设计亮眼意义非凡

本次龙蟠1号新品全球发布会上，张默闻操刀创意设计的龙蟠1号全新品牌形象正式公布，全新瓶贴包装、品牌主画面、产品手册等全面提升龙蟠1号品牌形象。张默闻表示，除了龙蟠润滑油与行业最高标准比肩的产品质量，龙蟠1号的"更高端"要体现在各个方面，小到瓶贴的设计也要彰显高端。设计为首，策略先行，张默闻强调，设计并不只是视觉层面的创意，其中蕴含的是策略方向和视觉战略。龙蟠1号的所有设计必须有创意性的视觉传达，以凸显"更高端的润滑油"的独特价值主张，这是品牌战略的重要组成部分，也是品牌传播的重要载体。

龙蟠1号产品全系列震撼亮相，展现龙蟠1号高端精髓，高端润滑油认准龙蟠1号。

几经调试和修改，龙蟠1号的瓶贴标签，醒目的数字"1"占据在最重要的位置，成为龙蟠1号独有的视觉识别特征，与龙蟠润滑油绿色立体的标识相互映衬，立体粗壮的字体将数字"1"环绕其中，中英文的搭配彰显国际化，方正与正圆在异形的标签中，将"更高端"贯彻到底。产品主画面是能够彰显品牌价值的又一重要载体，对于沟通消费者及品牌传播落地有着至关重要的作用。龙蟠1号产品主画面以深绿色作为主色调，代表龙蟠绿色化学集团、绿色发展道路及绿色价值观，彰显品质感与大牌感；白色字体干净清爽，与深绿色背景产生强烈对比感，独有的数字"1"成为整个画面中的亮眼存在；醒目的黄色

张默闻震撼的演讲有情有义，有条有理，掌声不断，石俊峰董事长笑称："比我演讲的掌声次数都多！"

龙蟠润滑油新品发布走秀现场，美女模特与龙蟠 1 号相得益彰，人美油美，是视觉的盛宴，也是汽车的狂欢。

字体带来强烈的视觉冲击力，用于强调"更高端"，突出龙蟠1号的超级卖点，在消费者心中种下"更高端"的种子，让"1号"与"更高端"产生直接记忆点；搭配龙蟠1号三款产品实物，视觉层次丰富，更加坐实龙蟠1号"更高端"的形象。在产品主画面的基础上延展的大会现场物料，无疑给龙蟠经销商、供应商等合作伙伴带来一次视觉盛宴，在与会人员及消费者心中留下独特的产品及品牌印象。

品牌终端：终端形象全面提升

品牌形象的建设是一个庞大而系统的工程，需要长期不断的积累，良好的品牌形象是企业软实力的组成部分，是企业无形的资产。除了在品牌、产品层面上建设良好的形象外，终端门店形象也是品牌形象的重要内容。张默闻多次强调，终端门店是距离消费者最近的地方，必须给予足够的重视，不仅要重视线下的终端门店，还要重视线上的官网、网店。

"龙蟠1号，更高端的润滑油"终端海报赏析。

从线下的终端门头、店内海报、灯箱、展厅、货架等到线上的官网、网店等各方面进行品牌形象全方位提升，龙蟠1号的深绿色随着延展物料，从总部蔓延到终端，从直营店蔓延到分销店，从旗舰店蔓延到工厂店，让"更高端"出现在各个角落，目之所及，皆为"龙蟠绿"。除此，张默闻创意性地提出将"世界品牌，中国龙蟠"和"龙蟠1号，更高端的润滑油"印在终端门店人员的工作服上，让店里的每个人都作为一个立体行走的广告牌，

一边是优异指标，一边是优秀指导！龙蟠1号，张默闻推荐！

多维度、全方位展示龙蟠科技及龙蟠润滑油的品牌形象。终端门店的形象提升，让消费者在市场上发现品牌、记住品牌，潜移默化中影响消费者的购买行为，奠定用户基础。

未来，龙蟠线上线下终端形象将会朝着千店一面的状态发展，不管是哪个省市的哪家门店，从门头到物料，从产品到展架，全面统一协同布局，给消费者带来更高端的消费体验和服务，让龙蟠的品牌影响力和品牌形象随着各个地区的终端门店深入到消费者内部，积累良好的品牌形象和优异的品牌资产。

产品升级：领跑引擎新动力

超级单品龙蟠1号被龙蟠科技董事长石俊峰称为"龙蟠润滑油的核武器"，张默闻称龙蟠1号是"龙蟠科技献给中国大地上的所有高端车保养的世界级礼物"。龙蟠1号就是龙蟠科技证明中国润滑油品质的旗帜，站在润滑油科技的世界前沿，朝着科技全球化、认证全球化、营销全球化、管理全球化的四个现代化前进。作为龙蟠1号品牌策划操盘手的张默闻在会上表示："龙蟠润滑油走向世界，不是一句口号，而是一个目标，一系列行动，一种精神，此时的中国，迫切需要这种坚定的品牌意识和严苛的产品思维，坚定民族自信，坚守产品品质，坚持品牌传播，龙蟠1号一定会成为经典的伟大品牌！"

独家专利技术造就高端品质

作为符合当今全球最先进的乘用车润滑油 SP 标准的新品，龙蟠 1 号采用了由国际知名添加剂公司路博润专门为龙蟠定制打造 HYPERZING 超级锌添加剂技术，不断改良的配方，不断升级的认证，突出的技术实力，激发更超凡的行车体验！龙蟠 1 号先进全系配方，适用于欧、美、亚系全系列高端车型，先进配方给爱车提供全能保护，抗氧化性能提升 40%，令引擎动力澎湃；龙蟠 1 号智尊欧系配方，适用于欧系车型，抗磨配方为爱车提供持久保护，轴承抗磨损保护性能相比 SP 限值可提升 70% 以上，令引擎持久耐用；龙蟠 1 号净威亚系配方，适用于亚系车型，清净配方抑制积碳，清洁性能提升 65%，令引擎持久如新；龙蟠 1 号净威美系配方，适用于配备涡轮增压直喷发动机的美系车型，独特的活力锌技术使发动机清洁性能提升 21%、燃油经济性能提升 33%。

"HYPERZING 超级锌"技术是由龙蟠科技与路博润公司在原有龙蟠"活力锌"技术基础之上，按照最新性能要求共同研发打造的全新添加剂技术。添加剂内的有效成分具有出色的反应活性，在一定温度下的分解产物可以在金属表面形成高效的致密抗磨因子层，改变机油内部的物理结构，从而增强油品的抗磨损性能，快速降低摩擦系数，为发动机提供长效保护，从而确保在提升燃油效率的同时，避免低速早燃现象的发生，为涡轮增压直喷发动机带来更加强效的保护，发挥更强性能，使引擎动力输出更强劲，为车主带来更澎湃的驾驶体验。

龙蟠科技董事长石俊峰与路博润亚太区销售总经理胡锷揭晓世界级科技——超级锌技术。

新品发布会上，龙蟠科技董事长石俊峰强调："我们中国的汽车产业，用了 70 年的汗水和拼搏，终于实现与国际同步，今天这个伟大的时刻，属于龙蟠科技，也属于中国企业产业，这个时刻是中国的汽车产业走向世界的时刻，是中国的润滑油走向世界的时刻！"

各项指标优异通过严格测试

《中国汽车报》经过评审，授予龙蟠 1 号"走向世界的高端润滑油品牌"荣誉，并委托汽车服务世界总经理胡军波代为颁发。

市场风云变幻，产品始终是一切营销的根本。无论市场环境如何复杂，对产品的钻研和坚守是打开消费者心门的钥匙，作为中国首家真正走向海外的民营润滑油企业，龙蟠 1 号的诞生在产品认证和产品指标两大维度上给出了强势答复。作为中国自主润滑油品牌中的"认证大户"，龙蟠科技研发的龙蟠 1 号全合成润滑油系列，均获得最新 API SP 认证，同时符合奔驰、宝马、大众等诸多厂商认证标准。在润滑油的产品认证上，ACEA 欧洲标准比 API 美国标准更加严苛，欧标在黏度控制、挥发性、剪切力稳定性等方面都要更胜于美标，此次上市的龙蟠 1 号新品包含龙蟠 1 号先进全系配方、龙蟠 1 号智尊欧系配方、龙蟠 1 号净威亚系配方，其中有多款产品分别符合 ACEA C5、ACEA C3 等认证标准，且做到了润滑油 72 项产品指标都优异的数据。

努力终有收获，惊喜纷至沓来。为验证龙蟠 1 号产品品质，龙蟠润滑油特邀国际知名认证机构 SGS，对龙蟠 1 号润滑油与其他两款国际知名高性能润滑油产品进行了专门的对比性能测试。其结果显示，龙蟠 1 号多项性能指标均达到世界一流标准，是当之无愧的高端润滑油。会议现场，龙蟠相关技术人员对对比实验各项结果一公布，有图有表，有理有据，极大鼓舞了现场代理商的信心！据悉，龙蟠 1 号先进全系产品再次通过德国大众汽车集团技术中心 VW50800/50900 的标准认证，完全满足于国六和欧五标准的车辆使用要求，更加证明了各大知名厂商对于龙蟠 1 号产品的品质认可。

龙蟠 1 号在产品研发和品质把控上始终不遗余力，以大国工匠的精神，助力大国科技的崛起。龙蟠 1 号带着顶级的产品品质走向世界，怀揣着成为和国际品牌一样优秀的润滑油品牌的目标，顶着巨大的科研压力和市场挑战，始终不忘初心，坚定世界梦想、全球市场，亦是民族企业奋发图强，民族品牌自强不息的写照。

更高端润滑油领跑引擎动力

历时 17 年，不断追求卓越的龙蟠，带着龙蟠 1 号，正式吹响走向世界的号角，用实力跻身世界级高端润滑油之列。这款象征着民族自信和中国品质的乘用车机油，将以技术领先、性能持久、省心省钱的润滑油养护方案，为全球消费者带来更卓越的驾乘体验。龙蟠 1 号，更高端的润滑油，蓄势而来，领跑引擎新动力。

大会现场，张默闻进行题为《用高端油敬高端车》的精彩演讲，将好车与好油深度链接。

张默闻作为龙蟠 1 号操盘手，在会上作了题为《用高端油敬高端车》的主题演讲。站在行业的高度上，他指出，龙蟠 1 号的诞生意味着龙蟠润滑油不向外国品牌、外国势力屈服，不向强大的对手屈服，不向规模化广告投放屈服。在高端润滑油市场被国外品牌垄断的情况下，龙蟠 1 号代表中国高端润滑油走遍中国，走向世界。张默闻敏锐地指出，龙蟠 1 号就是为全球高端车主和新车车主准备的好油品，独有的超级锌技术，让车动力更强、洁净更强，安全感更强，号召中国车主和中国修车师傅率先支持龙蟠1号，信任龙蟠1号，这是民族自信，这是对优质国货应有的态度。

张默闻特别强调，龙蟠1号的诞生不是为了打败任何品牌，而是为了让国人意识到中国人也能造出高端润滑油，龙蟠1号是和国际大牌一样优秀的产品，为全球车主提供更省心省钱、优质的润滑油养护方案。演讲最后，张默闻呼吁，龙蟠1号是中国人自己的润滑油品牌，媒体朋友们要多多报道、支持和声援，修车师傅们多多支持国产品牌，消费者们给中国品牌多一些选择和信任，给爱车保养可以多选择使用龙蟠1号，让更多中国品牌有机会在世界舞台上大放异彩！

面对全新升级的更高端的润滑油龙蟠1号，张默闻从科技、性能、认证、防伪、设计、生产、品牌七大方面诉说，从不同维度全方位阐释"更高端"的核心概念。

龙蟠1号产品宣传片文案赏析

龙蟠1号，更高端的润滑油。 龙蟠1号，更高端的润滑油，这是龙蟠润滑油的强势出击，是龙蟠科技17年尖端润滑科技的集成之作。2020年5月1日龙蟠1号全球上市，领跑国产润滑油高端品质，7大表现书写"更高端"的1号传奇。

龙蟠1号，科技更高端。 龙蟠1号全系产品使用进口基础油及添加剂，其独有的"超级锌技术"HYPERZING，是龙蟠科技与全球知名添加剂公司"路博润"联合开发的一款独特的发动机抗磨保护加强剂，可以改变机油内部的物理结构，增强油膜的厚度和韧性，在极压工况下为发动机提供有效润滑保护，赋予龙蟠1号"抗磨还省油"的技术优势。

龙蟠1号，性能更高端。 龙蟠1号，72项指标都优异，相比AP SN/PLUS级别机油，抗氧化性能提升40%，清洁性能提升65%，轴承抗磨损保护性能相比SP限值可提升70%以上。在极寒、极热、极度潮湿等严苛环境考验下，龙蟠1号成功挑战更长换油周期（或路试），给予车主持久如新的行车体验；在宝马、梅赛德斯-奔驰等车辆的行车实验中，强悍数据表现力证1号高端性能；在车主实际道路行驶中，出色应对城市频繁启停，展现非凡燃油经济性。

龙蟠1号，认证更高端。 高端认证龙蟠1号高端品质。龙蟠1号率先通过API SP官方认证，是第一批投放市场符合SP认证规格的产品。除此之外，龙蟠1号符合国际润滑剂标准化及认证委员会ILSAC的GF-6标准，和欧洲ACEA的C5、C3、A4B4等相关认证，并先后获得宝马、梅赛德斯-奔驰、保时捷、大众、福特等众多知名车企认证。

龙蟠1号，防伪更高端。 高端防伪技术确保龙蟠1号高端品质。龙蟠1号采用专属镭射二维码内置于听盖内，一瓶一码，防伪防串货，源头可追溯，提高防伪安全性。不仅如此，由龙蟠全资子公司自主生产的龙蟠1号包装听也进行了防伪加持。本次采用的三层共挤技术，在有效阻挡紫外线，保证油品在持续日照情况下质量稳定的同时，增强了龙蟠1号的防伪程度。从生产到流通，龙蟠1号始终维护车主的消费权益，让高端油品名副其实。

龙蟠1号，设计更高端。高端体验由内至外，龙蟠1号高端纸箱采用高品质覆膜胶印彩箱，防潮能力更强，便于在各种环境下储存，其五层板设计，承重450kg，避免产品运输途中遭受挤压而坍塌变形；龙蟠1号高端标签，采用高透的PE材质，防水、防油，日光照射3个月不褪色，带给车主持久如新的视觉体验；龙蟠1号高端包装听设计灵感来源"中国龙"，采用纯料生产，零回料零碳酸钙，保证包装材质不会对龙蟠1号高端性能产生任何影响。

龙蟠1号，生产更高端。龙蟠1号诞生在国内屈指可数的高端数字化智能工厂。龙蟠科技已通过工信部的两化融合管理体系评定认证、卓越绩效评价准则的国家标准认证，先后获得了南京市市长质量奖、江苏省质量奖，其工厂被评定为省、市级智能工厂以及江苏省的两化融合示范企业，通过TS16949等8大体系认证，且拥有完善的APS高级计划排程系统、MES制造执行系统、LIMS实验室信息管理系统、WMS仓储管理系统、DCS制造控制系统，确保全程智能化精细化专业化生产。

同时，龙蟠1号产品规定须由在龙蟠工作十年以上的高级技师经过严格的培训才能负责生产，生产后需通过CNAS国家实验室认可的实验室检测合格。龙蟠1号采用龙蟠科技最高规格、最严的质量控制标准，确保每一瓶到达客户、到达终端、到达车主手中的龙蟠1号的高端品质。

龙蟠1号，品牌更高端。高端品牌强势霸占高端媒体，2020年龙蟠1号启动多方位、全渠道、规模化广告投放，从CCTV 1、CCTV13热门节目的黄金时段到《中国之声》音频广告的高峰时段；从龙蟠1号高铁专列陆续起航到车站流量聚集的出入站口、候车厅等覆盖数亿受众的黄金席位；从强势覆盖沪宁、京沪、沪陕、沪蓉等数十条国家高速的户外大牌到震撼亮相整个江苏省乃至全国的龙蟠1号形象店，龙蟠1号的高端品牌之路，正以势不可当的步伐走遍中国，走向世界。

龙蟠1号，更高端的润滑油，龙蟠1号先进全系、龙蟠1号智尊欧系、龙蟠1号净威亚系、龙蟠1号净威美系现已全球发售，满足不同车型的驾驶需求，给予全球车主更高端的驾乘乐趣。

龙蟠1号，更高端的润滑油

张默闻在与龙蟠科技合作的短短数月时间，收获了龙蟠科技极大的认可和信赖。从"照顾好全球每一辆汽车"的企业使命，到龙蟠1号的单品命名与广告语"更高端的润滑油"创意，在张默闻的策划下，龙蟠科技发生翻天覆地的重大变革。此次发布会召开之际，高铁站、高炮、南京地标建筑灯幕……随处可见张默闻的创意落地，龙蟠1号，是龙蟠润滑油科技实力的汇聚，亦是张默闻策划实力的象征。

传播升级：立体矩阵全维发力

自 2003 年成立以来，龙蟠科技始终秉承民族企业的开创精神，在坚守和创新中不断突破进取，成长为国内名列前茅的精细化学品生产制造和销售企业之一。在汽车后市场领域，龙蟠润滑油更是持续畅销多年，成为国内自主润滑油品牌的优质代表，在收获车主青睐和口碑的同时，建立起了覆盖全国的渠道经销和终端服务网络，成为 1 000 多家润滑油经销商和 1 万多家终端门店的可靠选择。2020 年是龙蟠润滑油的品牌跨越年，在张默闻的战略指引下，龙蟠全面启动品牌媒体传播计划，加大高铁、高炮、地标建筑广告投放力度，整合高铁、央视、央广、百度等优势资源，实现全方位、多角度、高频率的品牌宣传推广，将龙蟠 1 号等产品的领先性能展示给全国广大消费者，并不断提升品牌口碑、完善渠道服

图①：龙蟠 1 号高铁冠名发车，龙蟠 1 号搭载中国速度，让"龙蟠 1 号，更高端的润滑油"传至祖国大江南北。

图②、图③：龙蟠 1 号高铁专列，搭配高铁站内的灯箱广告投放，在流量聚集的出入站口、候车厅等黄金位置。

图④、图⑤：龙蟠 1 号高炮广告竖立在多条高速公路两侧。

务、优化终端网络布局，增强龙蟠品牌影响力，让全体合作伙伴共享"世界品牌，中国龙蟠"的品牌价值。依托雄厚的资本市场、强大的产品研发实力、前瞻性的战略布局和品牌历史积淀的力量，加上张默闻策划集团的"战略大脑"与永达传媒"在途场景媒体"带来的有效传播，相信未来，龙蟠科技将在属于自己的行业领域里开创品牌新高度。

媒体签约，开启传播全新征程

面对日益激烈的市场竞争环境和新能源异军突起的冲击，国内润滑油市场份额逐渐下滑，沉浮在日趋复杂的行业海洋中，龙蟠科技手握高端品质产品，品牌知名度却难以得到有效提升。转机出现在 2019 年末，龙蟠科技选择与张默闻策划集团携手，通过重塑龙蟠润滑油品牌在市场低迷状态中破局重生，打开了龙蟠科技品牌战略营销的全新局面，依托张默闻策划集团联合中国高铁媒体领导品牌永达传媒推出的"2020 五个百亿品牌工程"项目，在张默闻策划集团的积极推动下，龙蟠科技成功以低成本签约永达传媒，正式开启了品牌大传播时代。"百亿品牌工程"是张默闻与永达传媒联合搭建，旨在通过"品牌战略 + 有效传播"的系统性支持，应对疫情对中国品牌的冲击，全面帮助中国品牌应对挑战，抓住企业增长新机遇，使客户早日成为行业性的百亿品牌。永达传媒作为中国公共领域的开拓者、中国高铁媒体的领航者，在中国覆盖多达 428 座高铁站，拥有在途场景传播的绝对话语权，能够强力支持品牌开拓全国市场的传播需求。

张默闻认为：营销的本质是传播，世界上所有营销的成功都是传播的成功，离开传播，营销是无法成功的，龙蟠润滑油必须进行传播改革，改变传播思维，不能向规模化广告投放屈服。为了全面启动世界品牌的打造，让一切营销与品牌升级实现全面落地，大会现场，

您乘坐的龙蟠 1 号高铁冠名列车即将发车。

在几百名代理商及直播镜头外的百万名观众的见证下，龙蟠与高铁、央视、中国之声、百度四大媒体代表正式签订战略合作协议，宣告了龙蟠 2020 品牌传播计划全面启动，龙蟠即将进入品牌影响力提升的快车道。与此同时，龙蟠科技董事长现场承诺，加大对代理商的各方面扶持力度，对终端传播也同步进行更新与统一，全方位打造"世界品牌，中国龙蟠"的超级品牌名片。

随着双方签约的成功，龙蟠科技承载着龙蟠"照顾好全球每一辆汽车"的企业使命，持续打造"世界品牌，中国龙蟠"的高端润滑油形象，从率先抢占江苏市场，以江苏省作为重点省份开启全年重点宣传，到同步布局全国市场，不断开发丰富各种传播媒体形式，龙蟠科技多箭齐发，锚定在途场景传播与主流媒体投放，持续开展线上线下联动传播，精准锁定受众群体，开启龙蟠润滑油 2020 年新一轮的传播攻势，成功建立起覆盖全国的品牌传播体系。

广告投放，高炮高铁双向布局

从"照顾好全球每一辆汽车"的企业使命，到龙蟠 1 号的单品命名与广告语"更高端的润滑油"创意，在张默闻的策划下，龙蟠科技发生翻天覆地的重大变革。而龙蟠润滑油相继在央视、中国之声、高铁、汽车之家等媒体上开展的大规模广告宣传，强势推进了"世界品牌，中国龙蟠"的品牌建设，品牌声量一路高涨。随着龙蟠科技知名度和影响力的飞速提升，龙蟠润滑油的行业领先地位得到进一步巩固。

为提升品牌传播效应，龙蟠持续加大广告投放力度，采用张默闻所提出的高举高打的策略，优先选择业内头部合作伙伴，借助强势媒体资源，集中打造龙蟠的高端润滑油品牌形象，推进龙蟠在重点区域的品牌扩张。随着龙蟠科技品牌传播战略紧锣密鼓地进行，龙蟠 1 号产品户外大牌广告震撼登场，在沪宁、京沪、沪陕、宁杭、宁通等数十条高速公路上线，基本实现了对长三角地区主要高速路段的全覆盖。大规模的龙蟠 1 号高炮广告投放，更成功实现车主群体的精准营销和高效引流，龙蟠以高速路网作为媒介，通过集中的画面展示和极具标识性的广告语，让车主记住龙蟠 1 号，让"更高端的润滑油"这一产品理念深入人心，为重点市场的腾飞插上翅膀。

除此之外，继南京南站等高铁枢纽之后，龙蟠还启动了更多高铁站内的灯箱广告投放，在流量聚集的出入站口、候车厅等黄金位置，展示龙蟠 1 号产品的广告画面。5 月 19 日新增的高铁站广告投放，龙蟠选择了京沪高铁七大中心高铁枢纽站之一的徐州东站，通过南来北往、连贯东西的列车旅客，龙蟠润滑油的品牌影响力将被带至全国各地。随着龙蟠产品在终端门店的上架，配套线下广告也将深入到与消费者密切相关的生活场景。以龙蟠 1 号为主题的电梯电视广告近日也正式启动，以高频次和场景化的受众连接方式，进一步提升龙蟠润滑油的品牌知名度，并充分发挥广告的决策引导效应。

龙蟠1号大手笔投放高炮广告，不仅是基于龙蟠科技超强的品牌实力，更是龙蟠落实广告扶持，给全国广大经销商引流的有效措施，让经销商服下"定心丸"，并为渠道渗透提供强有力的支持。不谋全局者，不足谋一域，2020年是龙蟠的品牌腾飞年，高炮、高铁、央视广告、整合移动互联网实施全方位、多角度、高频率的品牌覆盖推广，持续深化品牌传播，全面打响品牌建设战役。

门头改造，赋能终端全面升级

继高铁、央视、高速大牌等一系列大手笔广告投放后，龙蟠科技在张默闻的提议下乘胜追击，面向江苏区域内的所有合作经销商，开放龙蟠1号门头无限量投放政策，以超高标准帮助门店进行整体形象升级，包括门头更换、店内陈设改善等一系列升级焕新，快速推动品牌影响力的终端落地，着力提升顾客对龙蟠门店的第一印象，帮助门店斩获客流，将品牌传播深入到市场一线，实现与门店营销的紧密结合，让前期的广告投放成果真正惠及经销商和门店。

张默闻向全体与会嘉宾展示龙蟠1号终端广告画面，龙蟠1号形象店大规模投放，快速覆盖全国市场。

不同于传统老旧的店招，龙蟠采用色彩鲜明、主题显眼的门头，用强烈的视觉效果吸引顾客眼球，抢占消费者视觉印象，提升品牌辨识度。而作为重要的传播媒介和品牌载体，龙蟠1号以颜值传递内涵，持续展现龙蟠1号门店高端服务特色，为门店建立与顾客的初始信任，即便是在僻静的地段和昏暗的环境中，龙蟠1号门头也能让门店从众多店铺之中脱颖而出，让深藏不露的专业服务更容易被潜在消费者感知。一家标准的龙蟠1号门店，不仅拥有极具号召力的门头，更配备了高端的产品和服务。被吸引而来的顾客走进店里，将看到合理摆放的龙蟠1号全系产品展示货架、先进便捷的养护设备，通过技术熟练的工作人员和标准规范的服务流程，全方面感受龙蟠1号门店的服务优势。

一方面，对于经销商来说，门头投放是完善终端布局、提升市场竞争力的有力手段；而对修理厂来说，门头是非常重要的传播点。受制于建筑环境，不是每个门店都正对主干道，这时就需要门头、店招等多方位展示，方便门店进入顾客视野。另一方面，潜在顾客也会通过门头初步感知门店的经营规模和服务水平，从而选择是否进店体验，利于品牌整体形象的塑造与提升。在全国门店升级改造的浪潮中，龙蟠的品牌实力也得到全体经销商与广大消费者进一步认可，不仅能有效开拓市场，更为龙蟠在全国乃至世界的品牌腾飞之路注入绿色活力。

品牌音符，一曲奏响传播华章

张默闻始终认为，音乐的真正作用是打动人心，而企业歌曲是企业的有声名片，是树立企业对外形象的良好载体，能增强企业的品牌声量，给企业、员工、客户带来无限的精神力量，有利于企业共同价值观的形成与发展，有助于企业的文化统一，最终推动企业的快速发展。继企业歌曲《世界品牌，中国龙蟠》后，张默闻再度迸发灵感，为龙蟠润滑油创作了一首广告歌曲《速度与温柔》，以独特的情歌韵味谱写广告歌曲，激情与温情并存，令人耳目一新，一经上线便揽获好评，让拥有高端品质的龙蟠润滑油随听旋律远播。

在萌发创作欲望之初，张默闻便决定不走寻常路，巧妙地为《速度与温柔》披上情歌的外衣，以另一种全新曲风呈现出龙蟠润滑油的品牌形象。纵观全篇歌词，简洁有力的文字将汽车与润滑油的关系比喻成爱情，外柔内刚，软化听众于无形，一字一句皆是对龙蟠润滑油高端品质的赞美，一音一律均为保养爱车就是守护爱情的比喻。"开上你的爱车把我带走，我在你的车里感受温柔"，开篇便定下整首歌的基调，激情与温柔碰撞出不一样的味道；"你说爱情保养需要温柔，你说爱车保养需要世界好油，龙蟠润滑油就像一双莲花的手，让我们享受速度享受温柔"，以词造境，以情动人，原本充满浓厚工业风的润滑油，在歌曲中成为了守护爱情的手，这一跨界的比喻让人出乎意料拍案叫绝。与此同时，这首歌也将龙蟠润滑油是保养汽车的世界好油这一定位传达明确，完成了广告歌曲应该肩负的伟大使命，极具战略高度和传播深度。

《速度与温柔》歌词赏析

作词：张默闻 作曲：陈伟 艺术指导：石俊峰 演唱：张津涤

开上你的爱车把我带走，我在你的车里感受温柔，哪怕漫漫长路，有你在，有你在，我就永不停留。

开上你的爱车把我带走，我在你的身边极尽温柔，哪怕漫漫长路有你在，有你在，我就不会停留。

你说爱情保养需要温柔，你说爱车保养需要世界好油，龙蟠润滑油就像一双莲花的手，让我们享受速度享受温柔。

你说爱情保养需要温柔，你说爱车保养需要世界好油，龙蟠润滑油就像一双爱情的手，让我们享受速度享受温柔。

扫一扫，一起唱

营销升级：花样玩法更高端

在"龙蟠 1 号，更高端的润滑油"龙蟠 API SP 新品全球发布会的思考上，张默闻锁定爆点，力证龙蟠 1 号的产品品质，动用真实的反馈和检测向全球宣告龙蟠 1 号的超级品质，通过检测机构、专家、车主、经销商、修车师傅等利益相关者，组成龙蟠 1 号"应援队"，强化国货好品质，助力龙蟠 1 号火遍全网。不仅如此，围绕着这龙蟠 1 号的高端品质，线上线下共同发力，高端渠道、高端内容、高端合作三大营销维度，助力龙蟠 1 号传遍大江南北。

直播发布，百万人气全网火爆

随着 5 月 1 日龙蟠 1 号 SP "更高端的润滑油"全球上市发布会的成功召开，龙蟠科技同步开展全平台直播发布会，在网络空间掀起关注热潮。发布会上，国家级权威媒体——中国之声央广网和云听 APP、汽车类垂直媒体领先平台——汽车之家以及汽车行业第一纸媒——《中国汽车报》均在显著位置设置专区，进行现场直播，加上龙蟠在天猫、苏宁易购、抖音和微赞的官方直播平台，八大平台同步向全球网友进行发布会直播。据不完全统计，共有超过 100 万人次通过互联网收看、收听了龙蟠 1 号上市发布会的现场直播，创造了中国润滑油行业历史上动用直播平台最多、收看收听人数最多的纪录。

全球直播引关注，龙蟠 1 号发布会线上观看人次突破百万。

为表达对中国优秀自主品牌——龙蟠润滑油的支持，央广中国之声 2020 年全力打造的线上直播平台云听 APP 更专门在首页对龙蟠 1 号上市发布会进行了重点推荐直播。作为中国汽车行业最权威的纸质媒体，《中国汽车报》也对 5 月 1 日的龙蟠 1 号全球上市发布会给予了高度关注，以整版的篇幅，对龙蟠 1 号的盛大上市进行完整、详细的报道。观看直播的过程中，网友纷纷为龙蟠 1 号产品的横空出世点赞叫好，汽车之家平台的多位网友表示，第一次感受到中国自主的润滑油品牌也能具备"国际范儿"，"希望这次保养可以用上这款机油"。汽车之家平台有 12 万网友参与了看直播、抢龙蟠 1 号免费试用资格的活动，场面火爆热烈。

权威认证，行业专家高度认可

龙蟠 1 号 SP 全球上市发布会自召开以来，便迅速成为国内润滑油行业以及整个汽车后市场热议的现象级话题。与此同时，在整车行业，龙蟠 1 号 SP 润滑油的震撼上市也引发了权威专家的高度关注，清华大学汽车产业与技术战略研究院赵福全院长、北京航空航天大学交通科学与工程学院教授、国家科技进步一等奖得主徐向阳教授、原人民日报集团所属中国汽车报社社长、现任汽车评价研究院李庆文院长等行业顶级专家纷纷发表评论，高度看好龙蟠 1 号产品的未来。

八大平台同步向全球网友进行发布会直播，网友纷纷为龙蟠 1 号产品的横空出世点赞叫好。

近年来，龙蟠与越来越多的主机厂家达成了润滑油产品配套的业务合作关系，赵福全、徐向阳、李庆文等一批汽车行业权威专家对龙蟠 1 号 SP 全合成机油的认可，无疑将更有效地推进龙蟠与广大轿车主机厂之间的合作，让更多的新车用户在开上爱车的第一天就能享受到更高端的润滑油，同时有效促进龙蟠 1 号产品在世界舞台上发挥中国制造的优势，助力龙蟠科技不断开创发展新局面。

推广大会，爆品上市蓄足力量

随着龙蟠 1 号全系产品的隆重上市，龙蟠润滑油渠道销售团队分赴全国各地，全力协助当地经销商进行龙蟠 1 号上市推广会的开展。从福建福州到江西九江，从安徽淮北到湖北武穴，从河南驻马店到天津，推广会的形式丰富多彩，既有人数众多、环节精彩的答谢盛宴，也有小而精致、主题明确的重点客户沟通会，以及亲赴工厂的实地参观交流，场场会议效果火热，一箱箱龙蟠 1 号高端油品被各方抢购，一台台养车大 V 智能设备被提前预订，从产品到服务，龙蟠成功助力汽车后市场的全面复苏。

除了进一步推广 SP 全合成新品和养车大 V 赋能项目，销售团队还因地制宜，帮助经销商制定合乎当地市场行情的特色促销政策，得到了各地终端维修厂的积极响应。遍地开花的推广活动，宣告着龙蟠人携手开拓的共赢决心，展示着"世界品牌，中国龙蟠"的蓬勃实力。除了以上地区，其他各地的会议也在有序筹备当中，龙蟠销售团队将继续勇冲一线、积极配合，竭力做好各项服务支持工作，让参会人员满载而归，助力合作伙伴决胜市场。

无惧挑战，超强性能极致表现

龙蟠1号重磅上市后，龙蟠科技研究院联合城市经销商共同打造"龙蟠1号挑战赛"，实力检测龙蟠1号API SP全合成系列产品惊人路测效果。挑战赛以江苏泰州站为起点，陆续登陆江苏、黑龙江、海南等全国多个省份，引领各大高端车型，上演实车路测大戏，活动总计招募车辆超过30辆，合计行驶超过100万公里。在专业技师的操作之下，更高端的龙蟠1号API SP全合成润滑油被徐徐加注到机油箱内，纯净透亮的色泽彰显出龙蟠1号的高端品质，宛如一股黄金血液，为蓄势而动的引擎注入澎湃活力。赛程途经城市、郊区、高速等不同类型路况，充分验证龙蟠1号在各种极限环境下，所能达到的超长换油里程，以及为不同引擎带来的全时、全效保护。

龙蟠1号的面世引领龙蟠润滑油正式跻身全球高端润滑油品牌行列，促进品牌知名度和美誉度的大幅提升，并以强大的市场力在全国各地终端门店火爆热销。通过此次百万公里挑战赛，龙蟠1号的卓越性能得到了充分展现，龙蟠产品的粉丝阵营也持续扩大，其高端品质赢得了更多车主的认可。

"龙蟠1号，更高端的润滑油"产品手册设计赏析。

龙蟠1号海报设计赏析。龙蟠1号九宫格燃爆朋友圈，八大记"亿"点诠释品牌优势。

行业聚焦，龙蟠引领市场趋势

由上海易贸发展有限公司主办的"2020第十三届中国润滑油行业聚焦大会"上，龙蟠科技市场总监陈总应邀出席会议，并以"疫情大考，民营润滑油企业的'危'与'机'"为主题发表演讲。作为中国第一个规模最大历史最悠久的专注于润滑油行业的峰会，本次会议邀请了来自全国200多位润滑油行业精英及专家，主办方提出"易贸四合一"，一次落实四大板块的丰富会议构架，围绕2020年国内外宏观政治经济的形势及行业动荡的变局，共同探讨整体行业趋势、润滑油的营销策略变革、润滑油技术应用等热门话题。

会议现场，龙蟠代表围绕上述主题，阐述分析了自主润滑油品牌在当前市场环境下所面临的机遇，强调自主润滑油企业应当拥有更长远的发展眼光以及对市场更精准的解读。龙蟠面向市场，推出更高端的润滑油——龙蟠1号API SP全合成汽车机油产品的举措，让与会人员感受到龙蟠创新进取，精益求精的企业精神，在张默闻操刀的全新企业战略指引下，龙蟠将秉持"照顾好全球每一辆汽车"的全新使命，服务全球的客户，推动产品研发和品牌传播迈向崭新高度。

匠心赞助，亮相卡斯夫中国行

为全方位拓展品牌营销活动，龙蟠不仅安排专业销售团队深入全国各大区域市场，进行养护需求和市场结构的实地调研，引导区域经销商和终端门店引进新品、拓展新的合作关系，还积极参与各类行业盛事，如龙蟠1号赞助的在江西国际汽车广场隆重召开的2020卡斯夫中国行首站（南昌站）活动。来自全国汽车产业行业协会、汽车零部件生产企业，以及江西区域的汽配供应链、优质汽配经销商、汽修厂、汽修连锁企业等200多位嘉宾出席本次盛会，大家共聚一堂，共话区域渠道发展的未来。

围绕"非凡匠心区域突围"这一巡展主题，主办方聚汽网邀请到了行业专家大咖、业内精英等重量级嘉宾莅临聚汽大讲堂。其中，龙蟠润滑油渠道营销事业部南区总监程总作为优质品牌方代表应邀发表演讲，与大家分享了"世界品牌，中国龙蟠"的全新企业战略，并重点介绍了龙蟠润滑油针对汽车后市场升级而打造的系统解决方案。通过此次活动，更多汽配商户得以近距离了解到龙蟠1号、养车大V等多个先进技术成果及服务项目，龙蟠作为走向全球的中国高端润滑油品牌，以其优质的产品和终端项目，吸引了众多拥有合作意向的企业和消费者，品牌发展势头迅猛。

管理升级：驱动龙蟠1号大发展

超级爆品的打造不仅仅依靠优异的产品研发，更需要整套管理系统的升级。为了匹配更高端的产品服务及更高效的营销步伐，从龙蟠1号诞生之际，张默闻便将管理升级规划

"龙蟠 1 号，更高端的润滑油"产品介绍 H5 设计赏析。

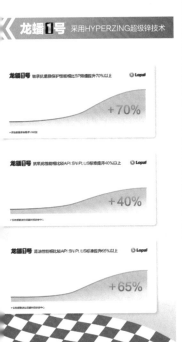

悉数奉上，并在超级大会现场进行了丰富呈现。龙蟠 1 号的市场表现证明，管理方法的匹配式升级，正在加速龙蟠 1 号的发展，进而成为龙蟠 1 号夺取市场的"定海神针"。

标准化管理，成就龙蟠 1 号千店一面

标准化是众多国际大牌实现全球发展的渠道管理法宝。2020 年新冠肺炎疫情肆虐，很多得益于标准化的企业，分外夺目。比如餐饮业纷纷关闭堂食，大量知名企业亏损，而麦当劳、肯德基在疫情期间可以正常营业，一切都在有条不紊地运转，标准化的餐厅，标准化的产品，标准化的行为，在维持品牌一致性的情况下，降低了运营成本。还有在疫情期间大放异彩的老乡鸡，是快餐行业本土品牌的"隐形冠军"。在中国快餐企业排行中，老乡鸡以近 900 家门店数位居第四，前三名则是大名鼎鼎的肯德基、麦当劳和汉堡王。老乡鸡是一个从安徽走出来的中式快餐品牌，立足安徽，辐射周边的湖北、江苏地区。仅在安徽省，老乡鸡就有 500 多家直营店。2016 年老乡鸡走出安徽，向周边省份扩张。标准化是老乡鸡快速发展的秘诀，老乡鸡餐饮集团创始人、董事长束从轩在接受采访时表示，在 2003 年开第一家门店之前就在考虑如何做到中餐的标准化问题，只有做到标准化才可以实现复制。

图①：鑫盛大汽车服务更换龙蟠 1 号门头，高端醒目，记忆点十足。 图②：龙蟠 1 号货架，最醒目的位置留给最贴心的你。

张默闻深知标准化的作用，要求龙蟠 1 号必须实现标准化，标准化陈列、标准化视觉、标准化管理，用标准化管理龙蟠 1 号，才能最大程度降低服务成本，降低沟通成本，降低执行成本，让消费者看到、用到一个品牌高端、产品高端、服务高端的润滑油。

数据化指挥，助力龙蟠 1 号走南闯北

数据化指挥是龙蟠 1 号管理重要工具，虽然龙蟠科技早就开始智能化、数据化、网络化管理，但是在营销系统，数字化管理的力度和深度还远远不够。将指挥数据化，正指导龙蟠1号占领全国市场化繁为简，高速挺进。商场如战场，数据化指挥将高层理论指导转变成可执行、可视化的行为指导，更加精准、更加实时、更加好分解，阿里巴巴新六脉神剑的发布就是对数据化指挥更形象的诠释，其中，阿里巴巴数字经济体愿景——活102年：我们不追求大，不追求强，我们追求成为一家活102年的好公司。阿里巴巴数字经济体的目标是，到2036年，服务20亿消费者，创造1亿就业机会，帮助1000万家中小企业盈利。将传统抽象的企业文化概念转变为可量化、可分解、可执行的数据，让目标可感，最终才能让目标可及。

张默闻在提出数据化指挥时强调，数据化指挥不是拍脑袋，需要更专业、更"懂行"的人去指挥、去拆解，这对领导力有要求，也对专业度有要求，这要求指挥的高层领导必须下市场，了解市场动态，了解竞争对手情况，了解未来的发展趋势，更了解企业内部业务板块的协作机制。员工听懂领导的指挥，知道该去哪冲锋陷阵是第一层面；员工执行领导指令，并且与现实条件相匹配是第二层面，两个层面必须全面渗透，只有员工听得懂、做得到，才能达成既定目标。

片区式划分，高管分管市场负责到底

作战地图似乎已成为每位营销老总、市场总监的办公室标配，但往往只做到了"地图墙上挂，市场心中无"。只挂地图，知道中国有几个省，省里面有哪些市，这是远远不够的。我们要了解的是产品的市场，是现有渠道的覆盖面，往往这些都不在纸上，而在脚下。

首先了解我们的产品需要在哪些地方售卖，哪些省份是我们的重点市场，重点省份中哪些是重点需要攻克的城市，我们的产品在该城市能有多少覆盖率，在该城市的各区、各街道是否有我们的产品，需要详细到一省、一城、一区、一街，才能全面摸清楚渠道情况，达到超级爆品的超级能见度。龙蟠1号的渠道管理模式，正式在片区式划分中排查清楚。张默闻在与龙蟠科技董事长沟通时表示，必须让高管下市场，每人分管一城，下市场才有话语权，才能真正让渠道、合作伙伴、消费者了解到龙蟠1号，信任龙蟠1号。自从该举措施行以来，龙蟠1号成了每位高管工作时、吃饭时、开会时的必聊话题，"以市场为导向"的企业管理氛围油然而生。

龙蟠1号的成功首先得益于高端的产品研发，发力于高标准的管理模式变革。品牌策划、产品策划不是一个广告创意、一个产品命名那么简单，而是一项系统化工程，牵一发而动全身。超级爆品的诞生也绝非偶然，它是企业厚积薄发的产物，是消费者真金白银换来的体验。

龙蟠1号朋友圈搞笑海报赏析。有实力，谁怕谁！（1）

龙蟠1号朋友圈搞笑海报赏析。有实力，谁怕谁！（2）

龙蟠1号朋友圈搞笑海报赏析。逗趣画风演绎优异品质。（1）

龙蟠1号朋友圈搞笑海报赏析。逗趣画风演绎优异品质。（2）

【超级成果】

一次超级大会就是一次行业地位奠定大会

中国汽车产业保持连年增量发展，一跃成为全球第二大润滑油市场。汽车后市场存在巨大发展潜力，资本市场推动产业革新布局。龙蟠科技作为中国润滑油上市企业的先行者，肩负民族品牌的大旗，以创新力量迎接时代机遇。

2020年龙蟠科技与张默闻策划集团强强联合，重新定义龙蟠未来发展战略。张默闻以更高端润滑油的定位，撕开市场空白，将国产润滑油不敢喊出的"世界品牌"，率先喊出来。在"世界品牌，中国龙蟠"的整体规划中，对品牌、营销、单品、科技、传播、渠道、终端等方面逐一梳理，在张默闻战略指挥下，龙蟠科技再次焕新升级。此次超级大会的胜利召开，下半年的品牌方向逐渐拉开帷幕。

广告遍布席卷全国

龙蟠API SP新品全球发布会的成功举办带起了全国润滑油行业潮流，龙蟠1号产品户外大牌广告强势登陆长三角主要高速路段，迅速铺设沪宁、京沪、沪陕、宁杭、宁通等数十条高速线。张默闻认为用户所在即是市场方向，龙蟠广告以高炮形式分布车流量密集的高速路段，深入一线市场，成为众多车主眼中的最美风景线。

继高速户外大牌广告上线之后，"龙蟠1号，更高端的润滑油"TVC广告正式登陆央视主流媒体，成为龙蟠润滑油在央视播出的第六支广告片，以央视亿万观众奠定用户基础，传递更高端的品牌概念。此次大会的顺利召开，张默闻以"龙蟠1号，更高端的润滑油"吹响品牌号角，极大地提升了终端用户对龙蟠科技的战斗决心、胜利信心和企业衷心。高炮以野火燎原之势，让世界市场看到中国品牌的强大生命力。

百万传播声量巨响

此次盛会的盛大召开引发多方媒体强势报道，中国之声央广网、云听APP、汽车类垂直媒体领先平台汽车之家、汽车行业标杆纸媒《中国汽车报》、龙蟠科技天猫、苏宁易购、抖音和微赞官方平台等媒体全程网络直播。大会直播点击量突破100万人次，创下中国润滑油行业历史上大会直播平台最多、传播效果最广的历史记录。龙蟠科技更是以四次涨停，市值由服务前的25亿元跃升至46.54亿元，创造历年品牌建设的最新战绩！

传统与网络媒体的全面报道引发业内的高度关注，"更高端的润滑油"成为行业内品牌战略的新标杆。不少品牌跟在龙蟠科技的背后，竞相模仿品牌传播的战略方法。龙蟠科技作为中国民营润滑油的代表企业，领导国内润滑油品牌走出国门，走向世界。

龙蟠 1 号点亮南京国际青年会议酒店。

高端战略行业领先

此番发布会，张默闻再度以《用高端油敬高端车》的精彩演讲引起业界关注。他指出，龙蟠1号的诞生意味着龙蟠润滑油不向外国品牌、外国势力屈服，不向强大的对手屈服，不向规模化广告投放屈服。在高端润滑油市场被国外品牌垄断的情况下，龙蟠1号代表中国高端润滑油走遍中国，走向世界。他认为龙蟠1号以卓越的产品品质、独有的超级锌技术，正在为全球车主提供更节能、更清净、更抗磨的解决方案。

张默闻以更高端战略引发权威专家热切关注，"龙蟠1号，更高端的润滑油"成为整个润滑油行业及汽车后市场频繁讨论的现象级话题。赵福全、徐向阳、李庆文等行业顶级专家纷纷发表评论，表达对龙蟠1号产品的高度认同。张默闻认为"超级单品就是超级品牌"，龙蟠1号的成功发布奠定了龙蟠科技在行业中领导者的地位，龙蟠科技以更高端的姿态，正在向世界展示民族自信的品牌力量。

提振士气进军全球

纵观整个润滑油行业，国内小品牌发展不起来，国际大品牌常年霸占市场鳌头。以龙蟠科技为代表的国内知名上市企业，面临着振兴民族产业和弘扬民族品牌的重大责任。此次龙蟠API SP新品全球发布会，张默闻以"更高端"的伟大战略，指明了品牌行进方向，赋予龙蟠科技经销商以及整个行业奋发向上的源泉力量。随着盛会的成功召开，龙蟠润滑油凭借广告片、高铁、高炮、直播、报道等广泛传播得到强烈反响。龙蟠科技将产品实力展现在大众面前，宣告龙蟠科技品牌的强大声势，超级单品的重磅发布正在引领行业整体走向全球化市场！

【超级评价】

一场超级大会向世界发出中国高端润滑油最强音

"龙蟠1号，更高端的润滑油"龙蟠API SP新品全球发布会阵容超级豪华——超级品牌、超级单品、超级技术、超级视觉、超级创意，为我们展现出道即巅峰的王者风范。龙蟠1号的诞生正是龙蟠科技与中国排名第二的策划公司张默闻策划集团碰撞出的最美音符，奏响了中国高端润滑油走向世界的华美乐章。

龙蟠科技董事长石俊峰：在张老师的策划下，龙蟠润滑油终于有了自己的核武器，那就是龙蟠 1 号！

从"中国制造"到"中国创造"，龙蟠科技正在从工厂思维向品牌思维转变，全面打造龙蟠 1 号高端润滑油系列产品是新时期龙蟠科技的产品战略核心，由石俊峰董事亲自挂帅，并指定由张默闻全盘负责龙蟠 1 号的品牌策划一切事宜。可以说，没有张默闻策划团队的参与就没有今天的龙蟠 1 号，石俊峰董事长始终坚信"龙蟠 1 号"是最能匹配龙蟠 API SP 新品的命名，并能够帮助龙蟠跻身世界级高端润滑油品牌行列。

此次新品发布会对于龙蟠科技来说是一次全方位的实力展示，面向全球观众，如何搭好这个台，唱好这台年度超级大戏对于龙蟠科技和张默闻策划集团都是一次艰巨的考验。此次大会最核心的任务就是让人记住龙蟠品牌，记住龙蟠 1 号，记住龙蟠 1 号是比肩国际品牌的高端润滑油产品。大会结束后，石俊峰董事长感慨万分："这一次我们成功了，成功让全球观众认识并记住了我们的产品和品牌，把龙蟠的品牌策划交给张默闻我绝对放心。"

汽车之家平台网友：第一次感受到中国自主的润滑油品牌也能具备"国际范儿"！

再华丽的演出也需要观众的喝彩，在新品发布会这个生态圈中，观众的重要性是显而易见的，他们才是真正的主角，作为参与者和见证者，观众对于大会的评价最为客观和公正。在汽车之家平台观看了龙蟠科技新品发布会直播的多位网友表示："第一次感受到中国自

1 号领袖 +1 号品质 =1 号品牌，张默闻与龙蟠科技董事长（中）、龙蟠科技副总裁秦建（右）为龙蟠 1 号点赞。

主的润滑油品牌也能具备'国际范儿'"，"希望这次保养可以用上龙蟠 1 号。"这些评论是对此次会议的总策划师张默闻最大的肯定。

　　会议是品牌战略的延伸和输出的窗口，通过现场道具和场景的塑造，用视觉、听觉、触觉等综合性表现手法将观众带入现场氛围中，向观众传递品牌的独特魅力。超级锌技术成就了龙蟠 1 号高端润滑油品质，那么新品发布会的核心目标就是要把这种高端感传递给每一位观众，这种现场高端感必须是内容丰满、让人信服的。张默闻认为必须将龙蟠 1 号新品发布会营造得足够高级化和国际化才能让消费者真正接受和选择龙蟠 1 号，这一目标显然已经成功达成了。

　　此次新品发布会成功向世界宣告了龙蟠 1 号更高端的润滑油的诞生，让我们相信中国人也可以造出世界一流的高端润滑油，让我们相信中国品牌也可以与世界接轨，让我们相信中国品牌的新品发布会也可以做出世界级的高端感，震撼了全球观众的心。

不用空调
就用森鹰空调窗

森鹰品牌升级、新厂竣工
暨新品全球发布会策划纪实

不得不说，张老师原创的"空调窗"概念真的是一个非常伟大的创意。铝包木窗的概念是我提的，我们行业里也一直这么叫，但消费者不明白是什么意思。张老师的创意彻底打破了我们的产品思维，让森鹰发出了面向消费者的"求爱"信号，为森鹰品牌找到了灵魂基因。这不仅是森鹰的荣光，也是整个窗行业的一座里程碑。还有"不用空调，就用森鹰空调窗"这句广告语，是张老师替森鹰斩钉截铁地喊出的宣告，让森鹰告别铝包木窗旧时代，进入空调窗新时代。还有一套套精准的策略和文化，包括张老师为森鹰所作的两首非常好听的歌曲，都是无法用金钱衡量的宝贵财富。张老师的脑袋里永远装着让人眼前一亮的新创意、新想法。与张老师相处的每一分钟，我都在努力向他学习，渴望从他身上汲取一些关于品牌、策划、创意、营销方面的灵感。

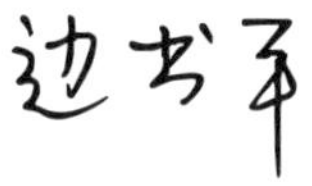

边书平

森鹰窗业董事长

不用空调 就用森鹰「空调

森鹰品牌升级、新厂竣工暨新品全球发布

Brand upgrade,new plant completion and new product global conference of S

中国·南京 | 2020.07.07

一家领先木窗企业表层之下的危机涌动

森鹰位于哈尔滨总部的世界最大被动式工厂——世界第一座零耗能、零排放的被动式工厂。

中国的门窗市场非常广阔,每年涌进这个行业的新企业很多,但实际能把门窗品牌做大做强的企业却屈指可数,真正能做出节能环保、性能超强产品的企业更是凤毛麟角。事实上,有这样一家技术领先的木窗民族企业,坚持 20 多年深耕节能环保窗领域,为中国的建筑节能事业作出了重要贡献,但在如今门窗市场的残酷厮杀中,这家技术领先的企业却遭遇了严重的品牌危机。

1998 年,森鹰窗业率先将德式铝包木窗引进国内,并创新地提出铝包木窗概念,在"聚焦铝包木,定位被动式"的战略指导下,森鹰专注节能环保产品的研发与制造,成为了中国铝包木窗行业当之无愧的创领者,拥有极高的行业地位和企业知名度。但在历经了 22 年长足发展之后,森鹰面临的却是品类知名度低、品牌影响力弱、市场营销信心不足等众多品牌营销难题。面对如今门窗行业市场的激烈竞争,如何破局并抓住发展机遇,成为森鹰要解决的重要课题。

品牌影响力弱,期待加强品牌声量

森鹰的技术是先进的。凭借领先的研发实力、先进的科技产品和绿色环保的节能理念,森鹰成为了中国首家通过德国被动式房屋研究所(PHI)认证的木窗企业,更是国内专利数量领先的木窗企业。2018年，森鹰在哈尔滨成功建造了世界第一座零耗能、零排放的被动式工厂，并荣获吉尼斯世界纪录"世界最大的被动式工厂"称号。20多年来，森鹰始终不断为全球气候变暖奔走呼号，致力于为世界节能降耗事业贡献自己的力量。

森鹰的品牌是薄弱的。深耕产品的森鹰窗业，虽然荣誉满身，但在行业内多年累积的影响却未能有效渗透到消费者层面，品牌认知仅限于部分北方市场。尤其随着市场竞争的加剧，森鹰面临大量竞争对手的跟进，全新的市场环境催促着森鹰要在品牌营销领域进行重大的改革升级。

森鹰的腾飞是必然的。品牌全面改革升级已然是箭在弦上，但品牌之战怎么才能赢得漂亮却依然是个难题。为寻求品牌营销与传播的突破性发展，增强企业话语权，改变企业"表面繁荣，内心焦虑"的尴尬处境，森鹰于2019年底正式牵手张默闻策划集团，开启品牌升级新时代。

2020年对于任何一家企业而言都是充满考验的一年，新冠肺炎疫情席卷全球，市场经济在疫情的影响下变得危机四伏。但危机是危险也是机遇，森鹰选择在2020年进行大规模的改革升级，正是其实力和格局最好的证明。

森鹰向来有"中国木窗行业隐形冠军"的称号，在暨南大学跨文化管理研究中心主任、Wang&Partners合伙人邓地老师撰写的《迈向高端的中国隐形冠军》一文中提到："在此起彼伏的新冠疫情前，当很多企业深陷现金流短缺、账目造假、降薪裁员的危机，自救乏力时，那些细分市场的领导者——隐形冠军企业却成为活得相对从容的一批企业，它们不会在经济形势好的时候为扩大规模而盲目投资，也不会在疫情中通过生产口罩来踩风口赚快钱，它们往往是持续增长战略的长期主义者。它们其中的一些在创业之初就立足高端市场，当前正通过商业模式创新等方式来快速收割市场，如哈尔滨森鹰窗业股份有限公司在创业早期就立足高端市场，由于成本高、市场接受度低等原因，森鹰经历了多年至暗时光，才'熬'到了行业的风口。"

对于一家技术领先型企业来说，硬实力雄厚是企业长足发展的基础，但品牌声量的缺失却制约着企业体量的快速增长，现在已经是一个酒香也怕巷子深的时代，抓住机遇提高品牌影响力才能让森鹰翱翔在行业发展的风口。

品类知名度低，亟待打通消费闭环

森鹰品牌影响力弱除了有企业多年的品牌脉络没有理清的原因之外，还有一个重要的原因就是品类知名度低。据了解，铝包木窗的概念最早是由森鹰从德国引进技术时从德文转译而来，由森鹰首次提出，经过发展逐渐成为行业的代名词。铝包木窗的特点是保温、节能、抗风沙。铝包木窗是在实木之外又包了一层断桥铝合金，使门窗的密封性更强，当酷暑难耐之时可以阻挡室外燥热，减少室内冷气的散失；在寒冷的冬季也不会结冰、结露，还能将噪音拒之窗外。1998 年森鹰研发出中国第一樘铝包木窗，2012 年森鹰研发生产出中国第一樘通过德国被动房研究所 PHI 认证的被动式铝包木窗，为中国"被动式"的发展做出卓越贡献。"被动式"指的是被动式建筑中使用的被动式技术和被动窗，作为节能建筑领域的前沿趋势，被动式建筑具有卓越的生态、宜居、节能、环保等优势，越来越受到世界的青睐，目前已在欧美等发达国家得到广泛应用，并且已围绕被动式建筑形成了庞大而完整的产业体系。建筑节能，门窗是关键，门窗是连接室内室外的重要桥梁，对于一所普通的房子来说，近乎 50% 的能量都是通过窗户流失的，由此可见，选择一款节能环保的好窗户不仅能让居所更加舒适，夏天凉爽、冬天温暖，更能节约用电、降噪、降耗。

我国作为全球建筑能耗大国，近年来对被动式建筑的政策推动正逐步加强。而铝包木窗作为节能窗户的代表，不仅型材取之自然，还通过技术设计将产品保温、隔热等性能发挥到极致，让房间在不使用空调、制暖等主动能源的情况下，仅通过太阳得热、家电发热、人体散热等就达到适宜人类居住的舒适温度，可应对当前节能降耗需求。

森鹰从诞生至今，一直专注于铝包木窗和被动式窗的研发与制造，追求极限降耗，响应国家新能源战略布局，探索铝包木窗迭代升级，引领节能窗行业的技术发展。虽然森鹰铝包木窗这么多年发展非常迅猛，成为行业公认的铝包木窗技术实力最强和产品质量最高的企业。但是，在全国市场环境下，消费者对于铝包木窗的概念十分陌生，铝包木窗更像是个拗口的工业用词，知名度非常低。

森鹰在与张默闻策划集团达成合作后的第一时间，张默闻就亲自带着项目组进行实地调研考察，在全世界最大的被动式工厂里听取完森鹰董事长关于"何为铝包木窗，何为被动式"的解释之后，张默闻一针见血地反问道："为何 22 年来始终没有一个人能清楚地说出铝包木窗的优势以及它和普通窗户的区别？"

事实上，铝包木窗产品的优势非常明显，但以原料思维命名的品类名让消费者无法在第一时间就明白铝包木窗到底比普通窗好在哪里。所以，张默闻认为，森鹰窗业的品牌升级，最需要解决的就是铝包木窗品类的功能认知问题。提高品类知名度，打通消费闭环是关键。

营销信心不足，如何重塑竞争格局

品牌影响力弱、品类知名度低、企业脉络不清晰等一系列问题直接导致了经销商营销信心的不足。张默闻在对线下市场门店及全国各区域经销商代表展开深度访问时，听到最多的声音就是"森鹰产品质量好，但却不会打广告"。可见，森鹰在铝包木窗行业内已经是有口皆碑，但在广告营销方面做的却远不如竞争对手。

在调研时一位经销商说："森鹰的产品好，我们经销商只要做好渠道，把产品讲好、把品牌文化讲好，把森鹰的产品搬到客户家里去，销量就能好。但是我发现大多数销售人员根本讲不好森鹰的品牌文化，我们缺少一套完整的品牌理念去传达给消费者，更缺少广告的大力宣传，这么高端这么好的品牌却没有广告力度，作为消费者是很难认可的。"

张默闻在对森鹰行业前景、企业现状、品牌定位、产品创意、渠道动销、营销管理、企业文化等方方面面进行调研过后，稳准狠地找出了森鹰的病结所在，并快速地对症下药提出了解决方法，为森鹰打了一剂强心针，使得森鹰重拾营销信心，重塑竞争格局。

既要提升品牌影响力，又要打响品类攻坚战，还要重塑竞争格局，面对重重挑战，实现品牌升级最快速有效的办法就是召开一场超级大会。于是，一场轰轰烈烈的品牌升级大会提上了日程。

【超级战略】

一个成功的焦点是品牌态度的伟大宣告

经过数月的紧密筹备，2020 年 7 月 7 日，"不用空调，就用森鹰空调窗"森鹰品牌升级、新厂竣工暨新品全球发布会终于在南京香格里拉大酒店拉开了序幕。会上，由张默闻全程操刀策划、重磅打造的森鹰全新战略、全新品牌、全新文化，以焕然一新的年轻形象展现在所有会议嘉宾、领导、经销商、员工以及在网易直播平台守候观看的朋友们面前。异彩纷呈的品牌升级大会得到了线上线下网友及到场观众的广泛好评，而深耕哈尔滨的森鹰窗业也借助此次大会顺利实现品牌战略升级。森鹰在会上郑重宣告的"空调窗"概念给所有人留下了深刻印象，成为森鹰窗业新的品牌基因，让发展了 22 年的森鹰宛如新生。一场胜利的大会之后，森鹰品牌再一次迎来了腾飞。

战略升级，空调窗核心创意横空出世

在这场看点十足的大会上，最惹人关注、被讨论最多的莫过于"空调窗"这三个字。第一次听到的人都会不由得被这个新概念所吸引，是像空调一样让家里那么舒服的窗户吗？有点意思，再继续了解一下吧，到底还有哪些奥妙？看到这里的朋友，如果你也是这样想的，那便刚好又一次验证了这个新概念的独特与成功。

这个引人好奇的空调窗品类概念是由张默闻提出的一项创新，并得到森鹰窗业全体高层一致认同的新概念，而它代替的正是此前森鹰引以为豪的"铝包木窗"概念。在木窗行业有这样一段广为流传的佳话：森鹰窗业董事长边书平是中国铝包木窗概念的开创者，当年便是在他的带领下，第一个将德系铝包木窗系统引入国内，随后在中国市场上开启了高端铝包木窗发展潮流。发展至今，森鹰铝包木窗已经在业内成为高端铝包木窗的代名词。

产品备注："空调窗"经实验证明本产品遮阳性能强，传热系...

从炎炎沙漠到北极世界，从大棕熊到北极熊，极具冲击力的创意广告画面将森鹰空调窗的魅力尽情展现。你被这对神奇组合吸引了吗？

产品备注："空调窗"经实验证明本产品遮阳性能超，传热系数

森鹰空调窗的创意品牌广告全面上线，遍布大江南北，路过的行人很难不被眼前的"神奇窗户"吸引。

图①："不用空调，就用森鹰空调窗" 森鹰品牌升级、新厂竣工暨新品全球发布会即将开幕。图②：张默闻站在自己的作品前，信心满满，他相信今天这场筹备了许久的盛会一定会大获全胜。图③：森鹰窗业项目中心总经理边可仁、零售中心总经理肖恒虎、研发中心总经理王勇、制造中心总经理赵国才和品牌全案策划人张默闻一同开启森鹰全新品牌战略起航仪式。

那么，森鹰为何要做出如此大胆的转变？这一切都归结于品牌营销的现实需求。因为在很多第一次接触铝包木的人看来，这个名字太过于晦涩难懂。销售人员要说清楚铝包木窗的优势、解释它与普通窗户的区别前，总要先花上好一番工夫将铝包木讲明白，不少用户听完可能仍然丈二和尚摸不着头脑，无法清楚领会到窗户的精妙之处，进而错失选购良机。

门窗本就是一个易被消费者忽略的品类，不够平易近人的复杂概念更不利于消费者对门窗的深入了解。如何能够改变这种消费认知？张默闻通过反复研究森鹰铝包木窗与传统窗户的区别，将窗户的保温、控温性能作为重点研究对象，并将森鹰窗户的特点归结到可以让家里"冬天暖和 3～4℃，夏天凉快 3～4℃"这句直观性极强的话语中。最终，张默闻凭借敏锐的市场嗅觉，从消费者角度出发，结合丰富的品牌营销思维，并经过不同人群的反复论证，创造性地提出了"空调窗"这一全新概念，用消费者熟知的"空调"二字将窗户对于温度的调节作用直接而鲜明地体现了出来。

这个打破陈规的新概念一经提出立即得到森鹰窗业董事长边书平的高度认可，并且其凭借常人难以企及的魄力，一举将空调窗作为企业的核心战略，并将"更高端的空调窗"作为森鹰企业全新 Slogan，成功奠定森鹰品牌传播的根基。在此次大会现场，边书平董事长还特别在演讲中将他与张默闻共同打磨、决策"空调窗"创意的过程以生动的故事形式娓娓道来，打动了在场所有的嘉宾朋友。正是由于张默闻石破天惊的创意和边书平董事长壮士断腕的决心，今天这场人人称赞的品牌大会才得以精彩绽放。与此同时，森鹰窗业也如同找到了一把锐利的营销武器。在潜心探索 22 年后，森鹰开始迈入重新改写企业基因、重塑品牌面貌的全新阶段。

用新战略引领新征程，在新时代重新再出发。在森鹰品牌战略升级大会的现场，随着森鹰空调窗创意的横空出世，森鹰将快速跨进全新的空调窗时代。

品牌升级，不用空调就用森鹰空调窗

不用空调，就用森鹰空调窗。这句话不仅是此次大会的主题，也是森鹰最坚定、最庄严的品牌广告宣言。在大会举办前的筹备和预热阶段，这句广告语已经在全国各大高铁站惊艳上线，引来不少消费者关注的目光。在大会现场的每一处设计里，都可以看到这句话。张默闻选择将这句话作为整场大会的核心主题，便是要将森鹰品牌升级这一使命牢牢抓住。

在这场大会中，面对森鹰品牌全面焕新这一特殊时刻，森鹰窗业董事长边书平隆重宣布了"不用空调，就用森鹰空调窗"这一全新品牌广告语和广告主画面。在极具视觉冲击力的广告创意表现之下，森鹰空调窗的功能优势被完美而巧妙地展现在所有人面前。无论在会议现场的任何一个角落，或是在线下的任何一座广告牌前，人们都会被眼前的大字号广告语和神奇的北极熊深深吸引。让人过目不忘的品牌广告，以独特的魅力，将森鹰品牌

森鹰董事长边书平在现场用深情且幽默的语言讲述了他与张默闻的奇妙缘分，引得台下观众哈哈大笑。

的魅力尽情展现，将森鹰好产品与广大消费者间的距离不断拉近，也让人们开始重新思考人与自然的相处方式。

在空调窗概念下，森鹰窗户的特点变得更加容易理解，那就是在冬天可以对室内起到一定的保温作用，在夏季可以对室内起到一定的隔热作用，让房间内的温度始终保持在一个相对舒适的状态下。有了如此鲜明的利益点和巧妙的表达方式，森鹰品牌就牢牢把握住了与消费者对话的主动权。因此，从勇敢喊出这句话开始，森鹰便正式开启了品牌升级的

新篇章。

  在空调窗的基础上，张默闻还为森鹰提炼策划了通俗易懂且便于传播的系列广告语定位——"冬天暖和3℃～4℃，夏天凉快3℃～4℃"品牌功能定位和"冬暖夏凉很省电"品牌广告定位，以及"知冷知热选森鹰"企业情感定位，让人印象深刻。曾经的森鹰，缺少品牌意识和营销思维，而在张默闻精彩创意的一系列品牌定位助力下，未来的森鹰将一改品牌建设薄弱的面貌，用全新的品牌形象展示属于森鹰的品牌气质。

图①：森鹰董事长边书平现场公布森鹰窗业全新升级的愿景、使命、价值观。　图②：作为森鹰窗业的领军人，边书平董事长在现场宣布了森鹰全新品牌广告语，每句话、每个字都展示了森鹰不断创新研发的使命与追求。

　　大会当天，在多位莅临现场的嘉宾发表完精彩的致辞之后，作为森鹰的品牌战略总规划师，张默闻与森鹰窗业项目中心总经理边可仁先生、森鹰窗业研发中心总经理王勇先生、森鹰窗业零售中心总经理肖恒虎先生、森鹰制造中心总经理赵国才先生共同上台，为大家隆重开启森鹰品牌战略起航仪式。在五根科技感十足的能量线上，森鹰品牌的力量不断汇聚，引起台下观众热烈的掌声和欢呼声。在品牌战略升级仪式之后，森鹰将全力迈开空调窗时代的坚定步伐。

　　森鹰品牌战略升级大会最重要的目的就是宣告森鹰品牌的伟大变革。很明显，随着大会在线上线下的广泛传播，"不用空调，就用森鹰空调窗"已经为广大消费者搭建了一座

图①：森鹰董事长边书平现场呼吁大家注意节能环保，告别空调旧时代，开启空调窗新时代。　图②：森鹰董事长边书平发布森鹰全新品牌色彩，能量橘和信任蓝将森鹰塑造成一个高端、年轻、时尚的品牌。

与森鹰品牌沟通的桥梁。未来，更多的消费者将认识森鹰品牌，领会森鹰空调窗的独特魅力，而空调窗也将成为森鹰新的代名词。当人们每一次提起空调窗的时候，便瞬间联想到森鹰，联想到森鹰的好窗户。

　　"不用空调，就用森鹰空调窗"是森鹰品牌升级最嘹亮的战斗号角。它呼唤着消费者，为了减缓全球气候变暖的步伐，为了绿色环保的可持续发展理念，更为了家人的健康与舒适，不用空调，就用森鹰空调窗；它也呼唤着森鹰全体战士，不能忘记节能降耗的初心，不断研发升级，生产出更多、更高端的空调窗产品，为更多家庭带去冬暖夏凉的舒适生活体验。

品牌建设是企业走向广阔未来的必经之路，如今这条道路的方向已经明确，未来森鹰只要顺着这条路继续前进，一定可以将森鹰品牌打造成一个受人尊敬和喜爱的卓越品牌，而森鹰品牌的价值也将越来越大。

文化升级，有爱有温度指引全新航向

品牌建设的蓝图已经绘就，而文化建设同样是企业长远发展不可或缺的重要一环。不能为了文化而文化，更不能脱离企业谈文化，否则都将难以支撑企业有更远大的发展，这是张默闻在策划向善思想指导下一贯秉持的原则。因此，张默闻通过对森鹰企业的深刻挖掘，为森鹰量身打造、提炼出了一幅全新的愿景使命价值观宏图，再一次得到了森鹰企业上下一致肯定，成为支撑企业不断跨越、不断腾飞的精神动力。

大会现场，在边书平董事长面向所有嘉宾及领导的战略布局演讲中，森鹰的全新企业文化体系正式向外界隆重亮相——

愿景定位：用森鹰空调窗，挡住气候变化。

使命定位：极限降耗，极美生活。

核心价值观定位：有爱有温度。

愿景使命是激励森鹰企业发展重要的内在驱动力。边书平董事长在大会现场演讲最后表示，希望在全新的企业愿景和使命的带领下，森鹰窗业能够联结起整个行业的能量，与所有友商一起努力，让节能舒适的空调窗走进更多家庭，让更多人享受到舒适健康、冬暖夏凉的美好生活，为全球气候变化作出更大贡献，让这个世界变得更加美好。边书平董事长高瞻远瞩的格局以及对地球环境气候的高度关注，也在现场得到了不少来自木窗行业和建筑行业嘉宾朋友的支持与肯定。他们表示，森鹰在行业内一直是非常有担当、有远见的一家企业，他们很欣喜看到行业中始终有这样一个企业在奔走呼号，以一己之力带动整个行业的跨越发展，而他们也愿意与森鹰一起努力，为中国的节能窗行业和世界的节能降耗事业献上自己的一臂之力。

作为中国节能铝包木窗的领航者，森鹰向来与温度息息相关。更加值得骄傲的是，森鹰作为中国首家获得 PHI（德国被动式房屋研究所）认证的窗企，多年来始终致力于研发生产高品质、高保温的节能窗系产品。多年来，森鹰已经成功制造出多款技术领先的被动式窗系产品，并广泛应用于各地的被动式建筑中，让万千家庭体验到了由森鹰窗所带来的温暖的、浓浓的"爱"与"温度"。森鹰人 22 年来不懈追求的使命，正是要照亮"爱"与"温度"这两个字眼；而在未来更长的时间里，森鹰人也将用全部的信念守护"爱"与"温度"这两个字眼，不断构筑森鹰新高度，为世界可持续发展注入强大的森鹰力量。

在此次大会的现场，来自森鹰人的热情积极和执着奋进，以及无微不至的点滴细节，已经让所有嘉宾朋友们感受到了来自森鹰的爱与温度。未来，在"有爱有温度"核心价值观的指引下，森鹰人将不遗余力，用实际行动赋予"有爱有温度"更深刻的内涵，将森鹰品牌不断发扬光大。

此外，在森鹰全新企业文化升级的过程中，张默闻为了激发森鹰上下对于未来发展的信心与能量，还精心梳理了一个独属于森鹰窗业的"森鹰梦"定位，成为引领企业前进的不竭力量之源——

森鹰梦：在"用森鹰空调窗挡住气候变化"的愿景推动下，在"极限降耗，极美生活"的使命指导下，森鹰致力于永远掌握空调窗核心科技，推动森鹰成为世界级空调窗的全球企业。永远锚定和响应国家新能源战略布局，致力于将森鹰空调窗打造为全球规模第一、全球品牌第一、全球技术第一、全球市场第一、全球服务第一的品牌，最终实现森鹰百年品牌和百亿销量的森鹰双百战略目标和伟大梦想。

随着边书平董事长深入浅出、幽默风趣的演讲，森鹰企业在大会欢乐的氛围中正式完成了企业文化战略的全面布局。未来，在边书平董事长的带领下，所有森鹰人将在"用森鹰空调窗挡住气候变化"的使命指引下，在"极限降耗，极美生活"愿景推动下，向着森鹰的"双百"战略目标奋勇前进，再创辉煌！

视觉升级，色彩标识拥抱年轻化浪潮

拥有了全新战略、全新文化的森鹰，也在大会现场以一种年轻、时尚的面貌欢迎着来自全国的嘉宾朋友们。视觉设计（VI）作为最具感染力、最易识别的视觉符号，是消费者对于森鹰品牌的第一感知和初始印象。随着时代的发展、审美的进步，如何打动年轻一代的消费者，抓住年轻人的心智，这是森鹰需要郑重考虑的又一难题。

在前期进行森鹰市场调研时，张默闻便敏锐地发现了一个被很多人忽略的地方——森鹰门店不仅形象设计质量参差不齐，森鹰企业的标识系统还存在着巨大的不统一性，无法在消费者心中留下统一的品牌印象，极大地影响了森鹰品牌价值的传递。因此，在结合提升森鹰品牌气质、构建森鹰品牌个性以及统一森鹰整合营销传播的综合考量后，张默闻向森鹰窗业大胆提出升级企业标识以及企业标准色彩的建议。实事求是的建议得到了森鹰领导的虚心接纳，并以最快的速度找到了台湾竹工凡木设计研究室创始人邵唯晏操刀森鹰全新企业标识系统的规划设计。

会议当天，全新升级的企业标识和色彩将会议现场装饰一新，森鹰品牌的全新气质惊艳了在场的每一位嘉宾、领导和合作伙伴，在每个人的心里、随身相伴的伴手礼中以及手机相机里都留下了美妙的身影。在边书平董事长的战略演讲中，他也向大家讲述了森鹰全新 Logo 与色彩所代表的内涵，"能量橘"和"信任蓝"两种色彩交相呼应，共同勾勒出了森鹰品牌在空调窗时代的新形象。

色彩即思想。操刀森鹰全新企业标识系统的策划大咖和设计大咖虽然相互之间素未谋

图①：张默闻在现场为所有嘉宾带来一场主题为《森鹰空调窗，中国第一窗》的重磅演讲，他表示森鹰空调窗性能非常优秀，堪称中国第一窗。　图②：张默闻对森鹰全新确立的品牌色彩表示非常喜欢，现场大赞"超级完美"。　图③：森鹰2020年度超级单品酷8度空调窗终于在现场正式揭开了它的神秘面纱。　图④：隆重亮相的酷8度空调窗以超高颜值搭配优越性能，令全场嘉宾耳目一新，相信这款新品定将成为森鹰窗业史册上的又一座重要里程碑。

面，但森鹰在此次大会上全面焕新的品牌形象正是设计师在张默闻提出的"有爱有温度"价值观的启发下所进行的极具创新性的表达。由于疫情原因，身在台湾的邵唯晏设计师无法亲自到达会议现场，否则两人将迎来一场跨越海峡的知己会面。在会议现场播放的品牌视觉升级讲解视频中，邵唯晏联合 DRD 设计研究院的邵子曦对森鹰新标识、新色彩进行了精彩的解读。

"有爱有温度"是张默闻为森鹰确立的核心价值观，而这个思想在邵唯晏设计师看来，爱表达的是一种感性的情绪，温度体现的是一种精确的控制。在感性与理性之间，邵唯晏设计师创新性地引入摄影中的"神奇时刻"概念，用自然界中昼夜交替这一特殊时刻为设计出发点，提取了代表爱、温暖和积极的"能量橘"和代表承诺、掌控以及对品质严格要求的"信任蓝"作为全新品牌主色彩。此外，设计师还为森鹰英文名称 SAYYAS 赋予了全新的故事——英文正中合二为一的两个 Y 如同两只手捧着一颗心，预示着森鹰以客户为中心的发展宗旨，也传递着森鹰品牌的情感与温度。

在森鹰全新 Slogan "更高端的空调窗"宣告下，森鹰品牌所具备的高端、顶级的特性以一种年轻化、轻奢感的模样展现在每一位消费者面前。目前，森鹰线下的终端形象也开始了全新的规划设计，并陆续进入落地实施阶段。奔跑了 22 年的森鹰，正在以充满年轻与活力的形象展现在广大消费者面前，积极拥抱朝气蓬勃的年轻化浪潮。

大会第一阶段，策划总操盘手张默闻亲临现场带来《森鹰空调窗，中国第一窗》精彩演讲，将此次森鹰品牌升级不同维度的变化悉数展现在所有嘉宾面前，让现场经销商大受鼓舞、热血沸腾。空调窗这一超级创意的诞生，是森鹰 22 年发展历程中一个重要的里程碑，也是指引森鹰迈向未来的核心武器。作为森鹰全新战略的内核，在空调窗创意之下升级的新战略、新品牌、新文化、新视觉为森鹰品牌拨开了层层迷雾。在"不用空调，就用森鹰空调窗"森鹰品牌升级大会的现场，这场看点十足的超级营销大会正在火热上演，精彩还在不断发生！

【超级精彩】

一次华彩的绽放是环环相扣的精妙布局

大会现场可谓是精彩纷呈，高潮不断。会上，森鹰董事长边书平对森鹰品牌营销战略作出重要说明，宣布了森鹰品牌升级大会的召开，并亲自演唱了企业歌曲《我的森鹰，我的大国之鹰》。而作为森鹰品牌全案策划人，张默闻也在现场做了题为《森鹰空调窗，中国第一窗》的精彩演讲，谢远建董事长、张旭主席等重磅嘉宾带来的现场演讲也是精彩万分，引发热烈掌声。此外还有受疫情影响不能亲自到场的德国木门窗协会会长阿尔佩汉斯

（Alperhans）、森鹰形象升级总设计师邵唯晏等嘉宾发来的视频讲解和祝贺，可谓是干货满满。现场的新厂竣工、新品发布仪式也是十分震撼人心，九位嘉宾共同揭开了超级单品森鹰酷 8 度的神秘面纱，更在新品三维科技片、广告片、PHI 认证等环节，共同见证了新品的全球发布。

单品升级，酷 8 度空调窗画龙点睛

随着一条大气震撼的森鹰酷 8 度空调窗三维科技片的播出，森鹰酷 8 度空调窗正式发布。这款产品创新使用新型复合材料，是继铝合金、塑料、钢材、木材外的第五代窗材，无论是性能还是颜值，都非常优越。性能上，在同等条件下，这款窗户的内表面玻璃的温度比普通窗户的内表面玻璃的温度最高可相差 8 度。也就是说，冬天比普通窗户的玻璃内表面的温度高 8 度；夏天相比普通窗玻璃的内表面温度低 8 度。颜值上，这款窗户外框宽度低至 20.5mm，采光面可增加 11%。更大的玻璃面积，更时尚、更通透，可以为消费者带来极致的视觉享受。

作为森鹰 2020 年推出的匠心产品，森鹰酷 8 度空调窗凝聚了全体森鹰人的心血，董事长边书平对于酷 8 度空调窗的前景非常有信心。

在大会上全新发布的森鹰酷 8 度空调窗得到了全世界公认极为严格的超低能耗建筑认证体系——德国被动式房屋研究所的认可。大会现场，德国被动式房屋研究所总部的本杰明·克里克（Benjamin Krick）博士发来一段视频，祝贺森鹰酷 8 度空调窗以 Uw ≤ 0.6 W/（㎡·K）的超高保温隔热性能，得到 PHI-A 级认证，达到世界一线被动窗水平，同时也感谢森鹰为被动式建筑提供了极佳的用窗解决方案，且一直不遗余力地推动被动式建

智能语音控制 开关及上锁

普通窗内表面温度　　森鹰酷8度窗内表面温度

32℃　　**24**℃

采光面积 **11%**　森鹰酷8度窗　外框面积 **25%**　经典铝包木窗

外框比经典铝包木窗减少**25%**
采光面增加**11%**

双银遮阳型 **LOW-E**玻璃内充氩气
减少**97%**红外热能 更保温 更防晒

发泡型EPDM胶条

隐藏式后通风排水系统

首创木窗"身份证"系统

森鹰酷8度产品宣传片，性能真的很强大！每一处细节都是匠心独具。

隔音降噪最高可达**47**分贝

室外温度：**7℃**
室内温度：

安装**20**平米窗 每年可节省**2980**度电

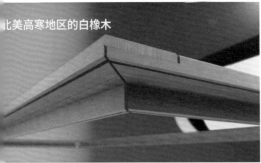

比美高寒地区的白橡木

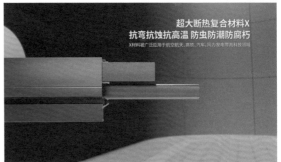

超大断热复合材料X
抗弯抗蚀抗高温 防虫防潮防腐朽
X材料被广泛应用于航空航天、高铁、汽车、风力发电等高科技领域

德国总理办公室同款
WINKHAUS五金

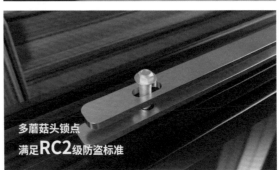

多蘑菇头锁点
满足**RC2**级防盗标准

全数控调色机 精准调色
多种颜色适应不同装修风格

SAYYAS森鹰
更高端的空调窗

扫一扫观看视频

筑的发展。

随后，由中国被动式建筑联盟荣誉秘书长徐智勇先生为森鹰颁发了 PHI 认证证书。来自南京的经销商代表孟祥国也上台致辞，他表示："今年的新品森鹰酷 8 度空调窗非常令人惊喜，酷 8 度作为新品，不仅满足了北方市场对于冬天抗寒的需求，还能满足南方市场对于夏天防晒的需求。酷 8 度空调窗在颜值和静音方面更是表现优越，为我们接下来市场拓展提供了有力帮助。"

事实上，超级单品森鹰酷 8 度的问世标志着森鹰品牌战略的升级，更是张默闻一直推崇的"超级单品就是超级品牌"的最佳体现。我们知道，作为行业领头羊，森鹰窗业不断专注研发创新。而森鹰酷 8 度作为历经 2 年时间严格打磨而成的年度新品，不仅性能优势突出、型材打破陈规，而且在产品颜值上做了极大提升，充分满足了年轻消费者简约、时尚的个性化审美需求。面对这样一款集高端性能与高级颜值于一体的新型空调窗，张默闻指出，必须把它打造成为一把锋利的营销利器，带领森鹰品牌迅速攻占广大消费者的心智。为此，张默闻对全新单品展开详细策划，以精准的策略和创意助力其成为一款风靡全国市场的明星单品。

一款畅销的产品必然有一个绝佳的命名，张默闻的超级单品打造从产品命名开始。据实验数据显示，该款新产品与普通双白玻窗户相比，在室内外环境相同的条件下，窗户内表面温度要相差 8 度。结合外型现代简约和超级节能的特点，产品研发总工程师提出以"酷8"命名，但是经过多次研讨，迟迟不能定下产品名。而张默闻凭借多年累积形成的敏锐品牌嗅觉，创造性地在"酷 8"后增加了一个"度"字，画龙点睛般地将产品与温度的关系直接联系在一起，更易于消费者理解和传播，得到森鹰董事长和全体高管的高度赞赏，快速被确定为新品的最终命名。

通过对新品性能的深入了解，张默闻为酷 8 度空调窗提出"更节能、更简约、更高端"的鲜明卖点，精准创意"森鹰酷 8 度，超级好窗户"的广告语，为酷 8 度品牌传播强势赋能。同时，为了让消费者更加快速、清晰地了解产品的功能与特点，张默闻带领项目团队为酷 8 度量身打造了一条科技感十足的产品结构小短片，成为酷 8 度品牌传播的有力武器，并在大会现场作为先导片播放。

此外，作为一款进军全国市场的超级单品，酷 8 度空调窗平面广告的设计也非常重要。最终，为了延续品牌形象广告的巨大创意资产，酷 8 度平面设计沿用极具视觉吸引力的北极熊创意做画面表现，同时对酷 8 度空调窗玻璃内表面温度比普通窗户玻璃内表面温度相差 8 度这一特点，作了别具匠心的视觉化表达。张默闻创造性地运用英文单词 COOL 并结合加减符号和红蓝色彩对酷 8 度加以突出，搭配森鹰全新信任蓝超级色彩，充满视觉张力和品牌传播策略的广告设计在大会现场一经投放就对在场观众产生强烈吸引，真正实现过目不忘。

在大会预热环节，酷 8 度也是吸睛满满。定下"七七大会"正式上市计划后，张默闻为酷 8 度量身定制了单品产品手册、微信手机海报、产品 H5 等一系列丰富实用的传播物料，在微信朋友圈掀起广泛关注。一系列宣传不仅为酷 8 度积累了超高人气，同时也对增强品牌注意力、提高品牌声量起到重要推动作用。

好产品联合好创意，张默闻对于酷 8 度超级单品的匠心打造，让酷 8 度在大会上惊艳面世，成为撬动终端市场的销量担当。

产品升级，以匠心重构 12 大产品线

在森鹰超级单品酷 8 度空调窗之后，森鹰窗业董事长边书平隆重发布了森鹰 2020 年度研发的产品 12 支派，由张默闻创意命名的产品矩阵，以全新名称同步亮相大会现场。

在此次森鹰品牌全新升级的盛会上，由张默闻原创发明的空调窗概念得到了全方位的落地，全新命名的 12 支派产品，也在空调窗的基础上增添非凡魅力。空调窗作为全新划时代的品类命名，改变了行业内以原料命名品类的传统思维模式，集中体现了森鹰窗业研发生产的高性能窗户让房间冬暖夏凉的优势，引起家居建材行业、广告行业、媒体行业的广泛关注。为了让广大消费者更加清晰地了解到森鹰每一款空调窗产品的优异性能，张默闻再次指出，森鹰需要进一步打破以产品型号命名产品的桎梏，用消费者听得懂的语言进行品牌与产品的沟通和传播，降低沟通成本。与此同时，张默闻对于超级单品酷 8 度无比成功的创意命名及品牌策划引起森鹰窗业高度重视，并将企业当前所有产品的命名工作交给张默闻策划集团。为此，张默闻开始了对产品名称的全新思考。

张默闻坚持认为，没有对产品的极度熟悉就无法诞生伟大的创意。在进行产品命名创意前，由于森鹰产品系列繁复、种类杂多，为了创意出最契合各个产品的名字，张默闻常常与森鹰窗业董事长边书平和森鹰研发总工程师开会交流，详细了解每一款产品的信息，随后带领项目团队详细分析产品特色，反复打磨命名创意。在会议室内不断头脑风暴，不断验证推敲，确保最终提交的每一款产品名称都独具特色。最终呈现的产品命名十分惊艳，如"静音王""新国潮"等产品命名简单明了，突出产品功能、风格；"推窗望月""春天里"等则运用意象，重点突出情感场景。用一个个全新的产品名替换之前使用的数字型号，为原先抽象的产品型号赋予了灵魂，让人一听就有感觉，极大提高了系列产品的亲和力和记忆度。全新的产品命名在紧密贴合企业特色和产品特色的基础上，又使用了场景化、艺术化、性格化、品牌化的表达，让各个产品名各有风姿，具备独特的记忆度、传播度。

别具一格的产品名称一经展示，立即得到了森鹰高管团队的强烈共鸣，他们惊喜地表达了对新命名的喜爱之情。在本次大会召开前的动员会上，森鹰窗业董事长边书平提起张默闻为森鹰全新规划的系列产品线命名时，内心激动万分，直言："每一个名字都非常好听，

在张默闻策划集团的全面规划下，森鹰12大产品军团盛大亮相，每一款产品都很出色。

森鹰 **Cool** 8度
超级好窗户

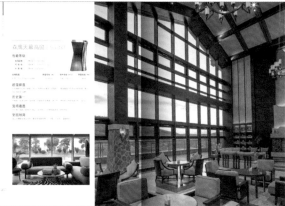

如森鹰 1 号、流星花园、大 BOSS、新国潮、经典 1998 等，让人用一分钟时间就能把这十二大系列全部都记下来。"

为了更圆满地召开本次大会，同时契合森鹰品牌形象的全面落地，张默闻更是领衔森鹰全新产品手册的撰写与设计工作。通过系统地整合与提炼，张默闻将一系列丰富而细致的品牌升级工作汇集于一本内容高度凝练、设计简约高端的产品手册之中，详细介绍了各大产品的功能，提炼了全新卖点，并在大会前夕印刷成册，分发给与会的每一位嘉宾，成为森鹰空调窗攻占零售市场和工程市场的重要武器，再次提高了森鹰企业核心竞争力。同时，随着森鹰战略的全国布局、全面落地，集简约设计和高端品味于一身的产品手册也将成为广大消费者重新认识森鹰空调窗的重要窗口。

在本次大会现场，当边书平董事长面向台下所有的行业嘉宾、媒体代表和经销商伙伴重磅发布森鹰研发产品 12 支派时，再次表达了对新品命名的满意之情。新颖别致的命名也得到了与会嘉宾的高度认可，广告人文化集团副总裁陈晓庆激动表示："春天里这个名字真的太美了，一下子说到我心里，我也想买这个窗了。"远道而来的经销商代表们在现场不断举起手机拍照，他们脸上的笑意就是新产品、新名称魅力的最佳佐证。会后，一位来自上海的经销商表示："新命名太有创意了，一听就有感觉，我们以后向消费者介绍产品也会更有特点、更有方向，我觉得消费者一定会喜欢的。"

随着大会的展开，产品手册的全面落地，森鹰全新产品名称进一步拉近了消费者距离，相信森鹰窗业的空调窗产品也将随着一个个新奇精粹、过目不忘的名称走进千家万户。

【森鹰窗业研发产品 12 支派命名赏析】

森鹰经典 1998 空调窗　　　　　森鹰新国潮空调窗

森鹰推窗望月空调窗　　　　　森鹰大 BOSS 空调窗

森鹰 1 号空调窗　　　　　　　森鹰流星花园提升推拉门

森鹰春天里空调窗　　　　　　森鹰天幕高窗

森鹰酷 8 度空调窗　　　　　　森鹰恩典阳光房

森鹰静音王空调窗　　　　　　森鹰简爱铝核金窗

创意升级，2 支广告片为高端而生

广告片宣传片是一种视听双重的艺术，一则成功的广告，首先是在视觉形象上给人以强烈的刺激，给观众留下深刻的印象，其次是运用夸张的形象刺激消费者的感官，以达到激发其浅层的物质需求和深层的精神需求的目的。张默闻亲自创意并监制的森鹰空调窗品牌广告片以及森鹰明星单品酷 8 度空调窗广告片双双在现场首发，精准的定位，绝妙的创

3条广告
现场播放

图①：张默闻在演讲中向所有嘉宾悄悄"剧透"了今天盛会的重要安排，神秘的广告片引得全场嘉宾好奇心满满。　图②：张默闻现场揭秘了"空调窗"三个字的创意来源，从"铝包木窗"到"空调窗"，冰冷的窗户从此便有了人性的名字。　图③：张默闻妙语连珠的演讲让莅临盛会的多位大咖和观众们都听得津津有味，全神贯注地盯着舞台。

意，震撼的视听，精良的制作，十足的高端调性，征服了现场的森鹰高管团队、经销商代表、媒体代表以及同步收看盛会直播的观众朋友，好评不断。

据了解，为了加快森鹰品牌升级、产品升级的发展步伐，张默闻亲自策划森鹰全新品牌广告片以及酷8度广告片的创意拍摄，并将森鹰焕然一新的品牌形象和极具颠覆创新意义的超级单品传递到每一位观众面前。好的广告片背后必然有着强大的战略支撑，而精妙的战略规划也需要通过广告片的形式来展现。森鹰品牌广告片的形成，来源于张默闻的战

森鹰空调窗 15s 广告片文案赏析。

不用空调，就用森鹰空调窗＼冬天暖和3℃～4℃，夏天凉快3℃～4℃＼森鹰空调窗＼冬暖夏凉很省电＼森鹰，更高端的空调窗。

不用空调

就用森鹰空调窗

冬天暖和3℃～4℃

冬天暖和3℃～4℃

冬暖夏凉很省电

扫一扫观看视频

森鹰酷 8 度空调窗 15s 广告片文案赏析。

森鹰酷 8 度空调窗 \ 一款特别酷的明星空调窗 \ 更节能，更简约，更高端 \ 森鹰酷 8 度，超级好窗户 \ 森鹰，更高端的空调窗。

森鹰酷8度空调窗

一款特别酷的明星空调窗

更简约

更高端

超级好窗户

SAYAS 森鹰
—— 更高端的空调窗 ——

扫一扫观看视频

略构思。作为森鹰品牌升级的幕后英雄，张默闻以敏锐的市场嗅觉为森鹰创意空调窗全新品类以及"更高端的空调窗"全新品牌定位，并提出"冬天暖和3-4度，夏天凉快3-4度"品牌广告语，令人耳目一新。这些好策略需要好传播，为了加深消费者对于森鹰品牌的记忆，构建品牌资产，形成品牌信仰，张默闻改变了森鹰企业从来不打广告的传统，为森鹰量身打造了全新的品牌广告片。同时，为了让酷8度空调窗真正成为一款家喻户晓的超级单品，增强品牌传播效果，张默闻为酷8度空调窗精心创意了一条单品电视广告片，着重体现产品特色和品牌形象，希望通过强烈的视觉冲击力、高端的画面表现，提升酷8度的品牌知名度并促进产品动销。

为了达到令人惊艳的传播效果，在广告画面的呈现上，张默闻同样下足了功夫。诉求要精准、画面要完美、音乐要贴切、格调要高端，每一帧每一秒，张默闻都精益求精，反复雕琢，与拍摄团队多次碰撞，历经千锤百炼，终于打磨出了两条令人心悦诚服的广告大片，并在大会现场正式亮相。

回顾两条广告片，我们可以看到，张默闻将森鹰品牌的广告语"森鹰，更高端的空调窗"体现得淋漓尽致。在森鹰品牌广告片中，张默闻极具创新性地将北极熊漫步冰川和热带海岛波浪翻涌的画面在女主角背后的墙面上生动地展现出来，在体现出森鹰空调窗让房间冬暖夏凉感觉的同时，利用色彩和人物形象的对比构成剧烈反差，让现场观众目不转睛，惊叹连连。而在酷8度产品广告片中，张默闻从远景、近景、三维等不同角度对窗户做了详细展示，着重体现出"更节能、更简约、更高端"的产品特色，"大通透、窄边框"的高端大气，"内外纯平、精密简约"的现代风格，让现场观众心生向往。事实上，森鹰边书平董事长在第一次见到广告片时便给予了高度评价，表达了满满的喜爱之情，他表示："音乐、演员、画面质感，每一个细节都达到了完美的境界。"他的赞赏，加快推动了广告片的正式投放。

在大会首映现场，两条广告片更是成为当天的超级明星，每次播完广告片，台下便响起雷鸣般的掌声，不少人脸上更是难掩激动欣喜的表情。嘉宾和观众纷纷举起手机拍摄照片和视频，并第一时间在朋友圈分享了森鹰的广告大片，赞不绝口。网易视频直播平台上，广告片也得到了网友超级好评，印证了广告创意的巨大成功。来自上海的经销商代表白某更在大会现场分享了自己激动的心情以及对新品牌、新产品的强烈期待，他表示："这两个广告片拍得太好了，放到店里循环播放，一下就有了高端感。广告片里有针对空调窗概念的说明，也有对酷8度空调窗的阐释，实用性很强，降低了我们的推广成本。"

听觉升级，2首歌让品牌声入人心

听觉传播被称为品牌的声音标识，能够突破视觉和语言障碍，强化情感沟通，潜移默化地将品牌理念根植于受众心中。一段有趣而优美的旋律，几句颇具创意的广告歌词，一首具有品牌特质的铃声，让消费者在不经意间接受了品牌的"洗礼"，在为企业节省成本的同时，达到更好的传播效果。基于此，张默闻为森鹰窗业量身定制了企业歌曲《我的森鹰，我的大国之鹰》和品牌歌曲《森鹰给你冬暖夏凉的家》，以个性化的音乐，来传播企业和品牌特质。

会上，由张默闻作词、著名音乐人陈伟作曲，专为森鹰窗业打造的企业歌曲和品牌歌曲正式发布。品牌歌曲的 MV 由来自各个部门的森鹰家人们共同演绎，温情的画面、悠扬的旋律、动听的歌声，打动了现场的观众。随后森鹰董事长边书平的登场，让现场的气氛瞬间被点燃——董事长边书平在大会现场亲自演唱了《我的森鹰，我的大国之鹰》，用嘹亮的歌声，唱响了森鹰的大国气概，引发了一波接一波的声浪高潮。

回顾《我的森鹰，我的大国之鹰》的创作历程，张默闻一直坚持，音乐的真正作用是打动人，而企业歌曲是企业的有声名片，是树立企业对外形象的良好载体，能增强企业的

图①：在 7 月 7 日这样一个值得特别纪念的日子，张默闻回忆总结了森鹰的品牌情，深深打动了全体森鹰人，他坚定地认为品牌才是企业腾飞的希望。　图②：现场观众对于张默闻所提炼的"三情三爱"，即"战友情""品牌情""文化情"和"亲爱""热爱""狂爱"表示超级认可。

品牌声量，给企业、员工、客户带来无限的精神力量。因此在歌词的遣词造句上，张默闻一方面坚持歌词通俗易懂，一听就会，一听就能唱；另一方面，在词意上精雕细琢，契合企业精神，表达丰富内涵。细细品读："中国东北浩瀚苍穹，黑土大地前途光明"，寓意诞生于哈尔滨的森鹰窗业，深深扎根于这片黑土地，在东北地区具有领先优势，发展强劲；从"大国之鹰，中国之鹰，黑土地养育的质量英雄"到"大国之鹰，世界之鹰，黑土地成长的品牌英雄"，能够读到森鹰是中国的森鹰，是大国之鹰，依靠过硬的品质走出东北地区，面向全国市场，更要依靠品牌的力量走向世界；"美和艺术心意相通"表达了森鹰产品具有独特的工艺之美，更与知名艺术家合作，设计推出时尚潮品，让产品和艺术完美结合；"爱与温度四季相同"森鹰作为有责任的企业，与温度息息相关，坚持有爱有温度的核心价值观，致力于为千家万户带去冬暖夏凉的舒适体验；"走向世界雄心相通，艰苦奋斗步伐相同"体现了森鹰人的团结奋进，也激励着森鹰人不断前行；"有森鹰的家，爱更深情更浓"既是对消费者的美好祝愿，又是对产品的坚定自信；最后一句"我的森鹰，我的大国之鹰"铿锵有力，余音回荡。

吟唱《我的森鹰，我的大国之鹰》全篇，歌词通俗易懂，洋洋洒洒，娓娓道来，写出了黑土地的辽阔，写出了森鹰的大国气概，写出了森鹰人的世界情怀。正如张默闻所说："我希望能够帮助更多的中国企业建立自己的品牌灵魂。用文案表达、旋律包装、歌手演唱的一体化形式，将企业名称、理念、宗旨、精神、文化价值等核心信息进行生动诠释，让企业文化能以更走心的方式走进企业内部，走向市场，最终利用企业歌曲独有的号召力提高品牌影响力，帮助更多的中国企业和中国品牌走向辉煌。"

董事长边书平在大会现场的倾情演唱更是证明了张默闻战略的精妙之处，这首激情昂扬的品牌歌曲，瞬间将大会现场的气氛推向高潮。

《我的森鹰，我的大国之鹰》歌词欣赏

作词：张默闻 作曲：陈伟 演唱：金久哲 制作人：陈伟 出品人：边书平

中国东北浩瀚苍穹，黑土大地辽阔心胸，大国之鹰，中国之鹰，黑土地养育的质量英雄。中国东北江山多情，黑土大地前途光明，大国之鹰，世界之鹰，黑土地成长的品牌英雄。

美和艺术心意相通，爱与温度四季相同，有森鹰的家，夏不热冬不冷，我的森鹰我的大国之鹰。走向世界雄心相通，艰苦奋斗步伐相同，有森鹰的家，爱更深情更浓，我的森鹰我的大国之鹰。

扫一扫，一起唱

作为森鹰全案策划的操盘手，张默闻不仅为森鹰量身定制了企业歌曲《我的森鹰，我的大国之鹰》，更是倾情创作了品牌情歌《森鹰给你冬暖夏凉的家》。温馨唯美的歌词，婉转悦耳的曲调，深情动听的歌声，一经发布，便立即收获了现场嘉宾、媒体、经销商众

图①：森鹰董事长边书平对于张默闻创作的两首歌曲非常喜爱，并在现场亲自献唱企业歌曲《我的森鹰，我的大国之鹰》。 图②：没想到严谨细致的边书平董事长唱起歌来还有歌唱家、表演家的范儿，嘹亮的歌声，激昂的情感收获现场观众阵阵好评。

多好评，一致认为这首歌好听、好唱、好传播。森鹰窗业董事长边书平更是高度评价道："歌词太好了，越听越有味道，很有画面感。"

纵览全篇歌词，张默闻通过极其简洁的短句，为我们描绘出了一幅幅温馨有爱的家庭乐图。从开篇"北疆看雪花，南方玩浪花"起，寥寥数笔便描画出一幅从严寒北疆到热辣南方的宏伟地图画卷。为什么在温差如此巨大的广阔土地上，人们都能够尽情享受自然生活的无限乐趣？张默闻用孩童般欢快的语气回答道。"有爱有温度，森鹰在我家。"正是因为有了森鹰空调窗的保驾护航，从北极到赤道，广阔的土地上到处都是一派自由美好的景象。浏览了跨越空间的神奇画卷，张默闻再次为我们展开了一幅穿越时空的温暖画卷。"窗外是秋冬，窗内是春夏"和"暖暖过隆冬，爽爽过盛夏"两句，向我们展示了窗外与窗内两种不同的季节感受。为什么家里始终能如春天般舒适？张默闻再次为我们点出了答

森鹰品牌情歌《森鹰给你冬暖夏凉的家》唱出了家里四季如春的温馨环境，由森鹰员工和领导亲自上镜演绎的方式也格外动人。

案——"有爱有森鹰，温暖住我家"。得益于森鹰对产品性能的极致追求，人们便可以随时乐享四季如春的美好生活。

家是一个温馨的字眼，而窗户正是屋内外的连接，承载着漫长岁月里的温暖记忆。倚在窗前，不仅可以尽览自然的美妙风景，还可以与家人相伴，感受快乐的家庭生活。因此张默闻两度写道"莫负好年华，推窗看朝霞，温暖相伴才是美好的家"，将家与窗的意义娓娓道来。无论外界天气如何巨变，有了森鹰空调窗的安心守护，时时刻刻都可体会家的温馨。极简的歌词语言，将森鹰的品牌情感如清泉般汇集，缓缓流过听者的心田。

面对悠扬的歌声和温情的 MV 画面，森鹰窗业品牌顾问应京芬激动地表示："好听，也好看。歌词描述的画面与旋律极其搭配，惹动人心。尤其这句'北极看冰花，赤道玩热沙'，让我'人未动心已远'。一直在听，觉得这首歌可以一群孩子唱，可以一群年轻人唱，可以一群白发族唱，也可以一家人唱。配上各自的画面！一个字：美；两个字：美好；三个字：美极了。"

《森鹰给你冬暖夏凉的家》歌词欣赏

作词：张默闻 作曲：陈伟 演唱：张津涤 指导：边书平

北疆看雪花，南方玩浪花，有爱有温度，森鹰住我家，北极看冰花，赤道玩热沙，有爱有温度，森鹰在我家。窗外是秋冬，窗内是春夏，有爱有森鹰，温暖住我家，暖暖过隆冬，爽爽过盛夏，有爱有森鹰，春天在我家。

莫负好年华，推窗看朝霞，温暖相伴才是美好的家，不怕冷热苦，不怕闯天涯，森鹰给你冬暖夏凉的家。莫负好年华，推窗看晚霞，温暖相伴才是美好的家，不怕天气变，不怕温差大，森鹰给你冬暖夏凉的家。

扫一扫，一起唱

作为森鹰品牌全案策划人，张默闻不仅在背后运筹帷幄，更在大会现场亲自登台，为现场嘉宾进行了一场主题为《森鹰空调窗，中国第一窗》的演讲。他表示，森鹰是一个值得我们敬重的品牌，它做中国最好的产品，是中国铝包木窗的教父级品牌。这22年来，森鹰发展比较含蓄，而今天，森鹰要腾飞，这不仅是森鹰的需要，更是行业的需要，是中国高端建筑越来越多，对人居环境更加优美的渴求所决定的。在整个的森鹰品牌构建过程中，品牌强大才是真正森鹰的强大，最大最厚的资产其实就是森鹰的品牌。22年准备的时间够长，各方面都已经准备完善。森鹰将建立自己非常庞大和深厚的企业文化系统，歌曲是文化载体很重要的一个组成部分，而森鹰的价值观就是"有爱有温度"。把一个冷冰冰的只有技术参数可讲的故事赋予爱和人生的重大意义，这就是森鹰不同凡响的地方，这也是边书平先生和应京芬女士共同认可和推行的价值观。对代理商、媒体朋友们和所有的森鹰家人而言，我们要拥抱利益，拥抱规模，拥抱发展，更热爱这只大国之鹰，让它飞出东北，飞向全国，飞向亚洲，飞向全球。

此外，张默闻重点强调了，为什么森鹰空调窗是中国第一窗？因为森鹰是全球第一个提出空调窗概念的企业，"空调窗"三个字已经受到了知识产权保护，森鹰作为空调窗概念的提出者、制造者和永远的坚守者，就是中国第一窗。还因为森鹰是全球第一个耗资3亿元将空调窗概念进行传播的企业。在疫情严峻的当下，整个门窗行业能拿出3亿真金白银在中国大范围地传播，放眼四海就只有森鹰，就是边书平够胆量，有气魄。前有新冠，后有整个行业的持续衰退，毫无疑问这是危机，但是危机是由"危"和"机"构成，这是危境也是机遇。在如此艰巨的环境下，森鹰仍然能保持强劲的发展势头，除了得益于张默闻深谙人性，提出"空调窗"这个品牌突破要点，更是森鹰在技术、人才、市场、布局等方面的积累与爆发，是始终把产品质量放在首位，做到与世界标准同步，高要求下的高产出。我们相信，疫情终将过去，而森鹰发展的脚步绝不停息。

超级大会是张默闻为森鹰品牌升级后的一次检阅盛会，大会的成功举办，标志着森鹰品牌和新品已经成功经受住市场的检阅，森鹰品牌未来发展方向已经清晰可见。相信，在张默闻策划的助力下，越来越多的人会选择"不用空调，就用森鹰空调窗"！

【超级赋能】

一只雄鹰的腾飞是营销传播的双翼护航

在过去的20多年里，森鹰窗业一直蛰伏在北方大地上，用实力和产品赢得了业内的尊重与认可。在"不用空调，就用森鹰空调窗"森鹰品牌升级、新厂竣工暨新品全球发布会之后，这只北方的鹰以全新的姿态亮相，向世界展示着大国力量。可以说，森鹰通过一场轰轰烈烈的大会完成了品牌全面升级战略上的腾飞，而后续的营销传播将会为森鹰的腾飞持续护航。

营销升级，强势进军南方市场势不可当

一直以来在门窗行业内，都有北窗南门的说法，北方气候寒冷对窗户的质量和保温性能有着更高的要求，加上铝包木窗的特性和北方消费者对于窗类产品的心智更成熟，所以铝包木窗更集中于北方市场。但其实对于南方复杂多变的气候来说，更需要一款好的窗户，来阻隔热浪、抵抗极端天气……南方的市场有待开拓，南方的消费者急需引导，因此森鹰的营销升级战役，就从安家南京计划开始打响，一步步席卷全国。

营销升级就是战略部署升级。2020年森鹰在历史悠久的六朝古都南京，投资3亿多元，建起了一座4万平方米的新厂，这座极具德国风范的空调窗生产基地，将强力推动全球节能降耗产业发展。南京新厂的建设投产，是森鹰布局全国南北互通战略的重要一步，重点发力华东经济带，辐射全国市场。

南京新厂投产使用过后，计划将用100天生产出20万平方米的铝包木窗，产值四五亿元，这个数字对于其他品类的大公司来说可能不足为奇，但是对于铝包木窗这个行业来说不可小觑，要知道，欧洲第一品牌的铝包木窗年产值就只有5.5亿。铝包木窗行业体量小、投入大、生产周期长、形成产能缓慢，这些问题都制约着森鹰的快速发展。

张默闻表示森鹰空调窗的研发实力和科技产品就像这个标志一样实在、厚重，未来森鹰一定能展翅飞向更广阔的天地。

营销升级就是品类完善升级。据《中国铝合金行业市场前瞻与投资分析报告》显示，在我国建筑门窗产品市场上，铝门窗产品占比为 55%；其次是塑料门窗，占比为 35%；钢门窗产品占比 6%；而森鹰聚焦的铝包木窗仅占不到 1% 的市场份额。因此森鹰想快速在南方扩展疆域布局全国，进军铝合金市场、增加产品品类，是最佳选择。

营销升级就是终端门店升级。森鹰想要进一步扩大规模开拓市场，除了投资建厂、完善产品线之外，最重要的还是扩大店面数量，提升门店服务质量。终端门店作为销售的最后一环，其店面形象能直接让消费者了解到品牌属性，感受到品牌文化。统一、高端的店面设计本身就是很好的宣传，能给消费者带去感官上的认同。所以营销的关键一步在于招商和终端门店的打造。2020 疫情期间，很多公司企业都面临着巨大危机，而森鹰却选择在这个时间进行品牌升级、召开超级大会、斥巨资在全国范围内投放广告、全面升级终端门店。对于经销商来说，没有什么比产品质量过硬、公司实力雄厚、广告宣传到位更让商家安心的了；而对于推进招商工作来说，没什么比一场超级大会更能点燃经销商的信心。

营销升级就是销售渠道升级。在一定程度上，渠道是企业制胜市场的关键，渠道是否合理和畅通非常重要，如果不能打通销售渠道，企业的产品就很难转化为收益。在门窗市场主要有工程渠道和零售渠道，前 20 年森鹰凭借着过硬的产品质量在工程渠道打下一片天地，而零售市场却不仅需要产品质量好，更需要品牌叫得响，得到消费者认可并占领消费者心智。

森鹰董事长边书平先生的书中曾提到："当今世界，资本绝对主导的时代已经过去了，我们已经步入一个品牌主导的时代。我们每个人都能感受到，无论是家电、日用品还是汽车机械，畅行无阻的只是名牌。名牌所到之处，资金向它聚拢，市场向它打开。市场的力量归根到底就是品牌的力量。"只有品牌的马力足才能带动企业的后续发展，营销升级是快车道，品牌才是原动力。

传播升级，创意无界助力品牌乘风破浪

22 年来森鹰始终聚焦产品研发、技术革新，却忽视了品牌沟通与传播的重要性，在经过品牌全面升级革新之后，张默闻指出必须改变保守的传播策略，要通过压倒性的广告宣传来传播森鹰品牌的创新与理念，把握营销传播的主动权。广告并非是广告主找到广告公司提案几个创意，打造几条广告那么简单，从传播角度而言，广告只有在消费者参与进来并接受到被传播的思想后，广告传播的意义才算完整。传播升级，才能更好地为森鹰的腾飞营造声量、保驾护航。

信息传播的平台有很多，其中中国高铁运输网四通八达，客运量数以亿计，具有广泛的覆盖区和受众群，是当下最强势的新兴媒体之一。在张默闻的策略助力下，森鹰于"不用空调，就用森鹰空调窗"森鹰品牌升级、新厂竣工暨新品全球发布会上与高铁媒体代表

森鹰窗业项目中心总经理边可仁和永达传媒董事长周志强现场签约，达成战略合作。

品牌永达传媒达成战略合作。

高铁 LED 大屏广告霸屏全国。在永达传媒集团的助推下，2020 年 6 月初，森鹰窗业高铁广告《不用空调，就用森鹰空调窗》陆续上线全国各大城市主要站点，借助高铁媒体在途场景的传播优势，率先打响了森鹰品牌营销的第一枪。此次率先展播的森鹰品牌广告共触及全国三个区域、七个省市，总计八个站点。吸睛的品牌画面，鲜明的品牌定位，正在全国范围内形成一个独具特色的品牌传播矩阵，为森鹰的品牌发展积聚强大势能，全力助推森鹰驶入品牌营销传播的快车道。

高速公路高炮广告震撼全城。2020 年 6 月起，森鹰窗业联手永达传媒在江苏全省高速公路大规模投放高炮广告，借助永达传媒强大的平台优势，打造了一场现象级传播风暴，为森鹰品牌发展再次注入强劲动力。掷地有声的"不用空调，就用森鹰空调窗"品牌广告正在全力构建消费者心智影响力，成为凝聚品牌力量的重要支撑。

高铁冠名列车广告强势来袭。2020 年 7 月 1 日，森鹰窗业联合永达传媒举办的"森鹰，更高端的空调窗"高铁专列首发仪式在南京南站隆重举行。本次森鹰专列从上海虹桥站出发，途径苏州北、常州北、镇江南、南京南、定远等 21 个站点，到达终点站哈尔滨西站。从外车身贴到车厢内的头枕巾、小桌板、海报、品牌长廊、语音播报等多种媒体均装扮一新，构建起一个专属森鹰的传播空间，强势触达亿万高铁人群。

森鹰全新品牌广告在全国范围内广泛上线，高铁站 LED 大屏、品牌专列、高速高炮，处处都能见到森鹰空调窗的身影，也打响了森鹰品牌营销的第一枪。

除了和永达传媒高度合作打响地面广告传播战之外，森鹰还在"森鹰品牌升级、新厂竣工暨新品全球发布会"上与品牌年轻化工程领导者、社会化创意传播领导品牌——广告人文化集团签订媒体合作协议，为品牌升级活动在线上积聚传播能量。多平台、大规模、创意化的软文传播为森鹰品牌强势发声，并实现高效联动，在互联网媒体平台掀起巨大的传播声浪，让森鹰品牌的传播效应呈指数级增长。

一系列统一的广告投放与媒体传播成为森鹰向市场释放的强烈信号，表明森鹰正在从行业领导品牌向消费者喜爱并熟知的国民品牌转变。借助强大的传播声浪，森鹰品牌的实力与信心得到了充分彰显，一个极具市场竞争力的品牌正在腾飞。

森鹰自诞生以来，经过 22 年的长足发展，已然成为行业内当之无愧的领创者，获得了数不清的荣誉，但放眼全国，有多少人知道铝包木？有多少人了解被动式？又有多少人知晓森鹰对于改善全球气候、节约能源资源的使命追求？森鹰的品牌需要崛起，就像提起华为在中国人心中就会产生一种强烈的民族自豪感一样，在多年后希望提到森鹰空调窗，也会有很多人由衷地竖起大拇指。森鹰的品牌长征之路已经开启，这只来自北方的雄鹰准备展翅翱翔，从此将有品牌的坚实力量为其丰满羽翼，营销与传播为其双翼护航！

【超级成果】

一张漂亮成绩单是焕然一新的品牌形象

从品牌战略到品牌形象，从传播策略到单品策略，森鹰在张默闻的全案带领下，盛大举办"不用空调，就用森鹰空调窗"森鹰品牌升级、新厂竣工暨新品全球发布会，为整个门窗行业、为家居建材市场、为全体经销商团队、为消费者展现了一个焕然一新的森鹰品牌形象，交出了一张漂亮的成绩单。

超级品牌，激发产品与品牌双轮驱动力

科特勒在《市场营销学》中的定义，品牌是销售者向购买者长期提供的一组特定的特点、利益和服务。一直以来，由于缺乏宣传，森鹰的品牌力仅仅依靠矢志不渝地专注研发制造产品而带来的名气，基本局限于行业内或者曾经购买过森鹰品牌的消费者，对于行业外的广大消费者而言，无论是森鹰品牌，还是铝包木窗品类都很难被人熟知。

此次"不用空调，就用森鹰空调窗"森鹰品牌升级、新厂竣工暨新品全球发布会的举办，让森鹰品牌形象全面焕新，品牌诉求全面升级，突破行业营销现状，能够与消费者尽快建立沟通的"空调窗"品类替换了从原料思维出发的"铝包木窗"品类，有效联合森鹰铝包

木窗积累下的高端市场认知，形成品牌与产品双轮驱动力，成为近期门窗行业内外必不可少的话题。

截至 2020 年 10 月，森鹰高铁大屏广告已经伴随大会举办全面上线，高铁冠名列车也搭载着森鹰的愿景正式出发，高速公路旁的高炮广告全面亮相，"不用空调，就用森鹰空调窗"的森鹰品牌广告形象铺天盖地，吸引了众多消费者驻足观看。截至 2020 年 10 月，森鹰百度搜索指数已经从 0 跃升至日均 178，可以看到，森鹰品牌的传播效应正在呈指数级增长，一个伟大的森鹰品牌正在向我们走来。

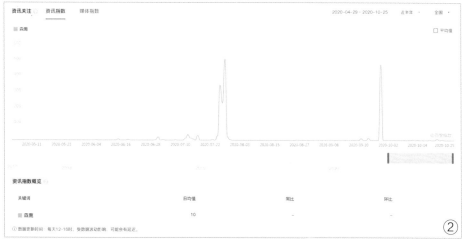

图①：大数据是最好的证明，在张默闻的帮助下，森鹰百度搜索指数从 0 到 178，品牌传播效应呈指数级增长。

图②：近半年来，森鹰的资讯指数有两个明显的峰值，其中最明显的一个便是这次胜利的"七七大会"。

超级影响，行业大咖齐聚现场激情致辞

森鹰空调窗全新品牌升级大会吸引了涵盖中外建筑行业领导和企业代表参加，并得到了他们的高度赞赏。中国建筑科学研究院专业总工、建筑环境与节能研究院院长徐伟对森鹰在超低能耗建筑外窗领域的技术贡献和模范作用给予高度评价，他表示，森鹰一直是高性能外窗领域的引领品牌，是我国"十三五"重点研发计划在沿海地区的成功示范，是中国被动式超能耗建筑联盟的副理事长单位，也是联盟开展全面合作的第一家企业，更是在积极推动高品质外窗的应用上起着良好的模范作用。此次森鹰推出酷8度空调窗，也属于节能减排降耗窗户的一种，相信森鹰将空调窗和节能降耗全面结合，开启一个新的领域，引领一个新的发展趋势。

中国被动式建筑联盟荣誉秘书长徐智勇在为森鹰颁发德国 PHI 总部认证的证书时，动情地表示："我的心情非常非常的激动，证书分量非常沉，为什么沉呢？这个是森鹰经过20多年的努力，花了非常大的心血所换来的，这是我们森鹰的荣誉，也是我们中国的荣誉，从中国制造发展到了中国创造，我要感谢森鹰。"与此同时，他还回忆了第一次到森鹰工厂参观，就被森鹰的精湛技术和敬业精神深深打动，如今，更是为森鹰全新单品酷8度空调窗的技术实力所折服。

德国木门窗协会会长阿尔佩汉斯也从德国发来祝贺视频，称赞森鹰被动式窗满足德国最高质量标准。德国被动式建筑研究所的本杰明·克里克表示，森鹰是中国第一家拥有德国被动式建筑研究所颁发的建筑外窗认证证书的公司，也是第一家在德国以外的寒冷气候地区获得该认证的公司。如今，森鹰是中国拥有最多 PHI 认证证书的公司。感谢森鹰为中国消费者提供如此优秀的窗户，也感谢森鹰通过这种方式，帮助世界推广被动式建筑，节约能源，缓解整个地球的气候变化。

此外，朗诗绿色集团总裁、首席技术官谢远建在现场致辞中表示，一直以来对森鹰在产品技术研发创新的不懈追求有着很深的感触，今天森鹰又一次突破了自己，推出创新产品，作为绿色建筑的一员，期待森鹰空调窗能够给行业带来新变革。伟大集团董事长邓天骥高度称赞了森鹰在疫情形势下仍坚持品牌升级、产品升级以及投资建厂的壮举，并表示此番举动展示了森鹰人追求创新的远见卓识和坚韧不拔的奋斗精神，森鹰的不懈努力将为中国创造更多宜居的节能空调窗，为中国节能建筑事业贡献一分力量。

超级认证，中国空调窗发明者实至名归

作为本次森鹰品牌升级大会最重要的创意产品，森鹰空调窗的发明意义重大。在中国被动式领域重要奠基人以及森鹰高管团队的共同见证下，中国被动式建筑联盟轮值主席张旭先生、中国被动式建筑联盟荣誉秘书长徐智勇先生和朗诗绿色集团副总裁谢远建先生为

图①：中国被动式建筑联盟荣誉秘书长徐智勇亲自为森鹰的研发大将王勇颁发来自德国 PHI 总部认证的荣誉证书。　图②：中国被动式建筑联盟主席张旭特别感谢森鹰为中国建筑节能事业做出的突出贡献，而森鹰也将带着来自行业泰斗的鼓励越飞越高、越飞越远。
图③：受全球新冠肺炎疫情影响，德国木门窗协会会长阿尔佩汉斯特别从德国发来一段祝贺视频，称赞森鹰被动式窗满足德国最高质量标准。　图④：朗诗绿色集团总裁、首席技术官谢远建对森鹰空调窗给行业带来的新变革表示非常期待。

图⑤：伟大集团董事长邓天骥高度称赞了森鹰在疫情形势下仍坚持创新和升级的壮举，并且表示愿携手森鹰共同为中国节能建筑事业贡献一分力量。　图⑥：森鹰酷8度空调窗得到了全世界公认极为严格的超低能耗建筑认证体系——德国被动式房屋研究所的认可，获 PHI-A 级认证，达到世界一线被动窗水平。　图⑦：张默闻认为节能环保是未来发展的重大趋势，森鹰前 22 年一直是这么做的，今后还将继续坚持下去，绝不动摇。　图⑧：森鹰取得的成绩打动了到场的所有观众，来自行业的重要嘉宾也纷纷为森鹰热烈鼓掌。

中国被动式建筑联盟轮值主席张旭、中国被动式建筑联盟荣誉秘书长徐智勇和朗诗绿色集团副总裁谢远建为森鹰授予了"中国空调窗发明者"荣誉牌匾。

窗发明者」

roduct Series Global Launch Conference Of Sayyas

森鹰授予了"中国空调窗发明者"荣誉牌匾，并隆重开启全新品牌战略启航仪式，宣告森鹰进入空调窗新时代。作为中国被动式建筑领域和建筑行业的代表，当张旭先生、徐智勇先生和谢远建先生将这块牌匾赠予森鹰，这不仅是他们对于森鹰空调窗创意的认可，更是他们对森鹰企业专注研发、专注创新的工匠精神的认可。

授匾仪式结束后，中国被动式建筑联盟主席张旭现场感谢森鹰为中国国家建筑节能事业做出的突出贡献，他坦言："森鹰窗业作为中国被动式联盟的发起单位之一，我们亲眼见证了森鹰孜孜不倦地追求产品品质提升和产品工艺创新。特别是去年夏天，我在森鹰工厂交流考察期间，真的感受到了森鹰对于工艺品质的追求，每一位工人都认真地为窗户的每一条边焊接，他们的发明专利对这个窗户的改善所起到的作用，也令人印象深刻。边总是大工匠，你们的企业员工都有工匠精神。"

张旭先生的赞誉，令边书平董事长十分感动，他在现场表示，森鹰将一直坚守极限降耗的研发理念，始终追求节能窗的迭代升级，呼应国家新能源战略布局，让越来越多注重生活品质的中国消费者，乃至世界消费者，都能享受到更高端节能的空调窗，更舒适奢华的居家生活。

多年前，森鹰在国内高端门窗市场一片荒芜的情况下，率先将德系铝包木门窗引入国内，并开创了铝包木全新品类，研发生产出中国第一樘铝包木窗和中国第一樘通过德国被动房研究所 PHI 认证的被动式铝包木窗，实现不用加装采暖、制冷设备，即可让房间冬暖夏凉的舒适生活，引领行业研发潮流。现如今，在张默闻的创意策划下，森鹰将这种消费者很难理解的行业术语升级为空调窗，瞬间将森鹰窗对于温度的控制作用展现出来，同样是引领整个门窗行业营销潮流。据会后统计，在森鹰空调窗推出后，不少"控温窗""温控窗"在市场层出不穷，可见这一创意的影响力。

超级信心，激活市场潜能重拾发展动力

一场大会最重要的成果无疑是给经销商、给市场带来的信心，这些信心将会形成强大的士气，助力森鹰品牌焕发新生。大会结束后，一位来自华南地区的经销商特意发了朋友圈表达心中惊喜，他表示，铝包木在北方市场已经有了一定知名度，但在南方地区基本上很少有人听说。但是改名为空调窗，让人很容易理解，也增加了一种科技感。这次看到森鹰一系列品牌全面升级后，对森鹰品牌和森鹰全新产品空调窗都充满信心，空调窗这个品类名一定会帮助森鹰进一步拓展南方市场。

同时，大会盛典也得到了涵盖家装设计师、销售在内的市场一线人员的高度认可。他们表示，森鹰空调窗的命名创意对于整个行业来说都意义重大，因为它重新激发了人们对于窗户的感知，之前大部分消费者只认为窗户的目的是看风景，接触到空调窗之后，才发现原来好的窗户是可以集节能、防风、防尘、静音等功能于一身的。这种通过创意品类

名开拓全新思路的方式，对于整个门窗行业，甚至是家装市场都有借鉴作用。

　　一个企业想要做强做大，就必须学会把握经济不景气的机会，在萧条时能够生存下来。2020年当疫情突袭时，很多企业畏畏缩缩、紧闭门户，但森鹰却大张旗鼓召开品牌发布会，全国投放广告，这当然是冒险，但也是企业锻炼拼搏最好的时机。因为当你咬紧牙关挺过黑暗，不断改善企业内部经营管理，提高品牌营销力和传播力，大幅度提升企业的竞争力，当经济复苏时，一定会迎来迅速发展。

【超级评价】

一个精妙的创意是迈向未来的核心武器

　　作为本次大会最伟大的创意——"空调窗"概念一经公布就获得了在场企业高层、行业嘉宾和经销商们的一致好评，纷纷在会议现场表示，空调窗概念非常巧妙，这将会是森鹰走向品牌未来的核心武器。

森鹰企业高层：张老师的创意太值钱了！

　　衡量创意好坏，最关键的是需要得到企业高层的认可。此次，张默闻为森鹰策划的全新品牌战略、全新广告语和全新创意得到了森鹰高层领导的一致肯定。

　　森鹰董事长边书平在森鹰品牌升级动员会现场表示："我们宣传了22年的铝包木，也没让别人弄明白，张老师就给了我们三个字：空调窗，即具备空调功能的窗，也就是冬天可以让你暖和，夏天让你凉快，就是具有这样功能的窗，一下子把我们追求极限降耗、极美生活，聚焦铝包木，定位超保温，还有被动窗、节能窗这些概念一下都给说清楚了，这个概念就成为我们品牌的灵魂。接下来张老师为我们重新规划产品系列，取了非常好听的名字，如森鹰1号、流星花园、大BOSS，新国潮、经典1998等等，让我们用一分钟时间就能把这十二大系列全部都记下来。接下来又为我们编了广告歌，'温暖相伴才是美好的家'，朗朗上口，特别好听，也特别能够融入人心。同时将我们的愿景、使命、价值观全部梳理清晰，还有森鹰梦这整个体系的打造，可谓非常精彩。可以说，张老师的全案策划已经给我们的未来指明了方向，我们非常清楚未来的路应该怎么走。"

　　不仅如此，森鹰董事长边书平还在森鹰品牌升级、新厂竣工暨新品全球发布会演讲中，数次表示对于张默闻的认可与喜爱。他表示："当张老师告诉我空调窗时，我心想，大师就是大师，我干了22年了，我怎么就没有张老师那脑袋呢？空调窗这三个字太值钱了，简单、粗暴、有效，采纳！"

会议结束，所有嘉宾都为森鹰坚守的信念和做出的努力竖起了大拇指。

晚宴上，森鹰董事长边书平来到张默闻身旁，感激之情溢于言表，他说："我们森鹰一直将产品作为品牌的根基，持续打磨产品，但是市场始终不温不火。如何让更多的消费者知道森鹰品牌，知道世界上还有这么好的窗户，是我们一直思考亟待解决的问题。所以，我非常庆幸张老师能够来到我们身边，用更专业的战略、更吸引人的创意帮助森鹰打造完整而清晰的品牌战略。我代表森鹰集团对您为此次森鹰品牌策划全案付出的努力，为此次森鹰品牌升级大会作出的贡献表达真心的感谢。谢谢您！"随即，边书平董事长拿起了桌子上的酒杯一饮而尽。

众嘉宾兴趣浓：期待空调窗能够给行业带来新变革！

此次森鹰品牌升级、新厂竣工暨新品全球发布会也吸引到了一群来自腾讯家居、天猫等企业的嘉宾。张默闻关于"空调窗"的创意也得到了这些新媒体和家居领域专家的肯定，再次体现了创意的伟大与成功。

"我是森鹰的消费者，我第一套房子家里用了三个空调，用的是买房子自带的窗，夏天很热，一到夏天空调就要一直开。第二套房子就用了森鹰窗，结果发现用空调的频率明显减少了，在温度比较高的时候，中午特别热的时候开一会儿，晚上基本不用开空调，性能非常好。今天看到森鹰推出了空调窗，我就想是不是又要换房子？"腾讯家居＆优居新媒体总编辑、优居研究院院长张永志在现场笑谈。能够看出，无论是媒体人，还是消费者，听到空调窗这一全新概念时，都会好奇，进而去了解，最终产生购买欲，这就是空调窗这个创意最成功之处。同时，张永志也对森鹰目前的品牌理念、营销模式、团队给予了高度评价。

阿里巴巴集团天猫新零售家装消电负责人廷焯则在现场表示："在一个月前我听说了空调窗，我还挺不理解什么是空调窗，没到现场前猜空调窗是不是承担空调的责任。结果，到今天现场一听真的是这样。这个创意很精妙，现在年轻人很难理解铝包木是什么东西，但他很容易理解空调窗是什么，这一点非常符合森鹰未来线上的发展。"毫无疑问，网络在生活中变得越来越重要，越来越多的消费者在线上选购家居产品和家电。尤其是2020年疫情期间，人们更加重视线上的消费。这些都是未来森鹰品牌发展的巨大机遇，此时提出空调窗概念也将为森鹰品牌和产品线上传播再加一把火。

与许多高科技企业一样，森鹰花了大量时间投身科技研发，将森鹰窗户打造成能够节能降耗、保温隔热的窗户，成为了铝包木窗行业当之无愧的第一。因为，对于森鹰来说，占有市场和获取盈利只是企业营销的一部分，更重要的是要承担起社会责任，通过技术推动社会共同进步，解放人们的生活。天猫家装全屋定制负责人义学在会议现场肯定了森鹰这一做法。"今天参加这个大会，以及在这段时间对森鹰的了解，我觉得很兴奋，我们出现了这样的一个品牌，它在带动这个行业去成长，带动这个行业在技术上不断革新，创造

图①：腾讯家居＆优居新媒体总编辑、优居研究院院长张永志在现场化身森鹰空调窗的忠实粉丝，说出了他使用森鹰窗的第一感受。　图②：阿里巴巴集团天猫新零售家装消电负责人廷焯在现场大赞"空调窗"概念非常符合森鹰未来线上的发展趋势。　图③：天猫家装全屋定制负责人义学在会议现场再次肯定了森鹰空调窗对于整体家装行业的带动作用。

中国自主知识产权的产品，对于我们整体的家装行业是一个非常好的带动作用。我们希望能够有越来越多的像森鹰这样走在前面的伟大品牌，可以给消费者带来更好的家装家居产品，从而提升他们家居的理想生活体验，这是天猫一直追求的价值。也希望未来森鹰可以跟天猫一起创造更多的新品，也创造更多的销售奇迹。"

经销商信心足：空调窗是神来之笔，必将在零售市场上火力全开！

合作伙伴的支持才是森鹰品牌持续发展的重要力量。此次森鹰品牌升级、新厂竣工暨新品全球发布会上公布的森鹰新战略、新定位、新产品、新营销，让全体森鹰经销商都为之沸腾。

会上，来自南京的经销商代表孟祥国对森鹰未来市场发展充满信心，他表示："森鹰一直以来都是功能性门窗的代表，这一次，它真正走出东北，布局南京，实现南北互通战略，赋予了森鹰更好的起点。当然这次变革，最精彩的部分莫过于空调窗，空调窗真的是神来之笔，它用最朴实最广泛、最精准的语言站在了空调这个大类的肩膀上，直接概括了门窗的功能属性，这么多年以来，从来没有一个门窗品牌能像张默闻老师这样把门窗的功能用空调这两个字讲给大家听。像空调一样给人们带来了冬暖夏凉的居住环境，把生硬的行业术语转化成通俗易懂的现有认知，降低了我们推广的成本。森鹰将继开创铝包木窗后，再次开创空调窗品类，优先占据客户消费者的心智，以品类驱动于品牌，非常惊叹于张默闻老师的才华。谢谢张默闻老师。"讲到动情之处，孟祥国向台下深深鞠了一躬。

一位来自浙江的经销商在现场见证了新品酷8度空调窗的发布后，坦言："森鹰的新品从来都是值得期待的，也非常让人放心。这款窗户在外形设计和材料使用上都满足了市场上一些痛点，再加上张老师赋予的空调窗创意和酷8度名字，一定能够在我们的零售市场上爆火，我非常有信心。"

来自南京的经销商代表孟祥国现场称赞"空调窗"是神来之笔，他表示对森鹰未来市场发展充满信心。

事实上，一个创意是否成功，听听这些参会嘉宾的心声就知道了。无论是高瞻远瞩的企业高层，还是见识广阔的行业嘉宾，以及深入一线的经销商团队，无一不对空调窗的创意表现出强烈的好感。这些都证明了张默闻为森鹰提出空调窗的创意已经受到了市场的严格检阅，并交出了一份令所有人满意的答卷。

伟大的创意成就伟大的品牌。从一个史无前例的创新概念"空调窗"，到一场赢得满堂喝彩的胜利大会，张默闻用源源不断的策略与创意助力森鹰品牌升级，前进道路更加宽广，未来发展方向更加清晰。接下来，森鹰将继续专注研发过硬的空调窗产品，张默闻策划也将不遗余力地用好策略、好创意联合森鹰的好产品，为中国绿色建筑行业带来更多奇迹！

【超级报道】

一次伟大的传播是品牌巨舰的助力东风

《我的森鹰，我的大国之鹰》作为张默闻为森鹰窗业量身打造的企业歌曲，在本次大会的尾声再一次被隆重唱响，并且由森鹰窗业董事长边书平亲自登台领衔演唱。伴随着边书平董事长气势磅礴的歌声，全体森鹰人的激情与梦想被再一次点燃，"不用空调，就用森鹰空调窗"森鹰品牌升级、新厂竣工暨新品全球发布会也渐渐拉下华丽的帷幕。但是，森鹰品牌的大宣传、大动作并没有因为大会的结束停下脚步，在大会之后的第一时间，森鹰便再次联合广告人文化集团，对此次品牌大会的盛况作了大规模、多平台、多形式的精彩报道，成为助力森鹰品牌巨舰扬帆再起航的一阵阵东风。

跨平台、多角度的联合报道成功助力森鹰此次品牌升级大会再次获得了广泛的关注与讨论，为森鹰品牌建设再下一城。以下为大会会后宣发通稿实录：

森鹰品牌升级、新厂竣工暨新品全球发布会吸引了搜狐、新浪、中新网、家居建材网、腾讯新闻网、腾讯家居网、《广告人》杂志等数十家知名媒体。

森鹰窗业品牌新品全面升级战略发布
空调窗全球首发开启节能降耗新时代

2020年7月7日，伴随着一曲婉转悦耳的森鹰品牌歌曲《森鹰给你冬暖夏凉的家》的唱响，"不用空调，就用森鹰空调窗"森鹰品牌升级、新厂竣工暨新品全球发布会在南京香格里拉大酒店拉开了帷幕。中国被动式建筑联盟荣誉秘书长徐智勇，朗诗绿色集团副总裁、首席技术官谢远建，中国被动式建筑联盟主席张旭，稻草人投资执行董事方志明，张默闻策划集团董事长、森鹰品牌全案策划人张默闻，伟大集团董事会主席、总裁邓天骥，月晟总裁吴兰召，五方设计董事长崔国游，永达传媒董事长周志强，广告人文化集团副总裁陈晓庆，还有腾讯家居&优居新媒体总编辑、优居研究院院长张永志，红星美凯龙集团助理总裁兼江苏营发中心总经理白杨，天猫家装消电新零售负责人廷焯，天猫家装全屋定制负责人义学等来自全国各地的重量级嘉宾和全国200余位经销商出席了此次大会。同时，网易新闻同步直播本次大会，共有220万人同时在线观看。此外，搜狐、新浪、中新网、家居建材网、腾讯新闻网、腾讯家居网、《广告人》杂志等数十家知名媒体也受邀报道此次盛典。

会上，森鹰董事长边书平对森鹰品牌营销战略作出重要说明。他表示，森鹰将继续坚持节能降耗，推出森鹰空调窗全新品类，并通过一系列品牌传播，将节能环保的理念和舒适保温的窗户告诉千家万户，让生活变得更加美好。现场，占地6万平方米，极具德国风范的现代化工厂森鹰南京工厂全面竣工；历时两年研发创新的森鹰超级单品酷8度空调窗重磅发布，引发行业专家、经销商与媒体的广泛关注。

森鹰窗业董事长边书平、森鹰窗业研发中心总经理王勇和森鹰品牌战略总策划师张默闻等共同出席了森鹰品牌战略媒体发布会。

森鹰空调窗品牌战略首度公布

从研发中国第一樘铝包木窗到研发对窗户性能要求更高的被动式窗，森鹰始终坚持极限降耗的品牌理念和创新科技驱动产品的发展理念。森鹰是中国首家通过德国被动式房屋研究所（PHI）认证的木窗企业，更是目前中国拥有 PHI 认证数量最多的窗企。20 多年来，森鹰始终站在技术革命和时代发展的前列，专注节能窗，推动中国乃至世界节能降耗产业的发展潮流。

盛典现场，森鹰董事长边书平回忆了森鹰 20 多年来走过的风风雨雨，他深情地表示，森鹰能走到今天离不开员工、经销商、合作伙伴以及广大消费者的大力支持。随着各地全面推动超低能耗建筑发展，森鹰肩负着促进节能行业发展的重任。为此，森鹰签约中国实力派策划公司张默闻策划集团，推出森鹰全新空调窗品类，并提出"不用空调，就用森鹰空调窗"核心广告语，帮助森鹰从行业品牌向消费者品牌迈进。在此基础上，森鹰联合台湾竹工凡木设计研究室创始人邵唯晏选取象征温暖的"能量橘"和象征寒冷的"信任蓝"作为全新品牌标准色，升级全新终端门店，全方位立体式展现森鹰空调窗冬暖夏凉的独特性能。作为行业领导者，森鹰将继续在技术及研发上不断突破，进入空调窗新时代，让房间不用空调也能变得冬暖夏凉。森鹰空调窗理念得到了建筑行业的高度赞扬与肯定。中国被动式建筑联盟轮值主席张旭、中国被动式建筑联盟荣誉秘书长徐智勇和朗诗绿色集团副总裁谢远建一起将写有"中国空调窗发明者"的匾额赠予森鹰窗业，相信森鹰定不会辜负"中国空调窗发明者"的使命，为节能降耗事业再添光彩！

在雷鸣般的掌声中，森鹰窗业项目中心总经理边可仁、零售中心总经理肖恒虎、研发中心总经理王勇、制造中心总经理赵国才和森鹰品牌全案策划策划人张默闻一同开启森鹰全新品牌战略起航仪式，宣告森鹰进入空调窗新时代。

重量级嘉宾齐聚现场助力品牌

此次大会也得到了行业的支持，众多重量级嘉宾齐聚现场，为森鹰品牌发声。中国建筑科学研究院环能院院长徐伟对森鹰在超低能耗建筑外窗领域的技术贡献和模范作用给予了高度评价。中国被动式建筑联盟荣誉秘书长徐智勇坦言被森鹰精湛技术和敬业精神深深打动，未来家里一定要装森鹰空调窗。中国被动式建筑联盟轮值主席张旭在现场感谢森鹰为中国国家建筑节能事业做出的突出贡献，并表示森鹰空调窗一定会在建筑节能领域绽放更加璀璨的光芒，推动被动式建筑窗业的发展。德国木窗协会阿尔佩汉斯也从德国发来视频，称赞森鹰被动式窗满足德国最高质量标准，并祝森鹰发展一切顺利。

作为森鹰多年合作伙伴，朗诗绿色集团副总裁、首席技术官谢远建在现场表示，对于森鹰在产品创新和工艺追求上有非常深的感触，期待空调窗能够给行业带来新变革。伟大集团董事长邓天骥为经济形势如此艰难之际，森鹰仍坚持升级品牌和新品、投资新工厂的系列行动点赞，并表示森鹰的系列举措一定会为国内建筑产业发展带来深远影响。

本次盛典策划者、森鹰品牌全案策划操盘手、张默闻策划集团董事长张默闻为大家带来了一场《森鹰空调窗，中国第一窗》的主题演讲。他表示，空调窗概念让生涩难懂的铝包木窗有了人性的名字，拉近了和消费者的沟通距离，促进了产品功能的传播，改变了整个行业从原料思维到节能思维的集体思考，堪称是 21 世纪窗户概念最伟大的发明。值得一提的是，由张默闻创意的森鹰品牌广告和产品广告也在此次大会首播，创意十足，策略精准。目前，森鹰正在根据全新品牌理念和品牌色彩，以及"有爱有温度"的全新价值观，规划全新终端门店，以全新形象开启品牌新征程。

天猫新零售家装消电负责人廷焯在现场指出："对于现在年轻人来说，很难理解铝包木是什么，却很容易理解和感知空调窗，这对未来森鹰线上发展很有优势。"天猫家装全屋定制负责人义学则表示，森鹰一直在引领行业的成长，引领产品技术革新，创造中国更有自主知识产权的产品，对于整体家装行业是非常好的带动作用。

森鹰超级单品酷 8 度惊艳发布

随着一条大气震撼的森鹰酷 8 度空调窗三维科技片的播出，森鹰酷 8 度空调窗正式发布。据了解，此次发布的森鹰酷 8 度采用继铝合金、塑料、钢材、木材外的第五代窗材，无论在性能还是颜值，都非常优越。性能上，在同等条件下，这款窗户的内表面玻璃的温度比普通窗户的内表面玻璃的温度最高可相差 8 度左右。也就是说，冬天比普通窗户的玻璃内表面的温度高；夏天相比普通窗玻璃的内表面温度低。颜值上，这款窗户外框宽度低至 20.5mm，采光面可增加 11%。更大的玻璃面积，更时尚、更通透，为您和家人带来极致的视觉享受。

森鹰酷 8 度空调窗也得到了全世界公认极为严格的超低能耗建筑认证体系：德国被动式房屋研究所的认可。现场，德国被动式房屋研究所本杰明·克里克发来一段视频，祝贺森鹰酷 8 度空调窗以 Uw ≤ 0.6 W/（㎡·K）的超高保温隔热性能，得到 PHI-A 级认证，达到世界一线被动窗水平。现场由中国被动式建筑联盟荣誉秘书长徐智勇为森鹰颁发了 PHI 认证证书。

"森鹰这次品牌升级最精彩的就在于空调窗的提出，极大降低了我们的推广成本，并且今年的新品森鹰酷 8 度空调窗也非常令人惊喜，不仅满足北方市场对于冬天抗寒的需求，还能满足南方市场对于夏天防晒、颜值和静音等全方位需求，为我们接下来市场拓展提供有力帮助。"森鹰南京经销商孟祥国在现场为森鹰酷 8 度空调窗产品点赞。

森鹰现代化南京工厂全面竣工

作为国内最早研发与生产被动式建筑外窗的企业，2014 年，森鹰在冰天雪地的哈尔滨，建造了没有任何取暖制冷措施的世界第一座零耗能、零排放的被动式工厂，荣获吉尼斯世界纪录"世界最大被动式工厂"称号，年总节省取暖制冷费用 180 万，年总二氧化碳减排量为 42 万公斤。

为了满足全国市场，发力华东经济带，2020 年，森鹰在南京建立了一座占地 6 万平方、斥资 3 亿元的现代化制窗工厂，再次打造世界一流窗品类定制化"智"造工厂，成为森鹰南北互通战略的一座重要里程碑。全球顶尖的智能化、自动化生产检测设备在厂区内得到广泛应用，确保空调窗产品节能、高效，为更多家庭创造舒适健康、冬暖夏凉的生活体验。

磅礴大气的森鹰南京工厂竣工宣传片后，森鹰董事长边书平表示，森鹰南京工厂正式竣工，奠定了森鹰进军华东市场的基础。未来，森鹰将继续秉承节能环保理念，在全国乃至全世界布局生产基地，让森鹰从东北走向中国，从中国走向世界。

媒体集结开启新未来

在全新战略部署下，森鹰与中国大户外公共传播领域开拓者、在途场景传播领航者永达传媒和品牌年轻化工程领导者、社会化创意传播领导品牌广告人文化集团签署战略合作协议。斥资 3 亿启动大传播战略，一举囊括全国重点高铁站、权威互联网门户网站，一场强强联合的传播风暴已经来袭，将焕然一新的森鹰品牌形象推向全国。

永达传媒董事长周志强在现场表示："森鹰的大传播战略，彰显了森鹰品牌的战略高度与营销格局，未来，森鹰与永达的深度战略合作，必将为森鹰布局全国化品牌升级战略注入强大的传播支持和动力，打造更高端的森鹰空调窗品牌。"腾讯家居＆优居新媒体总编辑、优居研究院院长张永志则肯定了森鹰产品品质、品牌理念和营销模式在家居行业消费升级中发挥的重要作用，并表示，森鹰空调窗已经拥有良好的产品基础和品牌基础，相信在大传播的加持下，森鹰必将成功撬动消费者心智。而由边书平董事长现场演绎的企业歌曲《我的森鹰，我的大国之鹰》将大会推向了高潮，唱响了森鹰新时代的使命与愿景，点燃了全体森鹰人的激情与梦想！

集天地人和，助森鹰腾飞。本次森鹰品牌升级大会的成功召开，标志着森鹰走进了空调窗的新时代。未来，森鹰将在"有爱有温度"的核心价值观驱动下，不断研发更节能环保的空调窗，引领中国绿色建筑行业蓬勃发展。

2020 年 7 月 7 日，在"不用空调，就用森鹰空调窗"森鹰品牌升级、新厂竣工暨新品全球发布会结束后的第一时间，森鹰窗业董事长边书平、森鹰窗业研发中心总经理王勇和森鹰品牌战略总策划师张默闻等人共同出席了森鹰品牌战略媒体发布会，接受了来自新浪网、腾讯网、搜狐网、中新网、网易网等媒体朋友提出的一系列问题，并就网友们最关心的话题做了精彩回答。

以下是现场采访实录：

森鹰品牌战略媒体发布会
董事长边书平答记者问

记者：董事长您好，据我们了解，森鹰是建筑外窗行业里第一个引入德式铝包木窗产品和技术，并提出"铝包木"概念的企业，但是在今天却将"铝包木"全面更新为"空调窗"，放弃了这么多年市场耕耘的成果。您能跟我们分享下，您如此大胆操作的背后，是如何思考的？

森鹰董事长边书平：这确实是一个大胆的操作，但这也是我们经过深度战略考量之后所做出的重要决策。森鹰第一次放弃，是在 2011 年，那时森鹰犹如壮士断腕，放弃了占比将近 60% 的木铝复合窗，聚焦节能环保的"铝包木窗"，这让森鹰赢得了尊重，奠定了森鹰的行业地位。

2020 年，是森鹰第二次放弃——在"非窗"领域放弃，聚焦于"窗"领域，并且重新提出全新的品类概念"空调窗"，这是森鹰从原料思维向消费者思维转变的积极信号，让消费者更多地去关注建筑及窗户本身的节能环保理念，这将会大大提升森鹰的品牌地位。

这不仅是放弃更是一种提升，铝包木窗是一种自我型的思维，是一种原料思维，是一种工艺思维，现在我们把它重新定义为空调窗的新概念，是以客户为中心的一种思维，如何让客户去理解产品？产品是否具有冬暖夏凉、节能环保、舒适健康的功能？提出这些问题的前提都是客户先要理解什么是铝包木窗。有很多高消费人群虽然见多识广，但是不了解铝包木窗这种产品，只有真正使用的时候才能感受到铝包木窗的优势，这时候才去了解铝包木窗，这其实是本末倒置的。所以让客户快速理解铝包

森鹰董事长边书平表示，森鹰升级"空调窗"核心原因还是希望更多的消费者了解铝包木窗，关注节能环保理念。

木窗是什么才是关键，更名为"空调窗"就是帮助客户迅速理解产品的优势。

多年来，森鹰一直在为世界的节能降耗事业贡献自己的力量。经过多年的累积发展，森鹰对自己的疆域有着越来越清晰的认知。未来，森鹰不再是"门窗幕墙阳光房"，而是"森鹰空调窗"。阳光房与外遮阳两个产品系统，我们将重新组建公司，单独运作。相信森鹰会在"空调窗"领域创造新的奇迹。

记者：董事长您好，森鹰南京工厂在今天正式宣布竣工，作为继森鹰哈尔滨总部外，第一个外地工厂，您认为它将会在森鹰企业发展中起到什么作用？

森鹰董事长边书平：其实我们叫入官之战，2004 到 2010 年之间，我们曾经入官进入上海、北京、广东的肇庆，三次入官都无功而返。我们聚集了小企业所能聚集的全部资金和力量，重点投入。两年多已经投入了三个多亿，而且为了吸引人才，购置了市区一个2500 平方米的地方作为总部。入官之战非同小可，关乎森鹰的生死存亡。当时我给我们的团队说，森鹰要想不覆灭于东北，就是八个字：走出龙江，组织变革。首先从人的内心世界来说想要组织变革，就必须上下统一，更新我们的薪酬体系、人力资源管理、考核标准、价值分配、价值评价，以及价值创造体系。因为万事取决于人心。

第二个战略重点就是走出龙江，在南京建厂。这是森鹰南北互通战略的一次重要布局，在此设立新厂区，将成为森鹰重点进军南方市场的重要堡垒。随着森鹰品牌影响力的扩大，生产能力、服务能力也将同步扩大。森鹰总部在哈尔滨，深居北方，南京作为南方市场的代表城市，具有重要的战略意义。在此设立新厂区，将成为森鹰重点进军南方市场的重要堡垒。南京建厂登陆以后，我们还要陆续在西南或者成都、重庆、东莞或者佛山，环渤海也许就是天津或者河北，布局森鹰公司的全国五大工厂，让我们的供货半径控制在 500 公里的范围，把森鹰从一个纯东北的品牌变成一个中国人的品牌，将来我们还考虑要在北美、

欧洲、俄罗斯建厂，把它发展成为一个国际品牌。为更多消费者提供更多、更高端的空调窗产品以及更加细致、周到的服务。

记者：董事长您好，在这次大会上，我们看到了焕然一新的森鹰企业形象，让人非常期待森鹰未来的发展。您认为未来3~5年，森鹰将会变成什么样的品牌？

森鹰董事长边书平：你想成为什么，还是这个世界成就你成为什么，这是两个问题。我们都想有成就，但其实我们离不开环境的创造和自身的努力。在中国建筑外窗产业，未来的三到五年我们要面临一场重大的挑战。中国的建设外窗行业是一个高度分散的行业，并不符合经济发展的规律。所以森鹰的未来三到五年非常重要，森鹰将重点从行业领导品牌向消费者领导品牌转变。我们之所以重新定义"空调窗"全新品类，就是想让广大消费者更加关注节能窗品类，进而推动全球节能降耗产业的发展，这是我们一直坚守的事业，我们将竭尽全力守护这个梦想。为此，森鹰将用全新的战略定位、全新的企业文化、全新的视觉形象、技术领先的产品、国际先进的工厂以及强有力的营销传播等一系列配套举措，打造更高端的森鹰品牌。

记者：近段时间，我们在很多不同城市的高铁站和机场都看到森鹰的广告，这样大规模的广告投放并不是一般窗企的选择，请问您是如何考虑的？

森鹰董事长边书平：22年来森鹰几乎不投广告，当时的我认为森鹰这个品类所代表的产品，是一个高端、低频、非刚需的产品。它的广告效果不彰显，我们把主要精力用在了产品研发、设备购买、产品制造，以及我们的团队建设上。未来的五年，是中国建筑外窗产业大发展的五年。零售端，城市的房屋亟待改造，农村房地产亟待新建和改造，新建房地产、品质地产、被动地产大幅发展，这些都催生了我们这个行业的发展。

森鹰这二十年来在行业内已经有一定威望，但在消费者心中，知名度远远不够。因此，在森鹰品牌全新升级后的现在，面向消费者进行大规模的品牌宣传非常重要，必须将品牌的传播落到实处。之前行业整体缺少对外发声的意识，导致消费者对窗品类的关注度很低。森鹰作为行业领导品牌，将率先打破这层屏障，加大品牌传播力度，为合作伙伴提供专业的传播支持，联合永达传媒、广告人文化集团等权威媒体展开大规模品牌营销传播，提升森鹰品牌在消费者心智中的影响力。我们要集中广告的火力猛攻，我们还准备和其他的广告家进行探讨，追加广告火力。即使没有广告效果也不能证明我们的战略是错误的，我们需要做的就是继续增加广告力度，将森鹰推向全国，乃至世界。

未来森鹰还将继续为合作伙伴提供有利的政策支持、物料支持和服务支持，提高合作伙伴的积极性，共同将森鹰打造成为深受消费者喜爱的空调窗品牌。

集天地人和，助森鹰腾飞。本次森鹰品牌升级大会的成功召开，标志着森鹰走进了空调窗的新时代。未来，森鹰将在"有爱有温度"的核心价值观驱动下，不断研发更节能环保的空调窗，引领中国绿色建筑行业蓬勃发展。

森鹰品牌战略媒体发布会
研发中心总经理王勇答记者问

记者：王总您好，今天大会森鹰隆重推出了森鹰酷8度空调窗，作为森鹰窗业的重点产品，您认为它在市场上具备哪些竞争优势？这款产品的研发和推出对于目前的森鹰有什么战略意义吗？

森鹰研发中心总经理王勇：
森鹰2020年推出空调窗这个新品类，它是一个品类的代表，它更多体现出这个窗本身更加节能，更加简约，更加高端。作为森鹰空调窗今年的重点产品，森鹰酷8度空调窗历时两年研发而成，大胆采用新型复合材料，在节能、简约和高端上都进行了创新升级。

森鹰研发总经理王勇对森鹰超级单品酷8度空调窗的技术研发做出解读，技术创新引领时代。

第一，酷8度空调窗更节能。

其实这款空调窗原始的名字叫"酷8"，张默闻老师加了一个"度"字，产品的名字就更加易懂。酷8度选用的Low-E中空玻璃具有很强的光线选择性，它会把尽可能多的可见光透射进来，却把能使人体感到灼热的红外光线阻隔在窗外，一般的双白玻几乎没有遮阳的作用。这就是为什么森鹰酷8度空调窗在炎热的阳光照射下，比普通双白玻窗户的玻璃内表面温度能低8度以上。在酷8度窗前学习工作都不会有晒的感觉，比普通窗户要凉8度以上。

森鹰酷8度空调窗能效等级通过全世界公认极为严格的超低能耗建筑认证体系——德国被动式房屋研究所的PHI-A级认证。真正实现让你的家冬暖夏凉。

第二，酷8度空调窗更简约。

怎么能体现出来简约呢？我们在研究中发现，国内外大量有名的铝、木、钢、塑窗系统或窗厂，大部分都把窄边框窗产品作为更酷的窗，把超保温的被动窗作为更高端的窗。但几乎没有发现既是窄边框又是被动的产品，这是因为宽边框的窗更容易得到被动窗的认证。如何把被动窗的边框做得更窄，是我们开发酷8度空调窗的初衷。

我们创新采用了 X 型材料，一个特殊的第五代窗材，将窗户的边框做到了 20.5mm，采光面增加了 11%，这在市场上常见的铝包木窗中很难看到，同时窗材强度非常大，强度大的同时兼顾节能保温，隔热性非常好。我们拿到德国最严苛的节能保温方面的认证，发布的 PHI 的 A 级认证，也是最好的等级。这样更有助于我们做出更简约的窗户，窄边框增加玻璃的视觉面积，从而增加采光。人们对于自然是向往的，增加采光可以帮助人们更近距离地感受自然。大玻璃和窄边框同时也符合当下年轻人的简约审美。

第三，酷8度空调窗更高端。

满足消费者高端需求。搭载智能设备，可通过天猫精灵，语音控制开关窗户及上锁；木框选择源自北美高寒地区的白橡木，属百年以上珍贵树种；五金采用德国总理办公室同款 WINKHAUS 原装进口隐藏式五金，高端简约；中空玻璃的配置更是高端，中间充上氩气，节能保温，静音最高可达 47 分贝，可以满足大众对于窗户静音的要求。

同时，因为采用新型复合材料，所以这款窗户虽然是木窗，但也不用担心潮湿、白蚁和变形等问题，可以说，能够同时满足南方市场和北方市场对于窗户的要求，是森鹰品牌全国扩张的一张王牌产品。我们对产品的前景充满信心。

记者：王总您好，我们关注到森鹰此次推出的新品里，不仅有铝包木窗，还有森鹰之前没有涉及过的铝合金窗，这对一直专注铝包木窗的森鹰来说，是否有技术上的挑战？从铝包木跨越到铝合金，对森鹰来说，意味着什么？

森鹰研发中心总经理王勇：技术上肯定有挑战，因为森鹰一直追求产品的极致，我们不仅要做铝包木窗中最好的产品，也要做铝合金中最好的产品。铝合金是同质化非常严重的一个行业，在全国有三万多家铝合金门窗厂家，我们需要有一定的差异化。但我们也有一定优势，森鹰在这个行业二十多年，拥有高端的铝材生产加工设备和玻璃加工车间、专业的水漆喷涂车间和胶条生产线，这些硬件设施都为我们生产铝合金窗产品提供基础。同时，森鹰拥有 300 多项技术专利和丰富的制窗经验，这些对于铝合金窗的研发提供了有力的支撑。

从聚焦铝包木窗到生产铝合金窗，它的战略意义，一方面拓宽了森鹰产品领域，铝合金窗成本较低，铝合金窗可以丰富产品线，完善价格体系，为消费者提供了更多选择；第二个方面，借助铝合金窗的价格优势，扩大森鹰空调窗受众人群，让众多的客户可以用到森鹰的空调窗，也是能够体验到空调窗使用上的优势，舒适、节能，扩大森鹰的影响力，提高森鹰品牌美誉度；第三个方面，借助森鹰生产铝包木窗的技术实力和制窗经验扩大森鹰的知名度，使我们的经销商能够更好地推向市场，把这个市场能够做起来，每个经销商自我的繁殖，自我的生存得到了有力的保障。同时为行业提供技术实力更强、更节能、更高端的铝合金门窗。

随着各地全面推动超低能耗建筑发展，森鹰肩负着促进节能行业发展的重任。相信森鹰空调窗一定会在建筑节能领域绽放更加璀璨的光芒，推动被动式建筑窗业的发展。

森鹰品牌战略媒体发布会
幕后策划专家张默闻答记者问

记者： 张默闻老师您好，您为森鹰创意的全新品类"空调窗"和广告语"不用森鹰，就用森鹰空调窗"在现场引起了很多关注和讨论，您可以为我们讲一讲背后的创意故事吗？以及您觉得这样的广告创意会对森鹰来带什么样的影响？

张默闻策划集团董事长张默闻： 其实大家对铝包木窗的原料思维到功能性诉求的变化，这不仅仅是品牌升级、战略升级，它也是一次性地解决升级问题。

最好的产品就一定要是最好的品类，我们要做这个品类中的领头羊。这一切的前提都是消费者要对我们的产品有感知，铝包木窗的品类在消费者

"超级产品就是超级品牌"是张默闻一直以来坚守的品牌观点。森鹰空调窗的推出也一定会聚焦铝包木窗产品优势，助力森鹰品牌腾飞。

心目中不够清晰，因此我们首先要解决跟消费者沟通的语言问题，打通沟通的桥梁。众所周知，依照中国目前整个生态环境和节能领域，大家的关注点还是在房间的舒适度上，提高房间舒适度，空调是一种有效的方式。而且空调窗是一个大的品类，拥有万亿级的市场。对空调窗进行广告语的创作，就等同于把森鹰、空调、空调窗、中国空调窗提出者这些概念融为一体。这个广告创意就起到了四两拨千斤的作用。今天所有的专家、教授、学者以及代理商都有深刻的感受，通过对空调窗概念的理解和诠释，大家都会对空调窗的概念有了一定的理解。

空调窗这个概念的提出，我相信将会在一年之后引起巨大的反响，尽管目前只是刚刚开始，我相信十年之内这个产品将会带来巨大的产品力和品牌效应。

记者： 张默闻老师您好，森鹰酷 8 度空调窗是森鹰今年的重点产品，今天是森鹰酷 8

度空调窗正式上市，并且现场也有很多其他的新品，您觉得该如何通过策划创意实现这些产品的升级和动销的成功？

张默闻策划集团董事长张默闻：过去的二十年森鹰在传播上比较温和，没有采取今天这样激烈的市场宣传手段。森鹰在大家心目当中就是一座高塔，即使没有大肆宣传，森鹰同样拥有强大的市场地位。这说明森鹰具有强大的"DNA"，有做世界最好的产品的能力。酷8度就是强大"DNA"下的产物。

伟大的企业一定有卓越的产品作为支撑。现在已经进入了超级单品时代，酷8度的问世就符合"超级单品"的概念。作为策划公司，我们需要做两件事情帮助酷8度实现全国的动销。第一，在所有的卖场线上线下着力打造酷8度产品和森鹰品牌文化，这款产品的优势太多，需要有侧重地进行宣传。第二，品牌中的核心产品还是需要体验，我们会增加体验馆的建设，让这个产品在重要的案例中呈现它的优势，实现整个动销和品牌的发展。

大会期间，张默闻先生带来了一首诗，叫做《森鹰空调窗，中国第一窗》：世界上所有的家都有两个开，一个叫开心，一个叫开窗。世界上所有的家都有两个梦，一个叫省电，一个叫省钱。世界上所有的家都有两个想，一个想冬暖，一个想夏凉。森鹰空调窗，中国第一窗，把您的两个开，两个梦，两个想，都变成您手里的美好理想。

张默闻先生创造性地提出"空调窗"概念，为森鹰重新注入了企业活力。这个概念让生涩难懂的铝包木窗有了人性化的名字，拉近了和消费者的沟通距离，促进了产品功能的传播，改变了整个行业从原料思维到节能思维的集体思考，堪称是21世纪窗户概念最伟大的发明。据笔者获悉，森鹰正在根据全新品牌理念和品牌色彩，以及"有爱有温度"的全新价值观，规划全新终端门店，以全新形象开启品牌新征程。

叁
②

未来 YOUNG
鹰不同

森鹰22周年庆典、新厂竣工
暨新品发布会策划纪实

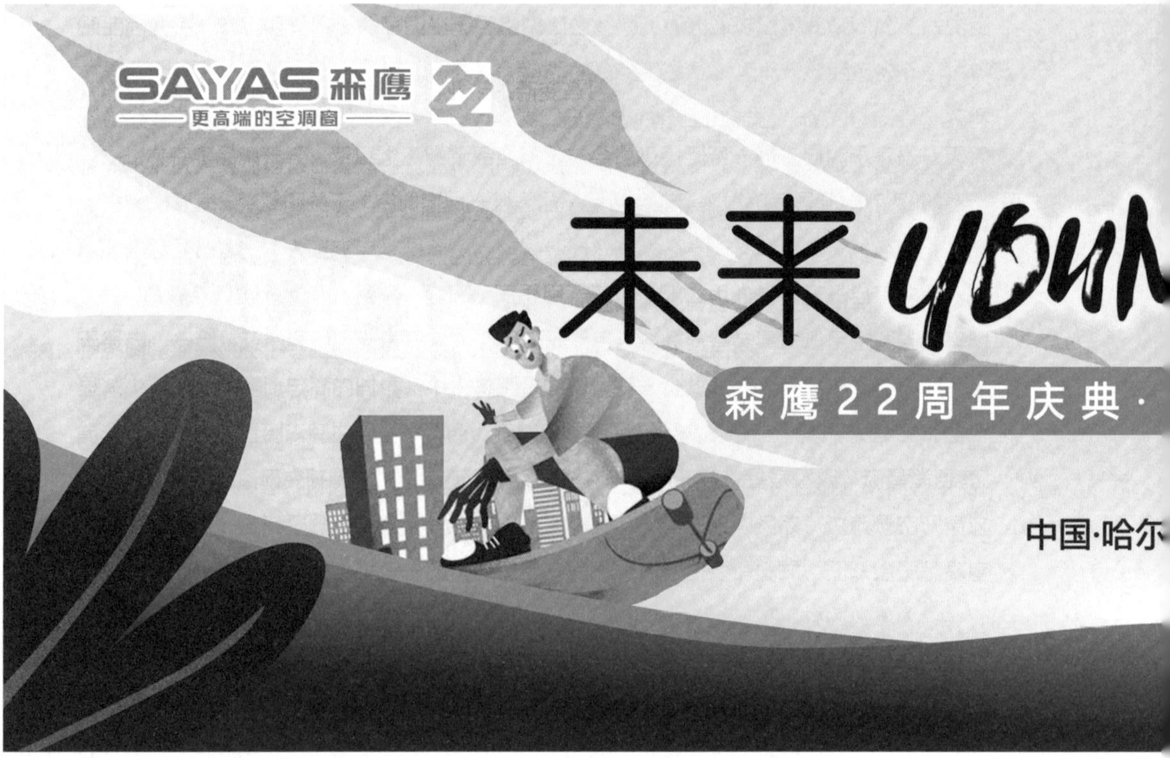
SAYAS 森鹰
更高端的空调窗
未来YOUN
森鹰22周年庆典·
中国·哈尔

图①：大气磅礴的舞美布置、灯光设计和音响设备全部就绪，一场震撼的周年庆典即将拉开序幕，好戏即将开演。 图②：庆典现场的每个角度都布置一新，一场精彩纷呈的周年庆典晚会即将点燃全场。

【超级背景】

一次周年盛典，见证品牌加速升级

　　2020年新年伊始，一场突如其来的新冠肺炎疫情如阴霾般笼罩了全国，打乱了各行各业发展的步伐，门窗行业也是走势低迷，产销量持续下滑。各大企业无不采取措施开源节流，甚至断尾求生，只求在疫情冲击下能"活下去"。来自哈尔滨的森鹰窗业却反其道而行之，在逆境下大放光彩——继2020年7月7日在南京隆重举办了品牌升级大会后，于9月25日在哈尔滨再次举办了盛大的22周年庆典。两场大会的成功举办，如同寂夜里的轰鸣，暗夜中的星辉，引起了社会各界的持续关注。后疫情时代，森鹰为何大动作不断，甚至距离森鹰品牌升级大会仅仅两月有余的情况下，森鹰又要举办一场盛大的周年庆典盛会，是什么支撑它做出这样的决定，逆流而上的森鹰大会又取得了什么成果？让我们一一道来。

　　逆流而上、艰苦奋斗的精神是森鹰窗业一直以来的优良传统。2018年的末季度，一场经济危机到来了，但是森鹰没有退缩，它依靠20年锻炼出来的"身体素质"，抓住机遇，推出新产品的同时进行了营销转型和组织变革，最终取得了年增长超40%的好成绩。如今面对疫情下的挑战，森鹰仍然选择迎难而上，逆势冲锋，再次用大会的形式向社会各

界报告它所取得的战果。

除了森鹰自身的优良传统，全案策划大师张默闻的智慧为森鹰大会的成功举办提供了强有力的战略支持。自张默闻策划集团和森鹰窗业达成战略合作以来，张默闻一直亲力亲为，与森鹰各大管理层展开深度沟通并深入一线市场调研，最终提出了森鹰品牌整合营销传播策划全案，并在沟通中——落实。这份涵盖竞品调研、一线市场调研、竞品剖析、核心战略、企业文化、营销管理、品牌传播、标识优化、视觉设计、超级单品、歌曲创意等众多内容的策划案成为森鹰召开两次大会的基石，其中"空调窗"全新品类的诞生，超级单品酷八度空调窗的打造等核心战略成为"七七大会"的最大亮点，而进军铝合金推出"铝核金"品类，打造简爱铝核金超级单品等核心策略也在周年庆典中——呈现，成为森鹰发展的"核武器"。

正是在这种精神的鼓舞下，在张默闻的战略支持下，2020 年 7 月 7 日，森鹰在南京香格里拉大酒店成功召开了"品牌升级·新厂竣工·新品全球发布会"，充实的内容、全新的创举，让大会取得了丰硕的成果，而品牌升级大会的成功举办让森鹰对举办周年庆典充满信心，士气高涨。品牌升级大会后，全新升级的标识系统和终端店面形象，以及遍及全国各大主流站点的"不用空调，就用森鹰空调窗"高铁广告和大规模的品牌传播，开启了空调窗时代新的发展征程，引发了代理商的争相订购，更是引起了节能门窗行业模仿"空调窗"的潮流。同时，大会的成功举办不仅让森鹰积累了经验，更是让社会大众对森鹰全新大会充满期待。

终于，2020年9月25日，森鹰计划在哈尔滨三期新厂隆重举行"未来young·鹰不同"森鹰22周年庆典，邀请来自全国各地的森鹰人、经销商伙伴、设计师及消费者代表齐聚一堂，共同见证森鹰品牌的又一次精彩绽放。相信森鹰借此22周年庆典之机，在张默闻的战略指引下，必能在后疫情时代，继续加速营销升级，不断为品牌赋能，并根据市场需求，推出全新品类，进入铝合金新时代。

【超级战略】

一次周年盛典，道出胸中万丈豪情

企业战略是一个企业立身的根本、发展的基石，企业要在激烈的市场竞争中求生存、谋发展，就必须从实际出发，对企业发展做出总体运筹和谋划。从某种程度上来说，企业战略决定企业成败。正是在富有远见的企业战略规划下，森鹰才成功召开了周年庆典，取得了一系列丰硕成果，其中既有森鹰董事长边书平实行的内部战略规划，也有森鹰全案策划公司——张默闻策划集团张默闻提供的战略帮助。

聚焦相对论，进军铝合金是战略所需

周年庆典现场，森鹰董事长边书平先生作了以客户为中心的主题演讲，提出了企业发展战略聚焦相对论，推出了新品简爱铝核金窗，吹响了进军铝合金的号角。据了解，聚焦相对论是边书平董事长在森鹰企业运营中建立的企业管理战略，并随着实战演练而不断发展完善。边董事长自称为"聚焦狂人"，从1998年企业创立之初就聚焦于做窗，做好窗；2011年更是壮士断腕，放弃占比60%的木铝复合窗，一心只做节能环保的铝包木窗，成为铝包木窗行业第一；而在2020年，聚焦相对论有了新的发展延伸——空调窗，进军铝合金窗。聚焦不再是单一细分市场的聚焦，而是在品牌战略下的相近品类聚焦，是回归企业创立的初心，做窗更要做中国乃至世界高端的窗。

边书平董事长的演讲十分精彩，精辟地介绍了森鹰最新发展战略和全新的发展规划，强调了聚焦的相对性和进军铝合金的迫切性。他认为每个企业在不同的发展阶段，需要认识自己的能力半径，并在能力半径之内聚焦式发展。而森鹰经过22年的茁壮成长，进军铝合金的条件已经成熟。首先，技术是相通的。可以说铝合金窗的设计比铝包木窗简单很多，森鹰有足够高端的设备、技术、工人来完成这一开拓，从铝包木窗跨到铝合金窗，是从难

森鹰简爱铝核金窗的微信预热海报在朋友圈一经亮相,高端颜值与高端品质便频频让人大呼期待。

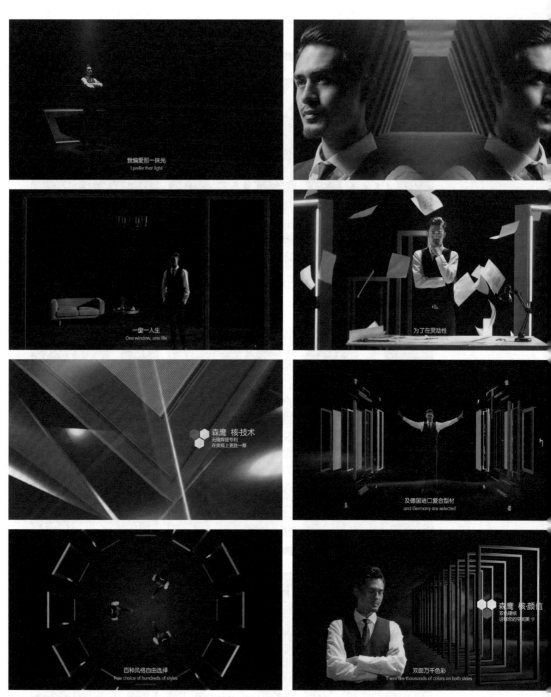

森鹰简爱铝核金窗，极简风情惹人爱。随着一条极致简约的产品宣传片的精彩演绎，大家对于森鹰即将发布的铝合金产品更加向往了。

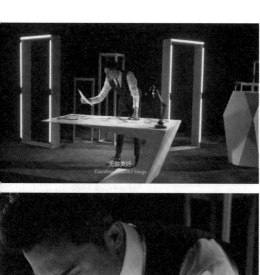

无敌美好
Countless beautiful things

约不显其涩
and does not show its astringency

将窗框设定在60mm
Set the window frame to 60mm

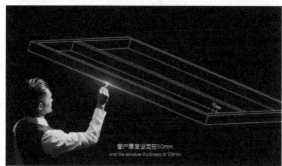

窗户厚度设定在110mm
and the window thickness at 110mm

森鹰 核·材料
五金配置防盗型"蘑菇头" 锁点、锁块
多锁点联动

安全升级
Security upgrade

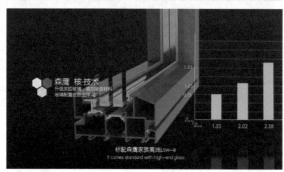

森鹰 核·技术
升级夹胶玻璃、填充吸音材料
玻璃配置自密浮线

标配森鹰家族高线Low-e
It comes standard with high-end glass

极简风情 惹人爱

极简风情惹人爱
Minimalist style makes people love

SAYAS 森鹰

扫一扫观看视频

图①：在森鹰 22 岁的生日庆典上，森鹰的创始人边书平董事长正在向所有嘉宾深情介绍他最特别的一个"孩子"——森鹰。　图②：精彩的庆典当然少不了精彩的演讲，作为森鹰全案策划操盘手，张默闻在晚会现场为大家带来了一场特别的助兴演讲《森鹰伴铝》。

森鹰董事长边书平在现场强调，森鹰能够取得如今的成绩，源自一直以来恪守的理念——以客户为中心。

到易，向下兼容。其次，市场是相通的，铝合金和铝包木都在窗这个大品类下。最重要的是，在顾客心智当中，铝包木窗是窗，铝合金窗也是窗。我们要以客户为中心去思考我们的战略，要审时度势，进行战略的优化和更新，向铝合金进军，占领更广阔的市场。

与此同时，以客户为中心的思想战略进一步指导森鹰生产出更具性价比的窗，更好地为客户服务，铝合金窗是其中重要的一环。森鹰以客户为中心的规模放大，就是在战略选择层面，聚焦定位、坚守原则的前提下，在企业的现有资源下，不盲目铺摊子，不盲目建新厂，通过运营管理，把规模做大，降低产品成本、固定成本和费用，给客户提供更加优惠的价格，推出物美价廉的产品和服务，也就是说企业要在追求独特性的前提下追求性价比。而森鹰今后要做的，就是以客户为中心的规模放大，达到物美价廉的境界，这就少不了以高性价比著称的铝门窗产品来发挥作用。

可以说，以客户为中心的聚焦相对论，就是要同时满足北方客户和南方客户，传统客户和新时代的客户，高端客户和中低端客户的需要，把选择的权利交给客户，把高质量、高性价比的产品交给客户，把性能和颜值扎扎实实地落在产品研发和生产上。而铝合金窗的特性，弥补了铝包木窗的市场空隙，能更好地适应南方市场的需要，成为森鹰发展继空调窗战略之后的又一"核武器"。

张默闻表示，任何定位都要根据顾客和竞争者进行有原则的创变，掷地有声地回答了业界对于森鹰进军铝合金的疑问。

原则性创变，打造铝核金能所向披靡

在晚会的第三个篇章"鹰击长空，奔涌向 young"中，打磨良久的简爱铝核金窗终于揭开了神秘面纱。隆重的简爱新品发布仪式过后，产品总设计师王勇上台为大家解读新品，极致硬核的产品引来现场嘉宾关注目光。紧接着一条高端质感十足的宣传片，作为总策划操盘手的张默闻在全场观众热情的掌声中惊喜登台，为大家带来一场主题为《森鹰伴铝》的助兴演讲，精准的战略、巧妙的创意和引人入胜的讲述，在短时间内快速征服所有观众。

在森鹰周年庆典来临之前，行业、市场便对森鹰进军铝合金这一动作猜测纷纷，因此在演讲一开始，张默闻便掷地有声地回答了对于森鹰进军铝合金的疑问。他表示，任何定位都要根据顾客与竞争者进行有原则的创变，否则就会陷入理论陷阱，丧失发展机遇，并通过列举国内外大牌的多品类实例为大家生动讲述了启动铝合金窗决策的正确性。

对于森鹰发展铝合金市场，张默闻强调，这是来自市场的迫切需求，更是百亿品牌和百亿销量的伟大需求。在我国建筑门窗产品市场上，铝合金窗已经快速发展几十年，市场上已经出现很多知名品牌，所拥有的市场之大令人艳羡。与此同时，虽然森鹰铝包木产品一枝独秀，让森鹰赢得了行业的尊重，但是所获得的市场容量却极为有限，未来也难以依靠铝包木这个单独的品类实现 100 亿元的突破性发展。因此，森鹰唯有不断创新升级，解

放新品类、进攻新市场，才能满足广泛的市场需求。此外，由于南北地区环境和市场差异，铝包木窗更多集中于北方市场。而铝合金产品可以助力森鹰进军全国市场，尤其重点进攻南方市场，为森鹰快速提高产品销量。更重要的是，铝合金产品在适应年轻消费者消费需求的同时，也能极大增加代理商的合作信心。

面对森鹰全新窗系产品，森鹰经销商团队表现出了极大的热情，会上，一位来自武汉的经销商表示："以前铝合金是森鹰的软肋，现在森鹰有了如此硬核的简爱铝核金窗，一定能在市场上再创佳绩，感谢张老师的策划，我对森鹰更有信心了！"

【超级精彩】

一次周年盛典，诉出品牌发展历程

在森鹰空调窗"未来 Young，鹰不同"22 周年庆典、新厂竣工暨新品发布会上，诞生了许多精彩瞬间。整场盛会用三个篇章讲述了森鹰 22 年走过的发展历程，森鹰用爱和温度感染了在场的每一位嘉宾，22 岁的森鹰正值青春，2020 年的森鹰焕然一新，回首过去的激荡岁月，抓住未来的发展机遇，做时间的朋友，不断突破自我，"鹰击长空，奔涌向 Young"。

22 年的锤炼不在发展中迷失

畅想、偏执、创造、破局、沉淀、改变、博弈、领航，是森鹰发展 22 年以来的几个关键词，大会开篇用一个视频记录了森鹰 22 年的发展征程。

《森鹰 22 年大事记》：

1998 年 9 月 25 日，森鹰在这片茫茫黑土地上诞生，低矮的小平房孕育了一樘窗的品牌梦。

2000 年 9 月，森鹰王岗二期厂房竣工投产，书写森鹰历史新篇章。

2004 年 9 月，边书平董事长及夫人应京芬女士拿出个人积蓄成立一步基金。助学、助医、助困，用爱心照亮生命。

2008 年 10 月，森鹰全面采用德国原装水性门窗专用漆，开行业先河。

2011 年 10 月，双城配套工厂奠基，哈尔滨生产基地迈出扩建第一步。

2012 年 7 月，中国第一樘量产被动式窗型，"森鹰 Passive120"问世并获得 PHI 认证。

2014 年 8 月，森鹰双城二期被动式工厂奠基，"世界被动房之父"沃尔夫冈·费斯特教授莅临。

2015 年 9 月，森鹰举办 PCW70 世界首款被动式隐框纯木玻璃幕墙全球首发盛典。

2016 年 2 月，森鹰获得国家专利总计超过 300 项，成为中国木窗行业获得专利数量最多的企业。

2018 年 4 月，南京森鹰工厂举办盛大奠基仪式。

2018 年 9 月，森鹰双城二期获得吉尼斯世界纪录最大的被动式工厂认证。

2020 年 7 月，森鹰品牌全线换新升级，推出空调窗品牌"有爱有温度"的价值观。

2020 年 8 月，南京工厂第一樘窗正式下线。

回首森鹰历史的脚印，一步步从东北走向全国，从 1998 年茫茫黑土地上的小平房，到 2020 年南京工厂、哈尔滨三期工厂的竣工，森鹰进入了产能提升新时代。经济在飞速发展，脚步始终不能停歇，把握住时代的脉搏，坚定发展方向，未来还漫长，森鹰始终保持一颗赤子之心，携手全体森鹰人一起激流勇进。

22 年的坚守不在对比中趋同

如果说前 22 年的森鹰是坚持聚焦，坚守品质，步子迈得很慢，发展得很稳，2020 年经过全面品牌升级过后的森鹰，是在加大马力、全面出击、逆流而上、决战长空，经过 22 年的蓄力，森鹰拥有了坚实的基础，进军新品类开拓铝合金成为了森鹰未来发展最优的选择，掌握自己的节奏，不在对比中趋同，每个森鹰人对未来都充满着信心。

你好，森鹰！你好，新未来！在情景诗朗诵《你好，森鹰》中，来自不同岗位的森鹰员工，纷纷穿越时空回到了与森鹰相遇的那年，用动情的话语向大家讲述着自己与森鹰相遇的故事和对森鹰未来的信心。节目最后，张默闻惊喜登场，动情讲述与森鹰携手、相识相知的故事。

"2020 年初，我顶风冒雪率团来到森鹰哈尔滨总部调研，我被深深地震撼了，原来世界上竟有如此高端和舒适的窗户，还有企业对铝包木窗品类 22 年的聚焦、对产品品质如此坚定、对品牌如此执着的边书平先生和应京芬女士两位智商和情商都极高的夫妻企业家。那一刻，对于做好森鹰这个品牌，我特别有信心！按照合约我的全案时间是 90 天，所以临近春节，我带着森鹰厚厚的调研报告登上了飞往美国的飞机。没想到，突如其来的疫情将我阻隔在了海外，我有了全部时间研究森鹰，白天和黑夜，黑夜和白天，我陷入铝包木窗这个名字里难以抽身，纠结数日，我决定为森鹰重新定义一个新的品类名称。我提出了森鹰空调窗的概念。当这个概念漂洋过海飘到边书平先生的耳边时，他瞬间就决定使用。这是一个多么伟大的企业家和多么伟大的决策能力啊。全案完成整整提前了 60 天，这是老天的安排，也是我和森鹰的缘分。于是，从 2020 年开始，森鹰便迎来了全新的变化，全新的愿景、全新的使命，全新的价值观，全新的超级单品森鹰酷 8 度空调窗，全新新一代铝合金窗的代表简爱铝核金窗也在这一年横空出世。最让我们欣慰的是空调窗这个概念已经风靡全行业，正在以遥遥领先的品牌高度和品类高度闪耀创新的光芒。"

已经走过了 22 年风雨锤炼的森鹰，不在快速发展中迷失，不在市场的对比中趋同，不被已经取得的成就所麻痹。时代在飞速发展，脚步始终不能停歇，把握住时代的脉搏，坚定发展方向，未来还漫长，保持一颗赤子之心，携手森鹰一起激流勇进。2020 年宏观经济波澜起伏，疫情冲击着各行各业，很多企业走在生与死的边缘，森鹰却在这一年厚积薄发，立足当下，着眼未来，不断进行着品牌升级、技术创新工作。22 岁的森鹰，不断突破自我不断寻求卓越，"鹰姿飒爽，大不一 Young"！

【超级现场】

一次周年盛典，唱出心中万千感慨

一场成功的盛会，要激动人心，更要感人肺腑，在现场情绪的烘托下找到深深的归属感和责任感，而这一切都要依靠现场节目效果的营造。在大会上除了视觉盛宴的打造，还要注重情感的抒发，在本次森鹰空调窗"未来 Young，鹰不同"22 周年庆典、新厂竣工暨新品发布会的盛典上，森鹰人用森鹰的歌唱出了心中的感慨万千，用森鹰人的故事讲述了属于森鹰的春秋冬夏。

本次盛会从大屏幕播放森鹰的品牌歌曲《森鹰给你冬暖夏凉的家》开始，到大会结束主持人和观众一起高声合唱，一首品牌歌曲给在场所有观众带来了深深的感动。这首唱响森鹰品牌的温情赞歌，是由全案策划人张默闻作词，著名原创音乐人陈伟作曲，著名偶像歌手张津涤演唱，歌词温馨唯美曲调婉转悠扬，将"有爱有温度"的美好生活表现得淋漓尽致。在森鹰的盛会上由森鹰人唱响属于森鹰的歌，有着非同一般的凝聚力和自豪感。而由张默闻作词的另一首森鹰之歌《我的森鹰，我的大国之鹰》则是大气磅礴，充满英雄气概。在本次盛典上，这首《我的森鹰，我的大国之鹰》由森鹰董事长边书平带领着家人边则恩一起演唱，浑厚有力加上童真稚嫩，唱响了森鹰的品牌气概，更唱出了森鹰的精神传承。

除了两首引人入胜的品牌歌曲，在大会现场还有很多精彩的节目，其中纪录片《森鹰工匠的一天》可谓是感人至深，"凌晨两点的哈尔滨寒冷异常，人们沉浸在梦里睡得那么沉，森鹰人的一天却已经拉开了帷幕 ……"画面中记录的是森鹰普通工人们平凡的一天，解说词没有过多粉饰，朴实无华地将平凡中的感动展现，"持续 4 个月的赶工，每天早上 6 点到岗生产，106 道工序，230 道质检，平凡的岗位，平凡的一天，这一天是对森鹰过往 22 年的缩影，也是对工匠精神最好的解读。"在制造成为国家发展动力的今天，工匠精神离我们并不遥远，热爱专注追求极致，平凡的一天里包含着森鹰人热情满满、向内生长的力量。

图①：由森鹰"95后"员工合唱的歌曲《星辰大海》不仅唱出了年轻人的青春与朝气，更唱响了森鹰的理想与未来。
图②：自制的锤，自制的鼓，森鹰人的气势不让人！森鹰员工把森鹰的热情传递给了现场的每一位观众。图③：真是一对奇妙的组合——森鹰的创始人边书平和森鹰未来的小小接班人一起为大家演唱森鹰之歌《我的森鹰，我的大国之鹰》，成为庆典上最令人难忘的一幕。

除了精彩的节目外，森鹰的股东、供应商代表、经销商代表、设计师代表、员工代表纷纷上台发言，说出与森鹰相伴的心里话，其中有来自武汉、大连的经销商代表和大家分享疫情期间的销售挑战和经验，也有来自南京工厂的新员工和大家汇报南京生产新战果。

2020年注定是波澜起伏的一年，在全球疫情的影响下，中国成为世界少数经济正增长地区，而森鹰正是在这不平凡的一年做出了不凡的改变。在张默闻的全案策划下，森鹰有了全新的愿景、使命、价值观，有了全新的广告，全新的企业歌曲……使得森鹰这个品牌更年轻，更时尚，更契合时代脉络。森鹰推出简爱铝核金窗进军新品类，南京工厂投产和哈尔滨三期工厂竣工使得森鹰产能大幅提升、互通南北，2020是森鹰腾飞的一年，本次盛会更是让所有森鹰人都满怀信心，一起挑战后疫情时代！

【超级赋能】

一次周年盛典，绘出未来广阔蓝图

白色T恤，白色衬衫，蓝色牛仔裤，简单的搭配挡不住的是年轻人的青春朝气，而他们手中闪烁的点点灯光，不仅是点亮了一群最年轻的森鹰人心中热切的希望，更点亮了森鹰空调窗无限璀璨的未来。在青春洋溢的"95后"员工合唱完一首温暖的《星辰大海》后，森鹰22周年庆典正式进入第二个篇章："鹰姿飒爽，大不一YOUNG"。会上，森鹰再次宣告了一个振奋人心的好消息：继7月森鹰南京工厂正式投产运营后，9月，森鹰哈尔滨三期工厂也正式落成！不惧时艰，谋局未来，弱冠之年的森鹰正在不断创造新的惊喜与感动，也为森鹰未来的战略蓝图再次挥洒下了浓墨重彩的一笔。

鹰姿飒爽，再续品牌辉煌

在森鹰制造中心用自制的鼓和锤表演结束之后，红星美凯龙集团企业战略投资部执行总裁张哲、堡旭建筑副总裁刘宏宇、美联钢结构董事长陈博彦、森鹰监审部经理周文晶以及森鹰董事长边书平共同走上舞台，为大家启动森鹰三期工厂竣工仪式。当金色的启动台被按下时，大屏幕上缓缓飞起的金色雄鹰吸引了所有人的目光，两声鹰击长空的长鸣声积蓄着最饱满的力量，穿透进了每一位森鹰人的心中。"森鹰三期项目盛大竣工"的字眼在大屏幕上闪耀跳动，让台下观众响起了雷鸣般的掌声。

1998年，意气风发的初创团队在哈尔滨的一座小平房里许下了一个关于窗的梦想。2018年，森鹰荣获世界最大的被动式工厂吉尼斯纪录，为实现建筑节能做了最好的注释。2020年，森鹰南京工厂正式投产运营，沟通南北，辐射全国，带领森鹰进入生产动力双引擎时代。如今，哈尔滨三期工厂的落成，再次翻开了森鹰崭新的历史篇章。

图①：今年的 925 庆典上，森鹰再次迎来了一个好消息：哈尔滨三期工厂顺利落成，而这个新工厂正是此次盛典的举办地。 　图②：红星美凯龙集团企业战略投资部执行总裁张哲、堡旭建筑副总裁刘宏宇、美联钢结构董事长陈博彦、森鹰监审部经理周文晶以及森鹰董事长边书平共同翻开了森鹰崭新的历史篇章。

接连两座工厂的竣工投产，让森鹰产能大幅提升，为接下来高效、高质、高量的产品输出提供了坚实的保障。正如森鹰品牌战略总规划师张默闻在演讲中指示的那样：高宣空调窗，大卖铝合金！后疫情时代，产品营销面临着严峻的挑战，最能体会其中压力的便是森鹰零售中心总经理肖恒虎先生。但他在现场表示，自己对森鹰的营销非常有信心，因为有好产品、好战略、好同事做他的坚强后盾，坚信未来将会取得更好的成绩。

齐头并进，一切皆有可能

随着森鹰三期工厂的盛大竣工，森鹰的制造版图不断扩大，也让森鹰的整体实力更进一步。未来，全新的设备将会陆续搬进这座现代化工厂，为世界生产出更多冬暖夏凉的空调窗产品。作为森鹰的股东之一，红星美凯龙集团企业战略投资部执行总裁张哲在新厂竣工仪式之后的致辞中表示，22 岁意味着一切皆有可能，双方持续多年的业务合作源于森

图①：红星美凯龙集团企业战略投资部执行总裁张哲在致辞中表示，22岁意味着一切皆有可能，他相信未来森鹰一定会成为定制门窗行业第一家A股上市公司。 图②：作为设计师代表的周云兵在现场感慨，森鹰建造的世界最大的被动式工厂是一座国际化的世界级工厂，是中国骄傲。 图③：来自森鹰南京制造基地的采购工程师曹克燕在现场表示，她热爱森鹰这只鹰，在这里她感受到了森鹰大家庭的温暖与热情。

鹰产品的品质以及对消费者的关怀。他还强调，森鹰董事长边书平拥有极强的战略定力，正是凭借这种难得的定力才一步步带领森鹰走到了行业第一阵营。最后，张哲表示在不久的将来，相信以森鹰深厚的内功以及所有人的努力，森鹰一定可以成为整个行业规模、利润、增速都达到第一的公司，相信森鹰一定会成为定制门窗行业第一家A股上市公司！

来自江苏的设计师行业代表周云兵在现场感慨，非常有幸能够借这次机会参观森鹰世界级的工厂，上一次见到如此国际化的工厂还是在德国，这一次是在中国，在森鹰。第一次来到哈尔滨总部的森鹰南京制造基地采购工程师曹克燕表示，在这里她感受到了哈尔滨森鹰的亲切与热情，感受到了大家庭的温暖，并表示希望南京森鹰能够努力赶超，达到预期产能，和哈尔滨森鹰齐头并进，努力打响空调窗品牌，让它走向世界的每一个角落。

【超级产品】

一次周年盛典，亮出最强核心武器

"春夏秋冬，四时之季不同。春之韵，夏之歌，秋之月，冬之藏，一扇窗把岁月尽收眼底……"炫彩的灯光，轻快的节奏，以季节为题，以节气为序。伴随着装扮成四季精灵的模特走秀，映衬着大屏幕的四季变换，森鹰简爱铝核金窗走进了大家的视线。

简爱铝核金窗，硬核产品造辉煌

此次"未来Young，鹰不同"22周年庆典、新厂竣工暨新品发布会现场最令人期待的环节就是由森鹰品牌操盘手张默闻、森鹰零售中心总经理肖恒虎、森鹰管理中心王艳波、森鹰研发总设计师王勇上台，共同发布的森鹰简爱铝核金窗。作为森鹰进军铝合金行业发布的第一款新品，森鹰简爱铝核金窗凝聚了张默闻对市场竞争趋势的深度洞悉和森鹰多年来对铝合金窗产品的研发测试与技术实践。

相比市场上其他的铝合金，森鹰简爱铝核金窗在品类创意上就选择了"核"，而非"合"。据森鹰简爱铝核金窗产品设计师王勇表示，这是因为森鹰在这款窗户设计上，专注创新研发全新技术，采用世界级硬核材料，设计更加简约的外形，让这款森鹰铝核金窗做到性能颜值双一流，堪称是硬核产品。

在与森鹰研发团队密切沟通下，张默闻立刻注意到了这一点，他表示，森鹰做铝合金产品要先跟市场上的普通铝合金产生区别。而一个"核"字的改变，凸显的正是森鹰的铝合金窗与市场上一般的铝合金窗不一样，技术更加硬核，产品更加硬核。在张默闻的创意策划下，这款窗户的品类就被创意为"铝核金窗"。同时，张默闻还为这款窗户总结了五大硬核技术：

图①：这是全场最令人期待的环节——森鹰品牌操盘手张默闻、森鹰管理中心王艳波、森鹰研发总设计师王勇共同为大家发布森鹰简爱"铝核金窗"。　图②：随着水晶球的缓缓升起，森鹰即将开启进军铝合金的全新征程，未来的森鹰将为更多人带来更多、更高端的门窗产品。

图①：在森鹰周年庆典上，简爱铝核金窗的奠基人王勇看到大家对于新产品的万分期待，心中满是抑制不住的感动。

图②：森鹰简爱铝核金窗的产品设计师王勇在时尚炫目的门窗大秀之后闪亮登场，现场立即响起热情的尖叫声。

图③：在新品发布环节，森鹰研发总设计师王勇为大家现场解读简爱"铝核金窗"的极简设计与极简风情。

无缝硬核：室内开启扇铝材及固定玻璃扣条采用森鹰板框无缝焊接专利技术，堪称天衣无缝。平整的边框，流畅的线条让这款窗户不仅美观，更能保温。

圆角内核：与其他坚硬的边框不同的是，这款窗户更加富有爱意。窗扇采用大美圆角，线条圆润柔和，比"棱角"多一丝温度，防止不小心碰撞带来的伤害，有效保证小朋友的安全。

玻璃硬核：采用森鹰独家研发制造的中空玻璃，窗框、玻璃、窗纱一体化，无须现场安装，便利的同时保证窗户质量，提升安全性能。采用多腔体结构，内充氩气，减少玻璃内部对流，使中空玻璃更加保温隔热，提高降噪分贝值，最高可减少 35 分贝。

极简硬核：整体外观走简约路线，富有设计感，整窗采用纯平设计，隐藏式铰链，无压条、无中框，窗框可视面宽度低至 57mm，窗扇可视面宽度低至 60mm，采光面积极大提高，纤细边框为家庭营造更大视野和通透感。

双色硬核：室内、室外铝材可实现双面色喷涂，满足建筑外立面与室内装饰风格的不同需求。创造优质产品的同时充分将创造艺术空间的自由交给您，诠释您的空间美学。

同时，在材料上，森鹰简爱铝核金窗采用德国进口 24mm 耐高温隔热条，有效解决加工过程中产生的受热收缩变形、机械性能下降、复合强度衰减及角部开裂引起的渗漏等问题；采用德国总理办公室同款 WINKHAUS 原装进口五金，满足 RC2 级防盗标准，窗循

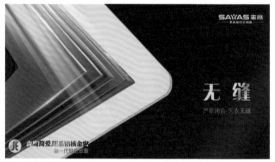

简约、双色、无缝、圆角，王勇设计师用四个单词高度总结了简爱"铝核金窗"的创新与优势，但简约的语言掩饰不住的是他内心的激动与兴奋。

环启闭不低于 10 万次，确保使用无障碍；采用欧洲进口阿克苏诺贝尔粉末、老虎粉末喷涂，不含溶剂和有毒性挥发物质。

正是有了这些极简硬核技术、双色硬核技术、无缝硬核技术、圆角硬核技术、玻璃硬核技术和材料硬核，才能让森鹰简爱铝核金窗做到性能颜值双一流，才能担得起硬核产品这一称呼。

简爱"铝核金窗"，极简风情惹人爱

在产品命名方面，张默闻也不曾松懈，他认为一个好的产品名需要兼具产品特性、联想性和品牌美感，于是为森鹰铝核金窗创意了"简爱"这一充满人文关怀的产品名，这个来自世界名著的系列命名，既突出了产品工艺设计上的极简风格，又突出了无缝焊接、大

森鹰简爱铝核金窗的极简风情成为整座建筑的灵魂力量。

美圆角中蕴含的对于家人的关爱，坚守了森鹰品牌核心价值观"有爱有温度"，完美实现了产品特性、联想性和品牌美感的高度统一。

简爱的命名创意也彰显出森鹰铝核金窗独特的产品特点。简爱的"简"，体现在森鹰简爱铝核金窗采用隐藏式压条、隐藏式中挺、隐藏式铰链、隐藏式排水，使得整体窗框平整美观、高端简约。简爱的"爱"，则是因为产品采用一体纯平极窄边框、天衣无缝大美圆角、内外双色自由搭配、窗纱一体防坠防盗等特点，从而表现出对消费者的关爱。

为了加深对产品的宣传，张默闻还为森鹰简爱铝核金窗撰写了全新广告片文案。张默闻策划集团的广告创意方法中最核心的一条，就是找到消费者最关心的内容。对于窗户品牌而言，消费者很难关注到产品有什么不同，更多局限于产品的价格。因此，森鹰简爱铝核金窗"产品篇"从竞争角度出发，先强调铝合金门窗即将进入无缝时代，引导消费者想起家中有缝隙漏风、落灰的窗户，再聚焦卖点，传达森鹰简爱铝核金窗是新一代"铝核金"窗，比一般铝合金窗性能更高，拥有"天衣无缝""大美圆角"这两个特点。最后落到森鹰简爱铝核金窗的广告语：极简风情惹人爱。同时，铝核金窗作为全新概念，多次出现在广告文案中，不断重复，有效提高曝光量，引起消费者重视。

广告文案：铝合金门窗进入无缝时代 / 森鹰简爱铝核金窗 / 新一代铝核金窗 / 天衣无缝，大美圆角 / 极简风情惹人爱 / 森鹰简爱铝核金窗。

从聚焦铝包木窗到研发推出铝核金窗，森鹰以创新实现了自我突破，不断壮大的产品

张默闻亲自指导设计的简爱铝核金窗产品手册得到了大家的共同喜爱，在森鹰全新色彩能量橘和信任蓝的点缀下，产品的硬核卖点成功征服了所有人。

家族，是一个品牌焕发出的全新能量。创新的未来没有终点，专注技艺，追求完美，拓展能力半径，拓宽行动路径，用创新的脚步，踏出属于森鹰自己的未来。

【超级评价】

一次周年盛典，迎来信心全面爆棚

在森鹰 22 年周年庆典的现场，森鹰的经销商、供应商、客户以及设计行业的众多嘉宾朋友都在现场感受到了欢聚时的幸福与感动，不能亲临盛典现场的项目中心安装部代表也在施工一线发来了对森鹰最深切的祝福与牵挂。森鹰过去 22 年所取得的成就，正是因为凝聚了所有人的心血，才显得更加珍贵。未来，森鹰还将在更多人的支持与努力下，创造出更多的感动。相信齐心协力的森鹰人，一定能够穿越疫情的阴霾，在激烈的竞争环境下再创佳绩，在森鹰的历史篇章里奋力书写出下一个耀眼的奇迹！

森鹰董事长边书平：只有敢于突破自我，才能创造出更大的未来

"2020 年 4 月 15 日，当张老师第一次向我提出森鹰必须要干铝合金窗的建议时，我的心里咯噔一下，这简直是在挑战森鹰的底线！但是经过几个小时的认真思考后，我给张老师作出了回复，这个问题可以考虑。"在森鹰 22 周年庆典的战略演讲上，森鹰董事长边书平向大家讲述了自己决心进军铝合金的故事。

正是由于这几个小时的痛苦抉择，边书平董事长将森鹰的过去、现在与未来在心中反复揣摩斟酌，最终决定开启森鹰的铝合金窗战略。庆祝晚宴上，边书平董事长郑重举起酒杯，激动地对张默闻说："张老师所做的每一个策划对森鹰来说都意义非凡，上一次张老师提出的空调窗让森鹰品牌有了灵魂，这一次进军铝合金窗的战略一定会为森鹰迎来一个更加广阔的未来！感谢张老师为森鹰所做的一切！森鹰距离双百战略目标又近了一步！"

只有敢于突破自我，才能创造出更大的未来！边书平董事长表示，如同华为当年从基站业务跨越到手机业务一般，从铝包木窗进军铝合金窗的森鹰，也会因为这次战略调整，在全新的铝合金品类中取得伟大的胜利！

森鹰盐城经销商：要拿下森鹰铝合金第一单，更要拿下中国第一铝合金

张默闻不仅将铝合金梦想种在了森鹰的梦想里，也种进了所有经销商的心底里。面对森鹰全新的铝合金窗系产品，深耕市场第一线的森鹰经销商团队率先表现出了极大的热情，并且对于森鹰极具历史意义的铝核金窗产品的第一单，展开了激烈的"争夺"。

在 22 周年庆典的十天前，当江苏盐城经销商在由森鹰董事长边书平和森鹰战略总规划师张默闻共同领衔的市场调研中得知森鹰即将进军铝合金的消息时，立即表现出强烈的兴趣，激动地表示森鹰终于有自己的铝合金产品了。当再次了解森鹰的铝核金窗与市场上普通铝合金产品的巨大差异后，两位盐城的经销商立马在现场表示："我手中的客户都很期待森鹰能够出铝合金产品，我现在就把这个好消息告诉我的意向客户，我一定可以拿下森鹰铝合金的第一单！"

作为森鹰铝合金战略的发起人，张默闻看到两位经销商对铝合金未来市场所展露出的殷殷期盼，继续鼓励道："你们不仅要拿下森鹰铝合金的第一单，还要帮助森鹰一起，拿下中国第一铝合金！"

森鹰材料供应商：森鹰是我的偶像，也是我的荣耀

在产品研发上，森鹰之所以能够不断推陈出新，离不开广大供应商团队的大力支持，他们是助力森鹰好产品的有力保障。在森鹰22周年庆典的现场，来自天山橡塑有限公司的供应商代表魏安亚语重心长地说出了自己的心里话，感动了在场不少观众。

"非常有幸与森鹰共同走过了18年的旅程，我从2002年便开始为森鹰提供密封材料配套，如今也很荣幸能为森鹰空调窗提供专业辅材，为森鹰空调窗贡献自己的力量。森鹰对产品精益求精的精神，对节能产品的执着追求，深深感染了我。在我所见证的18年中，森鹰一年一个样子，一年一个平台，一年一个发展，森鹰就是我心中的偶像，也是我的荣耀！"在森鹰22岁生日之际，魏安亚激动地表示，感谢有这样一个与森鹰共同发展的机遇，森鹰是中国铝包木窗的领航者，祝愿森鹰未来在空调窗上走得更好，走得更远。

紧接着七月初的一场亮点十足的品牌升级大会，在金秋九月落幕的这场充满感动与惊喜的周年庆典之后，全体森鹰人的信心得到了最大程度的激发，不同岗位上的每个人都斗志昂扬、信心满怀。两场胜利的大会，见证了森鹰的两次腾飞。随着空调窗概念的持续深入，以及铝核金窗系产品的强大助力，森鹰品牌正在爆发出无限的能量，精彩的大会也再次印证了张默闻"超级大会就是超级营销"这一理论。

【超级报道】

一次周年盛典，输出品牌价值精华

在两个月前举办的森鹰品牌升级大会的最后，由森鹰董事长边书平倾情演唱的企业歌曲《我的森鹰，我的大国之鹰》，点燃了所有人的激情与梦想，而在此次森鹰22周年庆典的尾声，边书平董事长特别携上其孙边则恩小朋友，再次为所有嘉宾唱响这首由张默闻这厮为森鹰窗业量身打造的企业歌曲，展示了森鹰品牌与匠心品质的发扬与传承，让人感动良久，难以忘怀。

2020年9月25日，在"未来YOUNG·鹰不同"22周年庆典、新厂竣工暨新品发布会结束之际，所有人共唱生日快乐歌，共享生日蛋糕，传递着属于全体森鹰人的欢乐与幸福。喜悦的仪式之后，森鹰窗业董事长边书平、森鹰窗业研发中心总经理王勇、森鹰零售中心总经理肖恒虎和森鹰品牌幕后策划专家张默闻共同出席了会后记者见面会，就记者和网友们最关心的问题做了精彩回答。

以下是现场采访实录：

"未来YOUNG·鹰不同"森鹰三会召开
边书平董事长答记者问

记者：边书平董事长，您好。今年是森鹰成立的第22个年头，森鹰也在今年完成了森鹰的品牌和战略的升级。回首以往，您觉得森鹰为何能够屹立行业22年，还能够冲破传统概念束缚，领军行业呢？

边书平董事长：最根本的原因是森鹰这些年做对了两件事：一是战略定力，二是产品根基。首先是战略定位和聚焦的准确，所谓"知人者智，自知之明"，我们始终坚定把产品做得聚焦、专一、专注。其次是坚定不移地做好产品，任何好的营销都要有好产品的支持，我们相信好产品会"说话"。森鹰会从全世界范

森鹰董事长边书平表示，森鹰能够取得今天的成绩，主要得益于两件事：一是战略定得好，二是产品做得好。

围内寻找材料、购买设备，再结合中国市场进行工艺的改进和创新。

国内消费者的消费观和欧美有很多不同，再加上国内气候的多样性，所以我们必须结合国内市场进行不断的创新和打磨，可以说森鹰在产品方面确实做足了功课。正是因为森鹰对战略和产品的专注和坚持，才有了今天的森鹰。

记者：我们看到大会现场有对老员工的授章仪式，还有员工工作的视频资料，可以看到森鹰对于员工的重视，充分体现森鹰"以人为本"的企业经营理念，能够谈谈您在员工管理方面的理念吗？

边书平董事长： 员工是企业做好客户服务的根本。当企业规模越来越大、员工越来越多，就越需要通过组织变革、组织建设，来激活员工活力。过去三年，我们将公司组织架构由职能体制、职能型架构向矩阵式管理方向改革，打造成学习创造型组织，最大化挖掘员工潜能。稳定员工是森鹰产品销售的一个好的根基，它也很好地反馈到了客户服务环节，这是制度、说教、处罚管理所无法做到的。森鹰一直不断地有新鲜血液进来，也是这个原因。

在组织能力的建设上，森鹰的路还很长，还会不断探索。

记者： 2020 年是特别的一年，大家都能感受到疫情带给我们的影响。请问边总，森鹰有针对疫情制定什么应对的方案吗？您认为疫情对森鹰造成了什么样的影响呢？

边书平董事长： 森鹰一直以来都是不断地通过各种会议、制度、策略、文化去引导员工一起奋斗，这是一个长期积累的结果，而不是在疫情之下制定减薪、裁员的策略。疫情之下的企业更需要稳定，给员工以信心，而不是考虑降低用人成本和费用。

企业需要持续打造管理者的四种能力：战略、产品、营销、组织。这四种能力的形成并不是一朝一夕的，即便森鹰已经发展了 22 年，我认为在这四种能力上也没有健全。企业一定要强健自己，并树立足够的信心和信念。森鹰要坚持在顺境中稳步发展，在逆境中也能完成任务，以确定的能力去抵抗不确定的环境变化。环境变化是一种挑战，但对于强健的企业却是机会。环境变化我们是控制不了的，但是企业自己的体格可以控制。

记者： 后疫情时代，从"七七大会"开始，森鹰始终坚定营销的道路，相较于其他企业，森鹰的选择更大胆一些，这方面您是怎样考虑的呢？

边书平董事长： 刚才提到企业管理的四种能力：战略、产品、营销、组织。在我看来，森鹰是个偏科生。营销和组织是森鹰的短板，但是我们可以学，首先在营销能力上进行突破，所以我们请张默闻策划集团来帮我们进行策划。张默闻策划集团给我们的方向就是如何做战略和营销，我们在按照这个方式去努力。虽然赶上了疫情这个危机，但也不能因此停滞营销和宣传。繁华年代我们不会被记住，但在大量空档期的时候就容易被别人记住。森鹰正在努力补课，努力学习营销上的课程。

记者： 边董事长您好。今天的会议让我非常触动，让我看到一个企业家的担当和责任，您能谈谈您是在怎样的驱使下，能够一直这样保持初心，聚焦于做品质、回馈消费者的吗？

边书平董事长： "人人皆有良知，人人皆有使命，人人皆可成圣"，这是王阳明讲的话。人是有使命的，人生的追求应该是做多少事，而不是挣多少钱。当金钱和权力诱惑你的时候，就要格外当心，因为那是一种考验，但是能经受起这种考验的人并不多。我们应该把精力放在做事情上，而不是发财致富上。保持初心，聚焦品质对我来说一种使命，无时无刻不在驱使着我做好这件事。

深耕行业 22 载，初心不改，森鹰对节能降耗的追求始终如一。不断扩大生产规模，提升创新实力，聚焦产品品质，森鹰致力于为更多的中国家庭提供更环保、更高端的健康窗，通过现代化制窗工厂的建造与全新单品研发上市，为品牌的发展持续赋能。相信未来森鹰将会继续以领航者之姿，引领行业持续阔步前行！

"未来YOUNG·鹰不同"森鹰三会召开
研发中心总经理王勇答记者问

记者：王总，您好。您是今天发布的新品"简爱 JE110"的总设计师，能够讲讲这款产品的研发灵感和这款产品设计背后的故事吗？

研发中心总经理王勇：首先要感谢张默闻团队赵青老师给这款产品的命名——"简爱"。从"简"和"爱"这两个字去理解，"简"绝对不是简单、简略甚至是简陋的意思，它代表的是大隐于内，把好的东西隐藏起来，使外观看上去更加简约。第一点是在设计上，我们把铝合金窗所用的压线隐藏起来，使之更加美观。第二点是这款产品在整体外观上

每每谈起简爱"铝核金窗"，总设计师王勇总是滔滔不绝，相信他对新产品的喜爱一定是胜过所有人的。

走简约路线，整窗采用纯平设计，隐藏式铰链，无压条无中框，富有设计感。第三点是隐藏式排水，室外有排吸口，这样设计会更美观。第四点是隐藏式中框，市场上的门窗内平或外平都是有两个钩，看起来有琐碎感。简爱采用的是一钩，把短处块隐藏在后面。

谈到"爱"也是有四点。第一点是简爱铝核金窗有一个圆角，它的作用是防止儿童磕碰，是对儿童的一种爱护；第二点是它采用窗纱一体结构，不仅能起到防护作用，还可以防止蚊虫进入室内；第三点是节能保温，简爱 JE110 的隔热、保温性能特别好，让室内更加舒适，对消费者来说有一种被关怀的感觉；第四点是双颜色，室外的颜色可以和小区一致，而室内可以做成另一种消费者喜欢的颜色。

记者： 简爱这款产品可以说是森鹰品牌旗下的又一款高端力作，相比较其他产品，简爱最大的特点是什么？

研发中心总经理王勇： 最大的特点就是隐藏压线的设计，我们在欧洲看到很多铝合金窗的压线不是很好，能看到喷涂、切割完后的痕迹。我们把压线隐藏起来，并用一些方法来装饰，森鹰是国内第一家运用这种方式的。

记者： 森鹰继 7 月推出酷 8 度空调窗之后，9 月又推出了简爱系列，森鹰新品研发及发布的未来规划是什么样的呢？

研发中心总经理王勇： 第一是森鹰最擅长的铝包木产品，还需要继续夯实，在它的窗型上做到更加节能保暖，不断地深入研发。第二是 X 系列产品，它采用的是玻纤圈做产品架。这款产品也需要不断去拓展和丰富，比如说推拉等，需要不断地完善。第三是简爱系列，它代表我们公司的铝合金窗系列。铝合金窗的范围是非常广阔的，可能用几千种铝材都无法把窗型做全。根据公司定制化的特点，研发团队依照需求，能做出满足程度比较高的产品，在此基础之上再进行深入研发。另外，我们比较重要的工作就是研发实验室的建设，耐火、隔声等实验室的建设工作。

记者： 今年已经是森鹰的第 22 年，您对于森鹰有哪些祝福和希冀？

研发中心总经理王勇： 从产品端出发，我们已经涉猎到了除了木窗产品以外的 X 系列和简爱系列产品，我希望能够在未来研发出更多引领行业的新品，希望森鹰在广阔的天地展翅翱翔，能够产量更大，成功上市。

从初露头角到行业翘楚，森鹰用不懈的坚持与创新铸就了坚固的品牌堡垒。2020 年 7 月，森鹰创新推出节能高端的"酷 8 度空调窗"，成为节能窗市场的一大力作。此次大会上，发布全新单品"简爱铝核金窗"，正式进军铝合金窗市场。22 年匠心沉淀，品牌战略步步升级，不断为企业发展注入新能量。未来，森鹰将继续引领行业，开创中国用窗新时代。

"未来YOUNG·鹰不同"森鹰三会召开
幕后策划专家张默闻答记者问

记者： 张默闻老师您好。森鹰的成功转型您是总操盘手，您可以算是企业最亲近的"旁观者"，作为旁观者，您是怎样看待森鹰 22 年的发展历程的？

张默闻策划集团董事长张默闻： 多年来，森鹰做得最好的动作就是非常善于聚焦。22 年，森鹰的聚焦理论从建立到实践都是超乎寻常地坚守。

第一点是聚焦超级品类。铝包木窗的难度非常大，需要对科技极致严谨，满足市场需求和消费者体验。森鹰用了22年时间把铝包木窗做到中国第一，这是一种超级坚守，这种坚守成就了卓越的森鹰。拥有自己的边界和原则，造就了森鹰的口碑、销量、影响力和品牌力。

作为森鹰简爱"铝核金窗"的战略总规划师，张默闻表示进军铝合金将是一个伟大的战略选择。

第二点是聚焦核心的科技。这不仅体现在产品、品牌、品质等本身的科技元素上，更体现在它匠心的科技精神。这一点消费者们可以从森鹰的产品、营销，以及用户的感受中找到答案。

第三点是聚焦品牌向善。不管是来自中国的门窗行业还是来自于竞争对手、用户、渠道终端，无论从各个维度来看，品牌向善的力量都是非常强大的，这会使消费者对品牌的忠诚度逐渐提高。

记者： 刚刚我们有幸参与了森鹰新品"简爱 JE110"的发布，据说新品的命名也是咱们策划集团的创意，想问您命名这款产品的灵感来源是什么？

张默闻策划集团董事长张默闻： 因为"简爱"是森鹰22年来第一个转型之作，这个转型之作从某种程度来说，是铝包木窗到铝合金窗的一次非常合法、合情、合理、合适的自然变革。森鹰一直坚持做铝包木窗，铝合金窗无疑是森鹰的一次全新战略选择。但是战略本质并没有失去，相反是聚焦理论的再度升华。我认为理论的伟大之处在于变化，这种变化取决于消费者、行业、竞争对手。

简爱是中国铝合金窗的全新代表，实现了技术、颜值双层突破。这个产品最大的特点就是极其简约。大道至简，"简爱"这个名字表达了产品的核心。我认为这个产品会引爆门窗渠道，也会让中国门窗产品品质得到极大提升。

记者： 森鹰在7月刚刚完成了新厂的竣工、新品的发布以及品牌升级，9月又开始新品发布，后疫情时代，森鹰的发展进程不仅丝毫没有受到影响，还有愈渐加快之势，您是怎样看待森鹰在疫情期间的成绩的？

张默闻策划集团董事长张默闻： 我觉得森鹰是非常伟大的企业，疫情并没有阻拦他们的脚步。森鹰在疫情期间的动作包括扩大产能、南京建厂、推出新品、亿级广告的投入等，这些动作都是非常危险且需要魄力的。

我对森鹰疫情期间的动作有三点评价：第一是森鹰是有魄力的，能够逆势而上，一般企业会根据经济形势而收放势能，但是森鹰不管环境如何恶劣都能够担任挑战者姿态，不走寻常路，按照自己的想法前进。第二是逆疫而上，疫情期间，企业都受到了不同程度的影响，也包括森鹰，但是从结果来看，森鹰很好地转危为机，在抗疫的同时打造品牌，走出一条独特的抗疫之路。第三是逆变而上，森鹰一直在变化，包括使命、愿景、价值观和全新的空调窗单品。同时也能看到管理的变化，这种变化不是突发性的，而是 22 年不断积累的结果。

记者：从您在各个场合的发言中都能感受到您对于边书平董事长的欣赏，边董事长身上什么样的品质最打动您呢？

张默闻策划集团董事长张默闻：第一，我认为边董事长是一个大演说家，旁征博引、信手拈来，同时通读《道德经》。我们在一起调研的时候，他总能恰如其分地引用《道德经》里的句子，给我们分享心得，既有表演又有表述，这是大演说家的风采。这是由他的知识结构、深刻的社会洞察和背景积淀所形成的，这一点非常令人钦佩。

第二，我认为他是一个大企业家。他从哈尔滨这片土地上，把产品、品质和销量都做到了全国领先，这是大企业家的格局。在边董事长的带领下，森鹰不论是品质、形态、服务，还是终端管理都是首屈一指。在他身上还会看到竞技精神、合作精神，能看到一个正在走向世界的企业家精神。

第三，我认为他是一个大产品家。他非常懂得技术和产品，对每一种原料、每一个环节都了如指掌，拥有森鹰权威产品发言官的素质。做产品做到如此痴迷的程度，将产品做到无懈可击的程度，是非常难得的。

第四，我认为他是一个大文化家。边董事长演讲的特点就是在零口误的基础上还能很好地表达观点，可见他的文化积淀、文化内涵、文化价值观以及其文化的深度和厚度。我从他身上学到了很多东西。

记者：从战略发展的角度看，未来森鹰的发展您认为会呈现怎样的趋势呢？

张默闻策划集团董事长张默闻：我觉得未来的森鹰会成为"三领"：第一是品质的领先者，这不仅仅是一种精神，也是一种信仰；第二是品质的领导者，22 年一直坚守原则，用心做产品，森鹰的领导者地位必将被行业和消费者认可；第三是领军者，在全球节源节能的要求下，森鹰融入自己的核心科技让原本低端的装修配套变得更加高大。领先者、领导者、领军者的"三领"趋势必会成为森鹰未来发展的样子。

战略升级源于决策者对行业需求、竞争格局与企业特长的综合应用与把控；策略创新源于一线操盘手的灵活与创意，对有限时空与资源的有效配置和组合。相信在森鹰窗业边书平董事长与张默闻策划集团张默闻老师的合作下，森鹰窗业未来一定会成为行业的领先者、领导者、领军者。

【附】

我的眼里只有"她"
——记森鹰窗业董事长边书平

作者：胡昊彬

当我们驻足回忆往事，或许会轻声低喃："我们在追逐什么？我们在坚持什么？"答案可能无外乎事业、金钱、名利、亲情、知识、健康……然而森鹰董事长边书平却对这个问题有着自己独特的回答，他的眼里只有"她"——森鹰。

"森"为木之源，代表森鹰铝包木空调窗取材于森林；"鹰"为鸟中王，是勇气、力量、智慧的象征。作为森鹰的创始人，边总说，他最骄傲的事情就是创造了这两个字。"森鹰"是一个具有自己独特韵味的名字，虽然不那么亲切温和，画面感不那么强，但是22年走来，他一直围绕这两个字，呵护这两个字如同呵护自己的孩子一般，一步步引领着"森鹰"茁壮成长。

当我们离开这个世界时，或许会默默回想："我给这个世界带来了什么？"在边书平看来，或许有一天他会被这个世界遗忘，但是，"森鹰"这两个字会永葆青春活力。其内在的利他思想，在他人和客户的心中留下难以磨灭的印记。今天，就让我们走进边总和"森鹰"这二十余年的"利他"之旅吧！

"利他"是母亲曾经埋下的种子

在边书平的童年记忆中，母亲是一个十分节俭、待人真诚的人。"她总是一直攒钱，然后给老人，给身边的人。"母亲从未接受过其他人的钱。于是，边书平萌生出一个懵懂的想法："以后要赚钱给母亲。"同时，母亲无私付出、不求回报的行为也悄悄地在他心中埋下了一颗利他的种子。

除了母亲的以身作则外，我们在访谈中发现边总对中国传统文化如数家珍，每天早上起床后默背《论语》《道德经》，反复咀嚼其中深意，感悟古人的天道之理。同时将古文中蕴含的至理应用于企业的经营之道中，努力做到"知行合一"。边总最喜用《道德经》第七章的"天地所以能长且久者，以其不自生，故能长生"来阐述自己的企业经营之道。"每个企业也都想追求长命百岁，如果把这句话中的天地两个字换成企业也是成立的，企业所以能长且久者，以其不自生，故能长生。因此，做企业千万别以赚钱为目的，千万不要自以为了不起，做企业就是要利他，就是要踏踏实实做产品，尽心尽力为客户服务，这样做了，企业反而能长生。"这是他从古人智慧中汲取的经营理念，正是这一知行合一的理念铸造了"森鹰"的成功。

"利他"种子发芽、长出"森鹰"

1988 年，边书平从哈尔滨工业大学管理学专业硕士毕业，开始创业。先后做过中央空调安装、装修、修路、消防工程等一系列的工程项目。短短十年时间，他的总资产就已经达到了七八千万。然而这个时候，他开始反思人生道路，"觉得自己仿佛变成了一个赚钱机器，生意是一天天做大了，可肚子也跟着越来越大，30 岁的年龄，60 岁的心脏。为了赚钱而赚钱，工作缺失了理想，人生失去了意义。"不甘于此的边书平打算创建工厂，生产一个客户喜欢，而且对人类社会有价值的产品。

1998 年在德国交流期间，一个偶然的机会，边书平发现当地的窗户不同于国内的铝合金窗和塑钢窗，不仅精致漂亮，密封与隔音性能还特别好，无论是在外观还是性能上都有着极大的优势。当即，这种"木窗外面还包着铝"的窗户就吸引了边书平的眼球，他没有考虑成本、工艺情况和投资额度，只想着要让中国的房子也能使用上这种精美的窗户。1998 年 9 月 25 日，企业取得了法人营业执照，"森鹰"诞生了，在哈尔滨市南岗区王岗镇一个占地面积 50 亩的工厂中开始了他的腾飞之旅。

"利他"的树上结出环保节能的产品

在交谈中，我们发现"森鹰"承载了创始人边书平的想法，有着一些独特的性质。首先"森鹰"不单单是在生产窗户，更是在致力于通过优质的窗产品，提升建筑节能技术，促进环境的可持续发展。边书平说："化石能源的大量开采和使用，使得温室效应越来越严重，整个生态平衡遭受了巨大的破坏。在社会三大耗能——建筑耗能、工业耗能和交通耗能中，建筑耗能占到了整体的 40%，是三大耗能之首。而建筑耗能中又有将近一半的能源是从窗户跑掉的，可以说窗户是一个能源流失黑洞。"因此，"森鹰"通过不断的技术引进、自主研发，引领窗户在节能领域的发展，目前已经获得了 300 多项技术专利。

"森鹰"代表性的绿色环保产品就是被动式建筑外窗，这种窗户在保温和密封性上做到了极致，从而最大程度控制了建筑的能源耗散，这是被动式建筑的重要构成部分。被动式建筑是指不使用或使用极少主动能源，通过太阳光、人体发热、机器设备发热等被动能源，使室内保持舒适温湿度的建筑形式。现在，"森鹰"已经成为中国被动式门窗生产的领导品牌，国内从 2012 年开始建造的不到 200 个被动式建筑项目，森鹰做了将近 100 个，这从源头上控制了建筑能耗和温室气体的产生，体现了其将绿色可持续发展作为企业的愿景和使命。

除了在被动式建筑外窗领域的持续发力，"森鹰"还身体力行地打造了一座世界上面积最大的被动式工厂，建筑面积高达 16000 平方米，并且获得了吉尼斯世界纪录的认证，还有一个 5000 平方米的被动式办公楼。

"利他"的边书平最怕客户对自己的产品不满意

边书平对于如何做好一个企业有着明确而深刻的认知："首先要爱护自己的员工，其次要以客户为中心，要利他，你要想人家对你好，你首先需要对人家好。如果你去骗员工、骗客户，企业是走不了太久的。"他谈到每次和客户坐在一起，最担心的就是顾客对森鹰的产品不满意，对森鹰的服务不认可。正是由于森鹰从不通过小手段攫取短期利益，而是踏踏实实做产品，立志为客户提供优质服务，始终秉持"敬事如神，待客如亲，利他经营"的经营理念，使得森鹰在 22 年里收获了一大批忠实的消费者，成功化解了种种危机。

"利他"之树与供应链共生

边书平说自己和供应商合作一直坚持两个原则：第一，公司从来不赊欠供应商的尾款，年底前一定要百分百支付，保证合同的安全运行。这么多年坚持下来，供应商、设备商都非常乐意与森鹰做生意，也愿意给出低于市场的价格。第二，公司从来不过分挤压供应商的价格。企业节约成本很重要，但是并不能一味逼迫材料商降价，而是要给材料商一个合适的价格，给其生存和发展的空间，实现合作共赢。正是这两个原则，让森鹰的名誉、口碑在不同的供应商之间口口相传。人的名，树的影，口碑的积累使得森鹰逐渐成为行业的标杆，吸引了许多供应商的主动合作。

"利他"的社会关怀

边书平非常认同德鲁克提出的观点，功能正常的社会至少由三大类机构组成：政府、企业和非营利机构，它们各自发挥不一样的作用。企业之所以存在，就是为了向社会提供某种特定的服务，所以它必须存在于社会之中，与其他机构为邻，因此，企业也要承担一定的社会关怀责任。

边书平这样想，也是这样做的，早在 2004 年，他就拿出个人积蓄承担起"围墙之外"的责任，在企业内和社会上展开爱心活动，并提出"迈开一步，就有希望"的奉献理念，陪伴困境中的人迈出艰难的第一步。多年来他支持了病困、助学、医疗、环保、社会重大灾难等项目，奉献金额超过两千万元。

"利他"的森鹰想飞得更高更远

边书平独特的人生经历和个人思想让"利他"的思想成为森鹰的品牌精神支柱，帮助森鹰一步步成长到了今天。这种思想和企业可持续发展研究中的"利益相关者理论"不谋而合。"利益相关者理论"指出，企业的发展应该超越简单以股东利益最大化为目标，而是关注更加广泛的相关群体的福利。利益相关者群体包括企业的股东、债权人、雇员、消费者、供应商、政府部门、本地居民、社区、媒体、公益组织等。通过利益相关者的管理企业往往也能获得更加长久、稳定、可持续的发展。近几年，"利益相关者理论"愈发被企业认同并使用，2019 年 8 月 19 日，181 家美国顶级公司首席执行官在华盛顿召开的美国商业组织"商业圆桌会议"（Business Round table）上联合签署了《公司宗旨宣言书》。《公司宗旨宣言书》重新定义了公司运营的宗旨，宣称：股东利益不再是一个公司最重要的目标，公司的首要任务是创造一个更美好的社会。

经过 22 年的成长，森鹰已经腾飞，作为中国被动窗研发的先行者，累计申报 388 项专利，获得"国家高新技术企业"认证，成为中国木窗行业首家"新三板"挂牌企业。但是，森鹰的脚步将不止于此，森鹰正在飞向更广阔的天地，伴随着"利他"思想走出国门。边书平告诉我们："接下来有两个计划，第一个计划是在北欧设立供应链，建立一个专业化集成材工厂。第二个计划就是在欧洲收购一到两家有研发能力的门窗厂，作为森鹰在欧洲的窗口和研发中心，了解欧洲设备、材料、技术，产品动态。"融合了不同国家的技术研究，森鹰必然会在建筑节能领域取得更进一步的发展。

在森鹰 22 年的成长路途中，每年都是最困难的一年，都是创业的一年，都是努力存活下去的一年，边书平所倡导的"企业所以能长且久者，以其不自生，故能长生""敬事如神，待客如亲"的"利他"思想永远是森鹰发展的指引方向。在这种思想精神下，森鹰逐步改善自身的不足之处，从一个雏鹰成长为展翅飞翔的雄鹰。我们期待"森鹰"以后能够飞得更高、更远，将"利他"思想传递给更多的人。

2020"森鹰杯"首届被动房设计施工大赛
峰会论坛：用森鹰空调窗挡住气候变化

【导语】11月24日，由北京建筑节能研究发展中心主办、森鹰窗业独家冠名的2020"森鹰杯"首届被动房设计施工大赛圆满落幕，峰会论坛环节迎来了众多专家学者、业界同仁的演讲致辞，其中森鹰窗业边书平董事长以《用森鹰铝包木空调窗挡住气候变化》演讲引发观众思考："3060"碳排放承诺言犹在耳，在迅疾的变化中，要如何做好企业、做好产品，才能保持对自然环境的敬畏、解决发展与节能的平衡？以下为边书平董事长峰会发言——

各位尊敬的嘉宾，大家上午好！

昨天，2020年"森鹰杯"被动房施工设计安装大赛胜利结束。比赛规模虽然不大，但是其传播、宣传、培训的价值并不小，它让更多人知道了节能环保、舒适健康、冬暖夏凉、益寿延年的好房子是怎么建造出来的。因为我们太需要好房子了。高耗能的建筑给这个世界和我们的健康带来的危害实在是太大了。

今年我们的眼光都被疫情吸引了，以致于忽视了这样一个重要信息。在北极一个被称为"寒极"的小镇维尔霍扬斯克，以往夏天的平均温度是5℃~8℃，今年却达到了38℃。到21世纪末，我们的后代子孙还能否看到活着的北极熊成了一个未知数。南极的情况同样严峻，今年局部地区的温度达到了20.75℃，还出现了一种奇怪的现象，雪变成了红色的雪。据统计，南极每年都会有3万亿立方米的冰块融化。企鹅赖以为生的磷虾由于温度上升，往海洋深处游去。既没有立足之地，又失去食物的企鹅，只能悲哀地站在泥泞的土地上。除了南北极，其他区域的情况也不乐观，日本的高温、澳大利亚的山火、中国的洪涝灾害……前几天，哈尔滨普降暴雪，达到半米之厚，很多厂房的屋面都坍塌了，气候变化的可怕影响已经走进了我们的日常生活。

气候变化带来了三种正反馈的、非人为的现象。第一，永久冻土层开始融化，而藏在永久冻土层达几十万年的一氧化碳、二氧化碳、甲烷被逐渐释放出来；很多病毒、微生物也随之开始复活，目前已经发现了28种我们从未见过的病毒。第二，北极的海底开始漏气了。北冰洋的海面上出现了几十处，每处大小为几平方公里的冒泡处，冒的是甲烷。甲烷对气候变化的影响是二氧化碳的14倍。第三，喜马拉雅山、乞力马扎罗山、阿尔卑斯山等的冰雪覆盖层开始融化而变成了黑色，因此吸热能力增强、反射能力下降。以上三个现象，使地球进入一个正反馈之中，温度不断攀升。而且，科学家还难以对其影响进行预测。

讲到这，我想起了《道德经》第29章："将欲取天下而为之，吾见其不得已。天下神器，不可为也，不可执也。为者败之，执者失之。"这段话意思是用强制的办法治理天下是不能达到目的的。强力把持天下，就一定会失去天下。地球好比是一个神器，人类为了自身的舒适生活不断消耗化石能源，进行碳排放，让我们的地球披上了一层厚厚的外套，使得短波太阳能能够照射进来，但长波太阳能反射不出去，我们的地球就越来越热。我们已经触发了地球的机关，它将变得不可捉摸。《道德经》第 25 章说："故道大，天大，地大，人亦大。域中有四大，而人居其一焉。人法地，地法天，天法道，道法自然。"在这个世界上，人不是老大，人不能胜天；但是我们反客为主，把地球败坏得进入到灭亡的倒计时之中。

人类正在对地球进行自杀式攻击，必将遭到大自然的强力反击。

面对这样的危机局面，我们伟大的总书记在 9 月 22 日断然发出了"零碳中国""3060"伟大计划。在"零碳中国"计划里，我认为"零碳能源"是一场革命，任务艰巨。"零碳交通"相对容易，汽车的使用寿命较短，几十亿辆汽车可以在数十年内报废，逐步换成新能源汽车。如果"零碳能源"解决了，"零碳交通"就不是太大的问题了。但是"零碳建筑"就没那么容易了。

中国建筑节能协会有一篇报告说，我们建筑业要想达到碳中和，需要到 2039 年，我们的存量建筑、新建建筑体量过于庞大，所以我们在座的各位"任重道短"，道路并不远，但留给我们的时间不多。我们要用三四十年的时间完成欧美发达国家七八十年完成的任务，可想而知，这任务是多么艰巨。

森鹰是一家小公司，1998 年创办。我人生最大的错误就是进入窗产业，没想到这个行业如此艰辛；我人生最大的正确也是进入窗产业，我们迎来了"3060"伟大机遇。在 2009 年，森鹰就开始对节能环保有了自己的理解和追求，推出了一款被动窗产品，但没有通过 PHI 认证。2010 年，我们继续研发被动窗的同时，做出了这样一个决策：放弃了占我们销售额 55% 的木铝复合窗，因为它不节能。我们聚焦到铝包木窗，并把产品的 K 值控制在 1.4 以下。2012 年，我们推出了中国第一款被动式配套用窗，获得了 PHI 的 B 级认证。当时行业里都觉得这是一个噱头，没想到我们坚持下来了，8 年来销售量越来越大。此后，我们在这个基础上不断增加新的产品，入户门、幕墙等，终于形成一个庞大的被动式产品家族。

2020 年 7 月 7 号我们推出了一款新产品，应用了一种新材料，我们称之为第五代窗材，做成了一款产品达到了 PHI 的 A 级标准。明年的 7 月 7 日，我们预计推出一款能达到 PHI 的 A+ 级标准的窗产品。A+ 级标准是什么概念？一个窗要想做成被动式，重要的不是透明部分，而是不透明的部分，因为透明部分容易做到，而不透明部分则很难做到。Ψopak 就是这样一个描述难度的指标。opak 是"不透明"的意思，Ψ 指的是"边部传热系数"，$\Psi \leqslant 0.065$；框体传热系数 $Uf \leqslant 0.55$，整个 $Uw \leqslant 0.4$，这样才可以达到 A+ 级标准。

总之，森鹰在建筑节能的领域里，企业虽小，但位卑未敢忘忧国。我们愿意用森鹰空调窗挡住气候变化。杰里米·里夫金写过一本书叫《第三次工业革命》。第一次和第二次工业革命使我们这个世界进入了环境破坏的泥淖，第三次工业革命就要解决前两次遗留下的问题，还要创造出新的 GDP——绿色与发展相平衡。各位领导、各位嘉宾、各位专家，只有每个企业都动起来，我们碳排放的伟大征程才能成功。如果中国 600 亿存量建筑在 40 年内完成改造，那每年要改造的建筑量是 15 亿。以 20% 的用窗量计算，那就是 3 个亿的用窗需求。就算把中国所有能生产被动窗的企业捆在一起，也无法完成如此巨大的产能。中国在被动房领域的供应链有待大规模发展，为新的 GDP 做贡献。让我们一起努力，谢谢大家！

真材实料真功夫
皇玛品质甲天下

皇玛·康之家2020健康沙发品牌峰会

 皇玛·康之家

HM·KAZJA 品/质/环/保/健/康/家

大会的成功举办，让行业看到了我们深度耕耘健康沙发领域的恒心，更让全国的经销商看到了皇玛与他们创造共赢未来的决心。在疫情防控的特殊时期，大会现场订货量依然创下年度新高，订货额实现大幅度的增长，远超我的预期，让我看到了张老师的超级大会带来的真正效果，它帮助品牌实现了品效合一的多重发展。能在如此低迷的市场环境之下，带来这样一场振奋人心的订货奇迹，帮皇玛解决了最根本的营销问题，我算是真正领略到张老师的策划能力和实战能力了，高，实在是高！

事实摆在眼前，用一场大会助力一个品牌打破市场困境，打开全新局面，只有张默闻能做到。所以，皇玛·康之家能够再次成为《超级大会就是超级营销2》中的重要主角之一，我发自内心地感到欣喜和激动。这本书肯定凝聚了张默闻老师的策划精华，而皇玛·康之家正是超级大会力量的见证者和实践者之一。

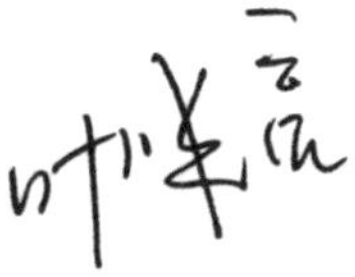

成都诸葛家具有限责任公司董事长

皇玛·康之家品牌创始人

真材实料真功夫

重构健康新标准

——皇玛·康之家2C

【超级背景】

一个健康沙发品牌升级关键期的危与机

近几年，在张默闻的全案策划下，皇玛·康之家健康沙发品牌不断实现迭代升级。2020 年，品牌迎来了升级的关键时期，在后疫情的环境下，在激烈竞争的市场中，可谓"危"与"机"并存，挑战和机遇同在。而此时，一场年中超级大会就显得尤为重要，大会承接了品牌上半年发展的需求，推动了品牌下半年乃至今后的长期发展。2020 年 5 月，为了掌握最新市场情况，助力皇玛·康之家 2020 年重燃品牌新力量，张默闻率领项目组成员亲自赶赴广西市场，与皇玛·康之家董事长共同开启深度调研。

品牌升级迎来新时期，品牌市场影响力不足

面对皇玛·康之家不断升级的品牌发展需求，张默闻秉承现场主义的调研原则，坚持只有在一线市场中才能找到正确的品牌发展路线。调研之前，张默闻亲自就调研问卷的设计进行了把控与反复钻研，最终形成了从董事长到经销商的，涵盖品牌、营销、产品、终端、消费者等十大核心维度的调研问卷，以极具高度性与战略性的眼光为此次调研的成功打下坚实基础。

张默闻与项目组冒着 36 度的闷热高温和 11 级台风的强烈影响，五天之内辗转广西南宁、百色、河池、柳州、桂林等五大城市，马不停蹄地走访了隆安、平果、田东、田阳、巴马、环江、鹿寨等十多个县（市）的家具市场与终端门店。每一站调研中，张默闻都与皇玛·康之家经销商展开深度交谈，以精辟独到的分析方式，在访谈之中快速抓住市场现象背后的问题本质，准确地掌握皇玛品牌终端最前线的营销数据与状况。根据不同市场的不同情况，张默闻更是灵活调整问题方式，将有价值的信息层层剥开直至充分挖掘。

不仅如此，张默闻在快速获取终端发展一手资料的同时，更是展现出"现场出创意"的高超能力。张默闻以小见大，通过广西案例分析出品牌全国发展的三大维度思考与六大终端问题，提出了极具建设性的解决方案《关键在头部》。报告中犀利指出，现阶段皇玛品牌的发展问题就是"头部问题"，品牌市场影响力仍然不足，必须以从上至下、以从总部到终端的方式解决问题，并创造性地提出皇玛·康之家品牌信仰与品牌哲学的战略指导思想，形成了皇玛终端发展的五位一体整合战略。

经销商对质量有信心，对销售方法缺乏信心

自 2017 年与张默闻策划集团牵手合作以来，皇玛·康之家已完成了品牌的全面升级与重大蜕变，并赢得了经销商的一致认可。在疫情环境下，皇玛·康之家依然爆发出强大的品牌力，以两场百万级的直播刷新家具行业直播新纪录。后疫情时期，如何实现终端市场的率先崛起成为了皇玛·康之家 2020 年下半年的重点工作。

在市场调研中，经销商普遍对品牌充满信心，认为皇玛·康之家沙发的品质无可比拟，认为皇玛·康之家沙发健康定位非常准确。但是根据市场调研发现，各地经销商话术不统一，没有将品牌策略真正落实到话术中。很多终端店的店员缺乏培训、缺乏激励，对销售没有激情，对卖点把握不准。这一系列问题点的聚合，最终导致了部分经销商卖不动货。

走南宁、闯百色、过河池、翻柳州、上桂林：五天市场调研，张默闻与叶晓亮董事长一起度过的"峥嵘岁月"。

面对这些问题，张默闻提出了品牌信仰、营销哲学、营销方法。其中品牌信仰包括三个方面：做健康的沙发，做经典的沙发，做耐用的沙发。而营销哲学在于：立足三四线，立足做沙发，立足硬感觉，立足弹世界，立足迭代店，立足更安全。营销方法包括五个方面：坚持价值战，丢掉价格战；坚持品牌战，强化品类战；坚持功能战，强化弹性战；坚持健康战，强化环保战；坚持迭代战，强化美店战。

张默闻将经销商调研总结进一步运用到下一阶段的品牌战略战术中，为后疫情时期品牌的发展、销量的提升打下坚实的基础，也为年中大会的召开指明方向。事实上，超级大会就是品牌发展的一次集结号，是品牌问题解决后的新亮相，也是经销商店员集中的大培训。一场大会的举办，将会针对经销商的信心问题，销售的策略方法问题，进行一次彻底的刷新和升级。

终端升级迎来新阶段，终端门店视觉不统一

随着皇玛·康之家的品牌升级，品牌核心广告语在更新，品牌主画面在快速更迭，品牌终端装潢也在优化升级，而皇玛·康之家全国 2000 多家经销商门店，就面临着终端升级的问题。如何实现终端的视觉统一？如何促进终端门头装修的快速更换？如何实现最新画面的落地？如何实现全新物料的陈列？如何实现月度活动的推进？这一系列的问题，在市场调研中一一展开，让我们看到了品牌终端店快速更新发展，也让我们看到了终端店问题的症结。

在张默闻看来，皇玛·康之家急需强化终端门店的视觉效应。而统一终端门店的前提就是从总部到经销商的门店管理流程和方法。首先，要加强美化终端店的意识，这对提升终端门店进店率和客流量至关重要，也是保障门店业绩的关键。其次，要强化店面管理制度，加强店面管理规章，安排终端层级管理人员等。最后，要树立优秀终端店案例，打造优秀榜样，推进终端样板店的快速复制和执行，同时相关人员跟进维护和更新。

从终端看品牌，从品牌看终端，这本来就是相辅相成的两个方面。终端升级是皇玛·康之家品牌升级不可或缺的重要一环，终端的广告、画面、视频、陈列，每一个细节都呈现出品牌发展的最新样貌、最新动态。而超级大会作为品牌最新发展动态的集结，将是对终端升级的再一次反哺。

【超级战略】

从市场中来的超级战略才能支撑一场超级大会

本次大会围绕着"重构健康新标准，开创品质新时代"展开，而大会的核心思想就来源于最新的市场调研，因为张默闻相信，从市场中来又能回归到市场中去的战略才精准。大会倡议的健康沙发新标准，需要品牌战略、产品策略、市场战术的支撑。

品牌战略升级，大会彰显健康真功夫

针对 2020 年皇玛·康之家品牌战略升级的问题，张默闻从全案策划人的宏观视角出发，结合市场调研的准确信息，在"健康化"和"品质化"的品牌发展基础上，提出了皇玛·康之家 2020 年的"三头六必"发展论。"三头"，即夺取商场门头、优化皇玛门头、执行选出领头。"六必"，即必须解决新品统一、活动统一、线上线下统一的服务模式，包括：必须解决门店老板和店员对皇玛"贵"和"弹"的本质问题；必须诱导性地增加店面迭代的参观策略和销量策略；必须进行更高端的品牌广告投放，强化年轻人的消费诉求；必须推进一城多店制，靠新品立店的新品终端思维；必须将功夫形象做大做强，进行终端的公交车投放。

与此同时，张默闻提出"以大会促信心，为营销指方向"的重要思路。用一场超级大会，将品牌的健康战略升级贯穿其中，张默闻从品牌的高度，对皇玛·康之家进行了前所未有的战略解读。凭借对皇玛·康之家品牌基因的深度思考，张默闻从基因学角度出发，创造性地融合品牌理论与基因理论，提出皇玛·康之家品牌基因就是"健康基因"的战略观点，进一步诠释与升华了皇玛·康之家的健康总战略。

在"健康"总战略的指引之下，张默闻认为皇玛·康之家一定要坚持功夫形象，以"真功夫"彰显"真健康、真品质"。从主视觉升级，到广告片升级，再到宣传片升级，将功夫形象全面贯穿到终端物料和视听传播上，多角度、全方位打造皇玛·康之家的"真功夫"形象。而大会就成了全新品牌形象亮相的舞台，面向全国市场展现品牌新面貌，落实品牌新路线。

在锚定品牌核心定位和价值观的基础上，面对超级大会的策划，张默闻提出了"健康新标准"的全新概念。为什么要说健康标准？因为皇玛·康之家的健康达到了家具行业领先的水平，并且引领了健康发展的潮流。在今年疫情大环境下，面对人们对健康消费需求不断提升，皇玛·康之家倡导家具行业的健康新标准，不仅符合行业标准，还符合社会发展趋势，进一步坚定了皇玛·康之家品牌的健康地位。

皇玛·康之家健康好沙发品牌广告主画面赏析。

产品策略升级，大会展现年轻多元化

面对 2020 年的全新发展时期，皇玛·康之家针对年轻市场进行产品升级。在张默闻看来，"年轻化"是永不过时的话题。消费数据显示，以 90 后为代表的年轻消费群体越来越多，消费习惯也更加个性化。针对消费年龄层的变化，皇玛·康之家也应该探索出一条年轻化、多元化的产品发展道路。而市场调研发现，皇玛·康之家经销商对产品年轻化的期待也非常高。

在市场调研中，张默闻专门针对产品升级，向经销商、消费者展开调查。调研发现，从新品的色彩来说，市场普遍认可纯色的产品。在新品上市的短短时间里，部分新品已经成为门店爆款，吸引了不同年龄层的消费者。新品尤其对年轻人形成购买力，也越来越获得新一代"90 后"消费者的青睐。在新品的良好发展态势下，皇玛·康之家加快了新品研发的节奏，每年都推出全新的产品系列，让经典和流行结合成为皇玛·康之家的产品特色。

事实上，二十多年的品牌发展历程，皇玛·康之家的产品都坚守着经典款式和奢侈级面料，这打造出了皇玛·康之家非常典型的产品特色形象。但是近些年随着市场和消费人群的变化，以及大中城市小户型商品房的普及，同时年轻人群受新潮设计的影响，对产品

玛·康之家
健康好沙发
IM · KAZJA

的设计感和实用性都提出了更高的要求。而皇玛·康之家在保留经典款式和特色材料的基础上，不断进行产品款式的微设计调整，从小型沙发，到纯色沙发，再到高脚沙发，从款式到色彩，皇玛·康之家实现了产品年轻化、多元化的优化升级。

在本次超级大会上，皇玛·康之家系列新品就通过宣传片、广告片的形式展现出来。以视听形式亮相的新品，更能够将产品的细节和功能展现给观众，带给观众全新的产品体验。新品亮相也是品牌升级的重要标志，预示着品牌的年轻化发展，成为本次大会的一大亮点。

终端话术升级，大会落地特色精准化

对于销售市场来说，只有掌握终端销售网络才能掌握市场，才能在未来市场激烈角逐中立于不败之地。对于终端市场来说，终端话术可谓至关重要，它决定了卖点的输出，决定了销量的提升。良好的终端形象和终端话术，能够吸引顾客。同时，良好的销售员形象和语言，也能够快速赢得顾客的好感和兴趣。

在皇玛·康之家市场调研中，张默闻重点关注了终端店的销售话术问题。针对终端话

为什么结
要买皇玛

因为毒沙发会导致

HEALTH SO

皇玛 · 康之家品牌广告《三个为什么》系列之"结婚篇"画面赏析。

婚

沙发？

孕甚至流产

香港影视演员**陈国坤**

为什么怀

要坐皇玛

因为毒沙发会导致肌

HEALTH SOF

皇玛·康之家品牌广告《三个为什么》系列之"怀孕篇"画面赏析。

色

发？

畸形智力下降

香港影视演员 **陈国坤**

为什么孩

要坐皇玛

因为毒沙发会导致儿

HEALTH SOF

皇玛·康之家品牌广告《三个为什么》系列之"孩子篇"画面赏析。

之
发？
白血病

香港影视演员 **陈国坤**

术良莠不齐、重点不明的一系列问题。张默闻对比观察各个门店，提出了 2020 年最新的终端话术关键词——贵、弹、健康、三十年。并进一步阐释关键词的衍伸意义："皇玛为什么贵？好才贵。贵能带来什么？""皇玛为什么弹？更高质量所以弹。为什么能弹三十年？""皇玛为什么健康？原料全进口，当然更健康。健康的权威证明？""皇玛为什么能弹三十年？""皇玛为什么能坐三十年？"

面对如何统一话术的问题，张默闻立足特色化、精准化的关键词，打造了全新的广告语，并且将相关文案带入最新的宣传片和广告片。在品牌故事宣传片中，张默闻围绕着关键词来彰显沙发的最新卖点，打造沙发销售全新话术——"皇玛·康之家，一款没有毒气的沙发，一个有点贵的沙发，一个有点硬的沙发，一款真材实料看得见，三十年后还很弹的好沙发"。在品质宣传片中，针对沙发价格有点贵的问题，张默闻进一步提炼出皇玛·康之家"贵在弹性，贵在舒服，贵在环保"的销售话术。在广告片中，张默闻从沙发的材料、材质、功能出发，提炼出"真材实料看得见，三十年后还很弹""一款对孕妇负责的沙发""闭着眼睛买，款款都健康"等广告话术。

为了统一销售话术，并有力传导销售话术。张默闻不仅将终端最新提炼的卖点，融入宣传片、广告片中，并通过这次超级大会，实现宣传片和广告片的首映，从视听体验上对经销商进行全面的话术传导。同时，会后各个视频在终端的统一播放，将进一步有效推进终端的话术升级。

广告视觉升级，大会呈现统一规范性

在张默闻看来，广告语好不好终端说了算。在市场调研中，张默闻发现了品牌升级后皇玛·康之家广告宣传的优势提升，也发现了终端广告视觉陈列上的弊端。总体来说，皇玛·康之家的健康定位经受住了市场的考验，得到了经销商和消费者的认可，在市场上树立了自身的核心竞争力。终端店对"健康"概念进行了多方位宣传，从主视觉、条幅、立牌，再到话术、对比试验等，无不彰显了品牌的健康本色。

但是，市场调研发现，终端门店在广告宣传的问题也很突出，总体归结为两点：不统一和不规范。不统一是指不同门店在广告画面选择应用上不一致，新旧掺杂问题严重；不规范是指各个门店的广告语应用不标准，画面尺寸质量不合格。此外，终端市场和总部之间信息沟通不够顺畅和及时，终端的新话术需求无法被及时满足，终端店员缺乏统一培训。

此外，针对终端市场消费者普遍反映的沙发偏硬问题，张默闻现场创意了全新的广告语"真材实料看得见，三十年后还很弹"，并用实验数据进行支撑，得到了经销商的一致认可。结合近年来的品牌广告语，张默闻进行了全新的广告梳理，包括品牌主广告："皇玛·康之家，健康好沙发""真材实料真功夫，皇玛畅销二十年"。品牌销量广告："每卖 10套就有 6 个回头客，品质正宗当然更多人买"。品牌环保广告："没有气味，只有品位"

这是什么时尚大片？电影功夫大片？不，这是由张默闻创意的皇玛·康之家全新系列广告画面。

"皇玛·康之家，一款没有毒气的沙发"。品牌品质广告："我们不是奢侈品，我们只用奢侈品的原料做沙发""品质环保健康家，就选皇玛·康之家"等。

针对核心广告语，张默闻进行了全新的广告画面设计升级，打造了全新的品牌主视觉。同时，借超级大会之机，皇玛·康之家推出了全新系列主画面，从工厂到会场进行全新的品牌视觉呈现，带给经销商和消费者崭新的视觉体验，提升了品牌的市场信心！

【超级预热】

健康功夫线上集中预热，
朋友圈引领健康沙发新标准

如何使一场极具规格的大会，不仅引发行业的关注，更能突破壁垒，产生更为广泛的品牌吸引力，展现其应有的超级影响力呢？多年的实战策划经验让张默闻深知，必须从预热阶段开始就吹响宣传战役的集结号，为大会打下坚实的传播基础。

皇玛·康之家2020健康沙发品牌峰会召开之际，张默闻以一次高质量的大会预热方式，运用互联网的快速传播性与互动性，引爆皇玛·康之家的线上话题。一时之间，皇玛·康之家品牌峰会以递增式的传播速度，席卷各大家具圈与全国消费者的微信朋友圈，健康沙发新标准的议题成功引起市场高度关注。

健康功夫倒计时海报发出健康标准号召

皇玛·康之家品牌从创立之初到如今，二十余年的发展中品牌始终以"健康、品质"为制造初心，不断以科技创新成就健康沙发的非凡品质。可以说，皇玛·康之家在健康沙发领域中，凭借品牌自身的过硬实力，成为行业健康高标准的一面领军旗帜。

然而，如何让皇玛·康之家品牌峰会所率先倡导的健康沙发新标准，更容易被理解，更为具象地在行业中发出号召，成为此次预热打响的关键点。为此，张默闻在预热阶段指出了"两大创意必须原则"：第一，中国皇玛作为中国健康沙发的代表品牌，必须以"站在月球看地球"的高度，展现皇玛·康之家品牌峰会的高度；第二，健康功夫是皇玛·康之家独一无二的品牌基因，必须以全新时尚的功夫形象，展现皇玛·康之家健康标准的风度。

秉承创意原则，在皇玛·康之家品牌峰会倒计时文案之中，张默闻大胆地引用了蛟龙号、港珠澳跨海大桥、天眼等国人耳熟能详的中国制造的奇迹项目，巧妙地结合倒计时数字，凭借中国创造的"深度、高度、跨度、精度、速度、宽度"等世界级工程，为中国健康沙发新标准的产生，形成强大的共鸣符号。倒计时不仅将大会高度再次拔高，更让品牌拥有和消费者沟通的间接语言，使得一场具有专业度的大会，被更多消费者所关注。

【皇玛·康之家 2020 健康沙发品牌峰会——倒计时海报文案赏析】

/01/

7062 米刷新纪录，
蛟龙号出征探寻中国深度。
7 天后，
谁将引领健康沙发，
标注中国标准新刻度？

真材实料真功夫，皇玛品质甲天下。
皇玛·康之家 2020 健康沙发品牌峰会
倒计时 7 天。

/02/

60 年后打破质疑，
再登珠峰测定中国高度。
6 天后，
谁将引领健康沙发，
创造中国标准新高度？

真材实料真功夫，皇玛品质甲天下。
皇玛·康之家 2020 健康沙发品牌峰会
倒计时 6 天。

/03/

55 千米飞跃三地，
港珠澳大桥架起中国跨度。
5 天后，
谁将引领健康沙发，
构建中国标准新桥梁？

真材实料真功夫，皇玛品质甲天下。
皇玛·康之家 2020 健康沙发品牌峰会
倒计时 5 天。

/04/

49 年航天发展，
中国北斗成就厘米级中国精度。
4 天后，
谁将引领健康沙发，
实现中国标准新突破？

真材实料真功夫，皇玛品质甲天下。
皇玛·康之家 2020 健康沙发品牌峰会
倒计时 4 天。

/05/

350km/h 领跑世界，
中国高铁创造中国速度。
3 天后，
谁将引领健康沙发，
驶向中国标准新时代？

真材实料真功夫，皇玛品质甲天下。
皇玛·康之家 2020 健康沙发品牌峰会
倒计时 3 天。

/06/

22 年从无到有，
探空天眼扩展中国宽度。
2 天后，
谁将引领康沙发，
开拓中国标准新视野？

真材实料真功夫，皇玛品质甲天下。
皇玛·康之家 2020 健康沙发品牌峰会
倒计时 2 天。

皇玛·康之家 2020 健康沙发品牌峰会倒计时海报设计赏析。

/07/

真材实料真功夫，皇玛品质甲天下。

重构健康新标准，开创品质新时代。

皇玛·康之家 2020 健康沙发品牌峰会

明天见。

在倒计时设计创意中，张默闻确定的功夫创意元素为大会的传播再添话题度。在信息以爆炸式、碎片化的方式呈现的今天，一张海报想要能够瞬间抓住人们的眼球，实现品效合一的传播效果，必须以品牌的超级符号快速占据消费者的心智，唤起品牌记忆。

此次倒计时海报中，每一期都以鲜明色彩搭配皇玛·康之家品牌代言人陈国坤的全新功夫动作，将品牌的健康功夫基因展现得淋漓尽致。高颜值的系列倒计时海报，受到皇玛·康之家高层的一致认可，更是成功在各大代理商的朋友圈掀起一股皇玛热，引发一众点赞与转发，大会关注度随之不断飙升。

健康大会邀请函亮出健康标准发展方向

一场大会之所以能被称为超级大会，不只是拥有超级规模，更是能以一场场具有超级创意的大会环节，将大会精彩层层展现、层层递进，让大会主旨深入人心。

张默闻以敏锐的互联网线上传播思维，将大会中的超级环节制作成创意设计的 H5 形式，向皇玛·康之家全国代理商发出诚挚的邀请函。这样一份邀请函从文字到设计，全方位地展现出皇玛·康之家 2020 健康沙发品牌峰会的精彩亮点与品牌气质，深刻阐释出皇玛·康之家于行业之中率先提出"健康新标准"的品牌实力。不仅如此，以皇玛红为主色调的邀请函 H5 设计，在大会前夕不断调动起全国各地皇玛人的品牌共鸣，让人感受到皇玛·康之家蓬勃向上的品牌发展潜力，让品牌信心从这一刻便不断齐聚，转化为对此次峰会的无比期待。

【皇玛·康之家 2020 健康沙发品牌峰会——倒计时海报文案赏析】

/ 01 /

真材实料真功夫，皇玛品质甲天下。
皇玛·康之家 2020 健康沙发品牌峰会
邀请函。
2020 年 8 月 13 日–8 月 16 日，
中国·成都。

/02 /

标准是企业发展的方向标，
标准是走向世界的通行证。
皇玛·康之家肩负健康使命，
重构健康新标准，开创品质新时代。

皇玛·康之家 2020 健康沙发品牌峰会邀请函设计赏析。

/ 03 /

健康标准，品质皇玛。

皇玛·康之家发布健康沙发标准化宣言:

从品质责任到健康使命，

开启全新健康标准化征程。

/ 04 /

高端论坛，共议方向。

皇玛·康之家汇聚行业精英力量，

共议健康标准化方向，

推动行业健康新发展。

/ 05 /

大咖聚力，引领未来。

皇玛·康之家董事长布局新战略，

策划大师张默闻点亮品牌未来，

经济学家马光远引航发展趋势。

/06/

歌声嘹亮，唱响皇玛。

皇玛·康之家《爱家你就常回家》企业

歌曲首发，

草原实力歌手乌兰托娅倾情助阵，

共同唱响家人健康心愿。

/07/

【大会议程】

8 月 13 日-8 月 15 日，

皇玛·康之家企业培训与合作洽谈。

8 月 14 日，

8:00-12:00、14:00-17:00，

实战派营销管理顾问黄会超老师讲课。

8月15日，

8:00-12:00，

实战派营销管理顾问黄会超老师讲课。

14:00-17:00，

皇玛·康之家品牌创始人叶晓亮董事长授课。

19:00-21:00，

三人禾活动会议。

/08/

<8月16日>

8:00-10:20，

中国著名策划大师张默闻老师授课。

10:30-11:50，

知名经济学家马光远授课。

13:00-17:30，

皇玛·康之家2020健康沙发品牌峰会。

/ 09 /

大会地址：

四川成都世纪城国际会议中心

【超级现场】

中国健康沙发品牌峰会在川盛大召开，皇玛康之家健康新标准引领行业发展

大会在超级预热之中吸引着行业内外的目光。2020年8月15日-16日，"真材实料真功夫，皇玛品质甲天下"皇玛·康之家2020健康沙发品牌峰会，在中国成都正式盛大召开。

中国家具协会理事长徐祥楠，四川省浙江商会秘书长刘良绪，成都家具行业商会会长古皓东，成都诸葛家具有限责任公司董事长、皇玛·康之家品牌创始人叶晓亮，张默闻策划集团董事长张默闻，广告人文化集团副总裁陈晓庆，经济学家马光远，四川省骨科医院筋伤科主任唐流刚，草原实力歌手乌兰托娅，以及皇玛·康之家品牌合作伙伴共计1500余人出席大会，围绕"重构健康新标准，开创品质新时代"的主题展开深入探讨，共议健康沙发未来发展趋势。

行业领导开场致辞，共启产业健康新道路

此次大会，汇集了行业中的众多专家级领导，为大会奠定了高质量高规格的重要基础。

峰会伊始，中国家具协会理事长徐祥楠作为大会重量级嘉宾，发表大会开场致辞。他表示，2019 年，随着产品结构的持续优化，产业规模的不断扩大，我国家具行业发展水平逐步提高，家具品牌正在迈向国际竞争力稳步提升的重要阶段。然而 2020 年，面对突如其来的新冠肺炎疫情，世界家具产业经济遭受到强烈冲击，中国家具制造业也迎来了前所未有的巨大挑战。在此背景下，"健康"不仅仅是行业发展的战略目标，更是人类未来的命运核心。

因此徐理事长在大会上郑重呼吁，在后疫情时代家具企业要顺应社会健康发展潮流，以绿色环保、高质量、新标准引领产业发展，实现家具产业的健康标准化，走出中国家具的高品质之路。面对亿万家庭的品质化、健康化的生活需求，以高质量支撑品牌，以绿色环保促进变革，以新标准引领发展，成为全体家具同仁的共识。

四川省浙江商会秘书长刘良绪在现场，给予皇玛·康之家高度评价：皇玛·康之家作为新时代下的浙商企业，传承与发扬了"敢为人先"的浙商精神，引领健康沙发产业的创新与发展，为在川浙商树立起了榜样力量。致辞中，刘良绪秘书深切表示，随着经济水平的提升，人们更加注重健康的生活方式。作为中国健康沙发领导品牌，作为一个有温度的浙商企业，皇玛·康之家凭借科技创新，凭借真材实料，不断提升家具的健康标准，用标准证明健康，用品质守护家庭，为在川浙商树立榜样，不断谱写在川浙商的新辉煌。企业之道，万物由心，皇玛·康之家以消费者健康为导向的发展初心，真正发扬着千年浙商的利他精神。

成都家具行业商会作为西南家具产业中的重要平台，商会会长古皓东则以行业视角充分肯定了召开此次大会的深远意义，他认为皇玛·康之家以品质实力率先提出健康沙发新标准的倡议，将对成都家具产业的健康升级、规范发展有着重要参考意义，加速成都从"家具产品生产地"到"高端品牌发源地"的发展进程。成都作为新一线城市，不仅连续五年稳居"城市商业魅力排名榜"第一名，同时作为家具行业的重要发展基地，成都积极把握前沿机遇，创造发展平台，让这座活力之城不断涌现优质的家具品牌，为全国家具行业的持续发展注入全新的力量。因此，这场有关健康标准的大会，不仅是皇玛·康之家品牌的幸事，更是成都家具行业乃至全国家具行业的幸事。

大咖现场专场授课，讲透健康沙发新未来

成都诸葛家具有限责任公司董事长、皇玛·康之家品牌创始人叶晓亮针对企业发展作了专场演讲，深入阐述了疫情环境下品牌发展面临的挑战与机遇。他强调，未来皇玛·康之家将立足健康标准与品质升级，从战略到战术，从产品到终端，实现中国健康沙发品牌的伟大崛起。在张默闻策划集团的赋能之下，已经连续举办两届世界健康沙发大会的皇玛·康之家，不仅是成都家具界走向全国的沙发品牌，更是能够代表中国家具智造和高标

图①：世界家具联合会主席、亚洲家具联合会会长、中国家具协会理事长徐祥楠，率先为大会发表开场致辞，表达了对本次大会的高度认可。 图②成都市家具行业商会会长、川派家居名品联盟主席古皓东说："以皇玛·康之家为代表的品牌是我们成都家具的一张响亮名片！"

图③：四川省浙江商会秘书长刘良绪，充分肯定皇玛·康之家为在川浙商企业树立起的榜样作用。
图④：皇玛·康之家董事长叶晓亮在大会专场演讲深入阐释品牌未来发展，有深度更有高度。

准的品牌之一。作为本次大会的主办方，皇玛·康之家有信心以自身发展，为中国健康沙发走向世界舞台，走出属于中国家具的高标准之路贡献力量。

大会现场，不仅有行业领导与叶晓亮董事长的出席，更是诚挚邀请到医学界的专家，以专业知识讲透皇玛·康之家健康沙发的科学标准。大会中，作为中国中医药学会针刀分会常务委员、四川省名中医、中医促进会手法分会常委的四川省骨科医院筋伤科主任唐流刚，从"护脊"的医学角度，传达出健康家具对脊椎健康的重要性。

随着科学的发展，手机、电脑等电子产品的普及，单一的工作、学习姿势，脊椎引起的相关的疾病越来越普遍 。脊椎病是众所周知的儿童青少年与中老年常见病。脊柱问题已成为我国儿童青少年健康的第三大"杀手"，防控形势严峻，而坐具成为影响人们脊椎健康的重要家具之一。

唐医生现场深度解读，再次证明皇玛是真正的健康护脊产品。他表示，在坐、躺、站中，坐着脊椎压力最大，弓背的弯曲坐姿，腰椎受压明显变大。因此评判沙发健康标准的关键一点就是沙发坐感是否偏硬。皇玛·康之家所采用的高回弹整体海绵，结合其所设计的"健

图①：名医课堂开课啦：四川省骨科医院筋伤科主任唐流刚，从"护脊"的医学角度，讲解家具对脊椎健康的重要性。
图②：健康家具的致富经：中国著名经济学家马光远围绕中国经济和家具环保，解读消费升级趋势下环保家具的未来经济发展方向。

康沙发 7C 坐靠系统"，以人体工程学理论兼顾人体头部、颈部、背部、腰部、骨盆、手肘、膝盖等关节。这样的偏硬坐感保证沙发完美支撑脊椎，是真正能长久实现健康家居生活的好沙发。

大会不仅汇聚行业大咖演讲分享，更有经济学家剖析市场环境。中国著名经济学家马光远围绕中国经济和家具环保两方面进行演讲，深入剖析疫情之下中国经济未来发展方向，解读消费升级趋势下环保家具对家庭环境的重要性。

张默闻实战派演讲，赋能峰会打开新思路

如果说，在叶晓亮董事长的带领之下，皇玛·康之家将凭借更强大的产品品质，走向全新的企业发展新时期。那么，张默闻作为品牌全案操盘手，就为皇玛·康之家的高速发展插上了品牌腾飞的翅膀。皇玛·康之家 2020 健康沙发品牌峰会，就在张默闻全程倾情创意策划之下顺利召开。张默闻不仅赋予了这场大会前所未有的精彩成果，更是在大会现场为全体皇玛人，以及后疫情时代之下的全国家具行业带来了一场震撼演讲。

2020 年上半年，面对疫情带给中国家具行业的强烈冲击，皇玛·康之家作为中国健康沙发领跑品牌率先展开破局重生的一系列举措。在张默闻策划有力的品牌辅助之下，皇玛·康之家以三场重磅直播刷新行业记录，实现品牌影响力与线上动销力的双重发力。

与此同时，如何在这后疫情时代，率先抓住发展机遇，稳定并持续地爆发品牌力，成为皇玛·康之家即将面临的重要挑战。作为皇玛·康之家品牌全案操盘手，张默闻深刻指出，现阶段唯有全体经销商以更高的信心统一战线，才能在市场激励的后疫情时代竞争中实现品牌的率先崛起与销量突破。为此，张默闻以极具战略性的思考洞察，提出了"以一线品牌实力，重塑经销商信心"的深度倡议，为皇玛·康之家品牌下一阶段的强势发展提供了关键性的指导方针。

张默闻认为：皇玛·康之家

完全能成为百年品牌

为你和你们的后代提供绵延不绝的好生意好事业

张默闻的演讲只有两小时，掌声加起来却足足有一小时。

　　此次大会上，张默闻为皇玛·康之家全体经销商带来了《一线品牌中的皇玛·康之家》的年度营销主题演讲。演讲伊始，张默闻以龙蟠润滑油、新日电动车与森鹰空调窗三大实战案例的讲解作为"预热"，精彩的战略展示与创意分享，立刻引起全场嘉宾的高度关注。随后，张默闻更是紧扣主题，从"衣食住行"等几大层面分析一线品牌特征，从品牌到产品、从终端到渠道、从传播到服务展开全方位对比与佐证，由浅至深地剖析皇玛·康之家品牌的一线实力，引发全场深度共鸣。

不仅如此，演讲中张默闻更是从经销商建设、品牌文化、产品品类、品牌基因等六大维度，深入阐释皇玛·康之家一线品牌未来发展的战略思路。张默闻表示一线品牌气质不仅需要高品质的产品支撑，更需要高质量的经销商助力。为此，他创造性地提出了"全新三大战役""功夫哲学与健康哲学"以及"健康沙发七字要诀"等实战打法，为皇玛·康之家优质经销商的培养奠定有力基础，一举点燃全场经销商的品牌信心。值得一提的是，张默闻的演讲更是得到家具行业领导的大力赞赏："张老师的演讲不仅为皇玛品牌的发展点明方向，更让我们看到了中国家具品牌崛起的希望！"

锚定一线，讲透品牌。张默闻极具实战的策略思考为皇玛·康之家的未来营销发展赋予了强劲动力。当张默闻以"站在月球看地球"的战略高度，喊出"皇玛·康之家就是真正的一线品牌"的口号时，现场爆发出雷鸣般的掌声。相信未来，在张默闻策划的持续品牌助力下，皇玛·康之家将真正打响"一线品牌"的腾飞之路。

高端论坛深度探讨，率先提倡健康新发展

面对家具品质化、健康化的消费趋势，如何构建健康新标准，成为本次大会的核心议题。此次高端论坛汇集了来自行业、企业、学界、商界、医学界等不同领域的专家，从家具行业动态、区域产业规模、产品生产研发、品牌战略规划、消费升级需求、市场经济环境等多维度展开对话，引发行业高度关注，深度探讨健康沙发标准化的深远意义。

论坛上，行业领导积极参与，围绕"健康标准化"讨论行业最新动态、产业发展趋势。四川省浙商商会秘书长刘良绪首先发言，针对"健康沙发标准化"对在川浙商的意义，从"时代使命担当"和"行业健康发展"角度，强调健康环保潮流下皇玛·康之家肩负的时代使命。众所周知，成都是中国家具产业重要的发展基地，成都家具行业商会会长古皓东提出健康沙发大会对成都家具行业的影响，倡导行业要紧紧围绕"健康标准化"的目标，实现行业整体规范化、品牌化发展。

与此同时，著名骨科医生唐流刚，从专业脊椎健康角度，探讨"健康沙发标准化"对人体健康的现实意义。面对现代人脊椎病越来越普遍，发病率也呈年轻化的趋势，健康沙发标准的树立，能够增强大众的护脊认知，满足大众的健康需求。此外，广告人文化集团副总裁陈晓庆从媒体视角解读"健康标准化"，认为通过媒体传播能够反推健康标准改革，同时，消费者支持能够提升品牌声誉。

论坛上，专家充分肯定了皇玛·康之家作为中国健康沙发代表品牌的地位——以严苛标准自我革新，实现沙发绿色发展，其环保标准、品质标准经专业检测，远高于国标标准，为中国健康沙发标准化发展起到示范作用。皇玛·康之家的品牌创始人叶晓亮则从"健康标准"本身出发，强调健康标准是一种基因、一种功夫、一种责任、一种理想，展现品牌

大会高端论坛上，大咖齐聚共议沙发"健康标准化"议题。

图①～图⑥：百家争鸣，百花齐放：四川省浙江商会秘书长刘良绪、成都家具行业商会会长古皓东、四川省骨科医院筋伤科主任唐流刚、广告人文化集团副总裁陈晓庆、张默闻以及叶晓亮董事长，分别代表行业、企业、学界、商界、医学界等不同领域，深度探讨健康沙发标准化的深远意义。

倡议 3

以健康标准
引领产品创新

抵制不断下探价格底线的竞争行为，打造健康标准，提升产品质量，促进产品创新，实现可持续健康发展。

倡议 4

以健康标准
推动品牌发展

面向世界级品牌竞争者，树立中国家具健康新标准，夯实品牌堡垒，开创具有世界声誉的中国品牌。

倡议 5

以健康标准
履行社会责任

聚焦健康、聚焦品质，践行健康新标准，研发更适合国人的家具产品，实现企业与社会的双赢发展。

皇玛·康之家《健康沙发标准化宣言》，是企业责任更是品牌担当。

二十多年来对健康的坚守和探索。

作为皇玛·康之家品牌全案策划人，张默闻则强调了品牌的健康定位，从"健康基因"到"健康沙发"，皇玛·康之家凭借健康标准化，不断推进产业升级，引领产品创新，实现品牌发展，守护消费环境，承担社会责任。作为健康标准的倡导者和践行者，皇玛·康之家敢为人先，开启了中国沙发产业健康标准化的探索之路，实现了品牌与品质的双重提升。

此次极具行业发展价值的高端论坛，彰显出皇玛·康之家健康沙发的行业领导地位，推动了家具产业向高质量进阶。

共议健康沙发标准，吹响健康标准新号角

大会在高端论坛的热烈研讨之下，健康沙发新标准重要倡议的重要性被不断证明。在论坛达成"中国健康沙发将坚定不移地走健康高标准道路"的共识之后，与会嘉宾们一同在大会上正式发布《健康沙发标准化宣言》，发出健康标准的五项倡议：以健康标准实现产业升级、以健康标准守护消费环境、以健康标准引领产品创新、以健康标准推动品牌发展、以健康标准履行社会责任，向行业发出"标准化"的第一声。

《健康沙发标准化宣言》的发布，不仅标志着健康标准化已成为行业共识，更彰显出皇玛·康之家健康沙发领导品牌的社会价值，推动家具产业高质量进阶，守护亿万消费者的家庭健康。

【健康沙发标准化宣言文案赏析】

健康是文明进步的基础，健康是持续发展的命脉。依托"皇玛·康之家 2020 健康沙发标准化高端峰会"，我们发出"重构健康新标准，开创品质新时代"的五项倡议：

健康沙发标准化宣言

倡议1 以健康标准实现产业升级

联合打造健康新标准，推动产业迈向新高度，让『健康』成为行业的名片，实现家具产业高质量进阶。

倡议2 以健康标准守护消费环境

以消费者切身利益为出发点，弘扬绿色环保精神，践行健康发展标准，共同守护亿万消费者的家庭健康。

倡议4 以健康标准推动品牌发展

倡议3 以健康标准引领产品创新

抵制不断下探价格底线的竞争行为，打造健康品质，提升产品质量，促进健康产品创新，实现可持续健康发展。

倡议2 以健康标准守护消费环境

以消费者切身利益为出发点，弘扬绿色环保精神，践行健康发展标准，共同守护亿万消费者的家庭健康。

张默闻与刘良绪秘书长、叶晓亮董事长、徐祥楠理事长、古皓东会长、唐流刚主任（从左到右）共同发布《健康沙发标准化宣言》，六个男人的宣誓，句句铿锵有力，字字掷地有声。

倡议1：以健康标准实现产业升级

产业转型关键时期，健康化、标准化势在必行！我们呼吁，打造家具行业健康新标准，推动产业发展迈向新高度，让"健康"成为家具行业的名片，让标准成为健康发展的准则，实现产业高质量发展升级。

倡议2：以健康标准守护消费环境

健康标准是企业发展的准则，消费升级是企业发展的导向。我们呼吁，更多企业行动起来，以消费者切身利益为出发点，弘扬绿色环保精神，践行健康发展标准，共同守护亿万消费者的家庭健康。

倡议 3：以健康标准引领产品创新

质量和创新是企业发展的根基，价格战是"劣币追逐良币"的行为。我们呼吁，抵制不断下探价格底线的市场行为，提倡以健康为标准，提升产品质量，促进产品创新，实现家具行业可持续健康发展。

倡议 4：以健康标准推动品牌发展

从中国制造到中国智造，跻身品牌强国之列仍任重道远。我们呼吁，企业以更开阔的视野，面向世界级品牌竞争者，凭借健康标准，夯实品牌堡垒，开创具有世界声誉的中国家具品牌。

倡议 5：以健康标准履行社会责任

对国民健康负责，是企业的社会责任。我们反对追求经济利益，违背社会效益的行为。我们呼吁企业聚焦健康、聚焦品质，践行健康新标准，研发更适合国人的家具产品，实现企业与社会的双赢发展。

行业是一个命运共同体，团结是最有力的武器。在健康化、标准化升级下，让我们携手并肩，共同构建健康家居环境的美好未来！

颁奖盛典尽显风采，大牌歌手助力新发展

众所周知，皇玛·康之家凭借"真材实料真功夫"的健康品质，赢得乒乓球世界冠军王皓、中国女排奥运冠军赵蕊蕊、王昊，著名女歌手纪敏佳等实力明星的喜爱。此次品牌大会，皇玛·康之家再度吸引了大牌明星的青睐，来自草原的实力派女歌手——乌兰托娅来到大会现场。大会歌声嘹亮、星光闪耀，草原实力歌手乌兰托娅倾情唱响《爱从草原来》《套马杆》《火红的萨日朗》。

在辽阔歌声中，大会开启颁奖盛典。徐祥楠理事长、古皓东会长、刘良绪秘书长、叶晓亮董事长与张默闻作为大会嘉宾为优秀的皇玛人颁发了活动积极奖、装修效果最佳奖、广告品牌传播力度奖、创新敢拼优秀奖等各项大奖。大会颁奖盛典极大地鼓舞了来自全国的皇玛·康之家经销商，皇玛人正如草原上奔腾的骏马，尽显时代风采。

敢想敢拼、敢作敢为一直是皇玛人的工作姿态，正是优秀皇玛人的共同努力，才牢固树立起市场的健康大旗，成为健康标准化的倡导者与先行者，开启了中国沙发行业健康标准化的探索之路。

大会颁奖盛典上，皇玛·康之家全国优秀经销商们齐聚一堂，可谓是群英荟萃。

品牌新闻发布大会，点亮皇玛发展新征程

随着大会主会场的完美落幕，现场爆发出长达数十分钟的热烈掌声。在掌声之中，与会嘉宾们移步至新闻发布会现场，网易新闻、搜狐视频、凤凰视频、新浪网、中华网、腾讯视频等数十家来自全国的知名媒体早已在现场等候，联合专访皇玛·康之家，为此次大会进行更为深入的访问交流，共话健康沙发新标准。

在后疫情时代之下，皇玛·康之家率先以"健康新标准"为主题，在健康沙发领域提出"开创品质，重构标准"的深远倡议，这不仅引起行业的极大关注，更是备受媒体青睐。会上，皇玛·康之家董事长、行业领导、专业医生等代表们围绕标准化议程为媒体朋友答疑解惑，从不同角度阐释健康标准升级的时代意义，充分肯定了皇玛·康之家推动健康沙发行业发展所做出的重要贡献。

张默闻与刘良绪秘书长、古晧东会长、叶晓亮董事长、唐流刚主任等嘉宾共同参与品牌新闻发布会，认真解答记者提问，并为大会圆满结束点赞。

更值得一提的是，作为皇玛·康之家品牌全案操盘手，张默闻不仅为此次大会全程倾情策划，更是在新闻发布会上为皇玛·康之家吹响品牌发展的全新号角。会中，当记者问及皇玛·康之家率先提出"重构健康新标准"的倡议背后有着什么样的品牌自信时，张默闻以三大维度回答道："首先，皇玛·康之家于行业之中率先提出新标准倡议，是以产品高品质为基础，这是品牌的硬实力；其次是源于企业家的健康信仰，这是品牌的文化力；最后，张默闻策划集团与皇玛·康之家多年的紧密合作，是战略之上的强强联合，这是品牌的发展力，基于这三点皇玛凭实力引领行业标准化的发展。"张默闻高度概括的回答，深刻阐释了皇玛·康之家的品牌高度，现场响起热烈的掌声。

与此同时，在皇玛品牌重磅推出全新软床品牌皇玛·喜达的时刻，张默闻站在品牌高度指出皇玛双品牌战略发展的深远含义。张默闻表示，皇玛·康之家与皇玛·喜达的双品牌战略，是以满足消费者健康需求为目标的品牌产品线的全面升级。未来，在张默闻策划的品牌护航之下，皇玛将实现以超级品类成就超级品牌，成为健康家具中的领导品牌。张默闻以高瞻远瞩的品牌战略思维，为皇玛品牌发展描绘出了崭新的发展蓝图。

随着新闻发布会的完美召开，在张默闻的战略助力之下，皇玛·康之家向行业传递出引领健康沙发走向新高度的品牌力量。相信未来，张默闻策划必将不遗余力地为皇玛·康之家品牌全新发展贡献力量，共同实现中国健康家具品牌的全面腾飞。

健康是文明进步的体现，标准是持续发展的命脉。皇玛·康之家 2020 健康沙发品牌峰会的成功举办，昭示了皇玛·康之家以开放创新、共享共荣的姿态推动健康沙发发展，为中国家具的伟大崛起贡献皇玛智慧！

【超级传播】

超级大片联合超级上映，品牌传播矩阵强势出击

2020 年，皇玛·康之家以健康新标准实现品牌与品质的双重提升。本次大会上，由中国排名第二的策划大师张默闻倾情打造的皇玛·康之家全新品牌故事片《忠于健康，中国皇玛》、品质宣传片《全世界都在为皇玛证明》和系列广告片重磅发布，从品牌理念到产品智造，全方位展现出皇玛·康之家对健康与品质的极致追求，构建起品牌的全方位传播矩阵。

品牌故事首度发布，开启皇玛健康新征途

皇玛·康之家从创立之初就是源于一个健康的初心，从中国到世界，从一根木料到一寸布料，皇玛·康之家的品牌故事早已感动了无数消费者。但如何打好品牌升级基础，说好品牌故事，需要强大的创意支撑。张默闻以敏锐的市场嗅觉、精准的品牌感知，领衔创意了皇玛·康之家品牌故事片。在拍摄前期，张默闻率领团队对国内外各大品牌宣传片进行细致分析，结合皇玛·康之家品牌文化与品牌战略，对文案创作与画面表现进行深度构思。拍摄过程中，张默闻亲赴现场进行监制，以独到的创意讲解为拍摄提供建设性的意见。

张默闻在皇玛·康之家品牌故事片的文案创意上，对品牌特性进行精准概括，聚焦"品质、环保、健康"，并运用多领域专业人员自述的形式，证明皇玛·康之家品牌对健康沙发的匠心精神与极致追求。在品牌故事片中，张默闻紧紧围绕"忠于健康"的主题，向大

讲故事，张默闻是专业的：由张默闻创意的皇玛·康之家品牌故事片《忠于健康，中国皇玛》震撼发布。

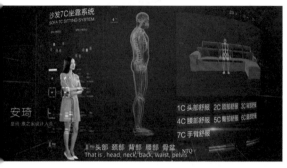

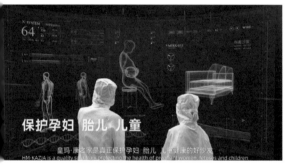

扫一扫观看视频

大会上，张默闻与广告人文化集团副总裁陈晓庆、叶晓亮董事长等嘉宾接到舞狮采下的青，预示着皇玛·康之家全新宣传片发布将大获成功，震撼市场。

众详细介绍皇玛·康之家二十多年的品牌历程。纵览品牌故事片，我们了解到，皇玛·康之家为打造高品质健康沙发，与欧洲奢侈品面料供应商建立友好合作。另外，张默闻在文案中多次重复与强化皇玛·康之家品牌"忠于健康"，意在用"健康"占领消费者心智，加深大众对皇玛·康之家品牌的健康信仰。

锁定了故事宣传片的文案创意后，在视觉呈现上，张默闻提出画面要精美、诉求要精准、格调要高端的标准。在张默闻高标准的要求和与工作人员的不断碰撞磨合下，极具电影质感的皇玛·康之家品牌故事片《忠于健康，中国皇玛》最终震撼亮相。纵观全片，张默闻为展现面料的奢侈品质，采用局部特写镜头放大细节；为展现皇玛·康之家自主研发的"7C坐靠系统"，创造性地采用全息投影式科技画面，将产品科技感表现得淋漓尽致。除此之外，更通过"起坐实验"和"弹跳实验"，让大众更直观地感受"真材实料真功夫，皇玛能坐三十年"的品牌自信。

随着品牌故事片《忠于健康，中国皇玛》的全新发布，皇玛·康之家也正式开启品牌新升级的战略攻势。相信凭借张默闻精准的战略指引，皇玛·康之家一定能在品牌升级的道路上乘风破浪、扬帆远航。

【皇玛·康之家品牌故事《忠于健康 中国皇玛》文案赏析】

沙发的品质决定耐用的宽度，

沙发的环保决定生命的长度，

沙发的质量决定舒服的程度。

中国的沙发品牌很多，但是真正健康的沙发却很少。

皇玛·康之家，

一个有点贵的沙发，

一个有点硬的沙发，

一款真材实料看得见，三十年后还很弹的好沙发。

皇玛·康之家全球原料采购员陈伟杰

如何做一款让全世界都赞叹的健康好沙发？

皇玛·康之家的秘密就是靠"品质、环保、健康家"这7个字。

为了这7个字，我们20多年走遍全球30多个国家，

把全世界著名沙发原料商都找到了，

终于发现兼具健康和品质的沙发原材料。

忠于健康，我们做到了。

皇玛·康之家面料供应商 Emma·Curie（艾玛·居里）

面料决定沙发的外观，更决定沙发的品位。

欧洲面料凝结了百年工艺，紧跟前沿设计，

其品质感、时尚感、高端感更是无可替代，

它们被用在 GUCCI、PRADA、Hermès、CHANEL、LV 等奢侈品上。

最重要的是它们也被用在了中国皇玛·康之家的健康沙发上，

这一点，很了不起。

忠于健康，他们做到了。

皇玛·康之家木材供应商 АлександрСергеевичИванов（亚历山大·谢尔盖耶维奇·伊万诺夫）

框架是沙发的主体结构，决定了沙发的最终寿命。

我们注意到中国家具行业木材标准含水率是≤ 16%，

但是皇玛·康之家选用的俄罗斯樟子松含水率却低于 13%，

将沙发木架使用寿命延长至 40 ~ 50 年。

皇玛，在品质追求上是很伟大的。

忠于健康，他们做到了。

皇玛·康之家海绵研发员杨紫涵

高质量的海绵，决定沙发的舒适性和健康性。

我们引进德国先进机器设备，

自主研发高回弹整体海绵。

沙发坐感偏硬，几十年不变形，

最重要的是海绵没粘胶，没气味。

忠于健康，我们做到了。

皇玛·康之家全球原料采购员陈伟杰

从化学健康到物理健康，

皇玛·康之家健康沙发对健康的探索从未止步。

我们始终把"品质环保健康家"这句话放在心上，

这一放就是二十年。

忠于健康，我们做到了。

皇玛·康之家设计人员安琦

我们关注人体 10 大关节点：

头部、颈部、背部、腰部、骨盆、臀部、肘部、手掌、膝弯、脚踝。

适应关节特点，贴合人体比例，

创新打造出"健康沙发 7C 坐靠系统"，

结合高回弹海绵，让沙发坐感偏硬，

坐上一天也不累，脊椎健康更年轻。

忠于健康，我们做到了。

权威检验机构人员刘明宇

健康是一种标准。

我们对皇玛·康之家沙发 20 余种材料进行 100 多种化学物质检测，

结果证明沙发所有材料的 SVHC 浓度均小于 0.1%。

符合国际三大环保标准——

不含过敏源 DMF，达到欧盟 28 国 REACH 检测标准，符合美国 CARB 甲醛标准。

我们推荐年轻家庭购买通过权威检测的环保沙发，

皇玛·康之家是真正保护孕妇、胎儿、儿童健康的好沙发。

忠于健康，他们做到了。

皇玛·康之家沙发试验室科研员付孟博

我们模拟沙发使用三十年后的状态：

以人均每天 3 小时使用时间计算，

30 年沙发要承受 3 2850 小时的起坐考验。

以人均每天 100 次蹦跳频率计算，

30 年沙发要承受 109 5000 次的弹跳考验。

试验证明，30 年后皇玛·康之家沙发不仅完好无损，弹力仍然很好。

什么才是高质量的沙发？

时间能给出最好的答案。

皇玛·康之家全球原料采购员陈伟杰

有人说皇玛康之家有点贵，

是的，因为好才贵。

我们比一般沙发的用料价格高出好几倍，

也许贵了 20%，但品质却高出 80%，

浑身上下全进口，原料都是奢侈品。

有人说皇玛康之家的沙发有点硬，

是的，硬点才健康。

我们不仅要考虑您的舒服，更要考虑你的脊椎不变形，

还要保证你的沙发三十年后还很弹，

有人说皇玛康之家最适合准备结婚的年轻人。

是的，因为对婴儿好、对孩子好。

皇玛康之家非常环保，对孕妇、对孩子没有伤害。

再软的沙发、再时尚的沙发对孩子不好又有什么用呢？

作为皇玛全球原料采购员，

我们对得起"品质、环保、健康家"这七个字。

还是那句话：我们不是奢侈品，我们只用奢侈品原料做沙发。

更高端的木材，更高端的布料，更高端的海绵，更高端的缝制，

只为让皇玛·康之家健康沙发成为：

真材实料看得见，三十年后还很弹的完美沙发。

品质实力重磅升级，全球证言皇玛真功夫

对于此次皇玛·康之家 2020 健康沙发品牌峰会的召开，张默闻可谓倾注了大量心血。不仅在大会之中，重磅发布了由张默闻亲自创意的皇玛·康之家品牌故事片，在大荧屏上带给观众极致的视觉享受，更是为皇玛·康之家品牌的不断升级带来强大动力——全新皇玛·康之家品质升级宣传片《全世界都在为皇玛证明》震撼问世，在大会期间与品牌故事片同期亮相，一展皇玛·康之家品牌的健康升级魅力。

今年是皇玛·康之家品牌升级的关键年，如何实现品牌从终端到总部的全面提升？如何快速推动终端形象革新？在张默闻看来，没有调研就没有发言权，市场是动态的，品牌升级只有适应市场才具有现实意义。因此，张默闻亲自携团队深入皇玛·康之家重点市场进行深度调研，并敏锐地捕捉到产品"偏贵"这一核心问题点。针对问题，张默闻从品牌策略角度进行破解。

为什么皇玛·康之家沙发这么贵？因为好，所以价格有点贵。张默闻指出皇玛·康之家"贵在弹性，贵在舒服，贵在环保"。作为只用奢侈品级原材料做沙发的品牌，皇玛·康之家用品质立命，用品质支撑起沙发"三十年坐不坏"，用品质支撑起沙发"符合国际三大环保认证"。从产品卖点到品牌传播，张默闻认为皇玛·康之家需要被证明、被看到，而其全球奢侈品原料供应商就是最好的证明人。

从意大利设计公司到俄罗斯木材公司，从法国面料公司到德国皮革公司，从意大利有机棉公司到美国科技布公司，包括日本著名拉链公司，都是皇玛·康之家 20 多年的合作伙伴，是保证产品稳定性和高品质的原材料的来源。在张默闻执笔创意的宣传片文案中，即开门见山地提出"为什么皇玛·康之家从全球进口材料？"跟随问题，七位供应商一一表达了和皇玛·康之家合作的心路历程，证明了皇玛·康之家对品质的极致追求，展现了

张默闻的演讲功力和皇玛·康之家的健康沙发品质一样——全球都承认！

中国品牌的创新和智造能力。

从文案创意到视觉表现，张默闻亲自监制、严格把关，保证视听效果的完美呈现，让观众真正经历一场奢侈品沙发的艺术之旅。俄罗斯樟子松、奢侈品面料、白金棉、科技布……这些沙发的内部材料，随画面流转、音乐跳动，第一次完整地展现在观众面前，让观众看到皇玛·康之家更高端的木材，更高端的布料，更高端的海绵，更高端的缝制。

随着宣传片的发布，经销商、销售员无不拍手称赞，感谢张老师再次用策略的力量，巧妙化解了市场"症结"，不仅解决了沙发"贵"的问题，更让皇玛·康之家锚定年轻人，搭建起品牌和消费者有效沟通的桥梁。

【皇玛·康之家品质升级宣传片《全世界都在为皇玛证明》文案赏析】

为什么皇玛·康之家从全球进口材料？

意大利知名设计公司创始人：Matteo Mastroianni（马特奥·马斯楚安尼）：

我和皇玛·康之家一起，让沙发融合东西方元素，具有前沿时尚，符合中国人的个性。我们一直坚守经典款式，因为经典就是永恒！

俄罗斯知名木材公司董事长：Александр Сергеевич Иванов（亚历山大·谢尔盖耶维奇·伊万诺夫）：

严寒中成长的俄罗斯樟子松，不同于其他树木，它含水率低、材质细、不开裂。因此

高大上！在张默闻的策划之下皇玛·康之家品质升级宣传片《全世界都在为皇玛证明》呈现出国际化风格，令人眼前一亮。

严寒中成长的俄罗斯樟子松
Russian camphor-pine, which grows in severe cold

Александр Сергеевич Иванов
亚历山大·谢尔盖耶维奇·伊万诺夫
俄罗斯木材公司董事长

它含水率低 材质细 不开裂

Gabriel Stuart
加布里埃尔·斯图尔特

意大利有机棉 纤维长 光泽如蚕丝 皇棉中"白金"
It is such with good cotton

皇玛·康之家沙发用这么好的棉麻

佐藤真志
日本知名纺织色彩师

质量远远好于同类品牌
Its quality is far better than that of similar brands

我们公司的装饰是行业的领袖
Our company's export is the organizer of the industry

贵在环保

HM·KAZJA
— 皇玛·康之家 —
高 / 端 / 沙 / 发 / 真 / 专 / 家

扫一扫观看视频

皇玛·康之家沙发主体框架，不仅经久耐用，更可谓是一种工艺品。

法国知名面料公司总经理：Emma Curie（艾玛·居里）：

我们为欧洲一线奢侈品牌提供面料，如 GUCCI、PRADA、Hermès、CHANEL、LV。皇玛·康之家是我们唯一合作的中国沙发品牌，我们创造了奢侈品沙发。

德国知名皮革公司销售总监：Daniel Schweiger（丹尼尔·施魏格尔）：

欧洲制皮历史悠久，工艺精细严苛，每张皮革出厂前要经过 60 道工艺。皇玛·康之家负责人每次都亲自选材，对品质的追求令人佩服！

意大利知名有机棉公市场总监：Gabriel Stuart（加布埃尔·斯图尔特）：

意大利有机棉，纤维长，光泽如蚕丝，是棉中"白金"。皇玛·康之家沙发用这么好的棉麻，制造了沙发中的"白金沙发"。

美国知名科技布研发公 CEO：ALEX Wilson（亚历克斯·威尔逊）：

我们研发国际领先的科技布，不仅超强防油、防水、防污，还冬暖夏凉。皇玛·康之家沙发将科技用于生活，带给中国消费者前所未有的体验！

日本知名拉链公产品总监：佐藤真志：

我们公司的拉链代表了行业标准，质量远远好于普通品牌。我很荣幸和全球顶级品质的沙发品牌皇玛·康之家合作！

这就是为什么皇玛·康之家沙发这么贵？

因为好，所以价格有点贵。

皇玛·康之家贵在弹性，贵在舒服，贵在环保。

贵在弹性：

科学试验证明，硬点的沙发更有弹性。

皇玛·康之家沙发能承受 30 年，即 32 850 小时的起坐考验和 1 095 000 次的弹跳考验。

真材实料看得见，三十年后还很弹。

贵在舒服：

皇玛·康之家关注人体 10 大关节点，

创新打造"健康沙发 7C 坐靠系统"，

结合高回弹海绵，让沙发坐感偏硬，

坐上一天也不累，脊椎健康更年轻。

贵在环保：

皇玛·康之家沙发符合国际三大环保标准——

不含过敏源 DMF，达到欧盟 28 国 REACH 检测标准，符合美国 CARB 甲醛标准。

真正保护了孕妇、胎儿、儿童的健康，

成为中国年轻人新婚首选健康沙发。

皇玛·康之家

更高端的木材，更高端的布料，更高端的海绵，更高端的缝制。

真材实料真功夫，皇玛能坐三十年。

皇玛·康之家，品质环保健康家。

全新广告片再出击，助力品牌开启新篇章

会上，由品牌全案策划操盘手张默闻亲自操刀的三条广告片《款款都健康篇》《走遍全球篇》《弹力篇》全球首映，凭借精准的定位、巧妙的创意、震撼的视听，征服了在场嘉宾，获得一致好评。

在后疫情时代和消费升级的大环境下，为稳定并持续爆发品牌力量，皇玛·康之家率先进行品牌升级。为助力品牌升级，张默闻精心打造皇玛·康之家品牌广告片。在创意构思之初，张默闻精准抓取产品特征，多角度全方位联想，创作出《款款都健康篇》《走遍全球篇》《弹力篇》三条广告片，以期加深消费者对品牌的记忆。

三条广告片的创意可谓各有千秋。在《款款都健康篇》中，张默闻围绕权威机构检测结果及国际三大环保标准，表现出皇玛·康之家沙发的环保特性。广告文案"闭着眼睛买，款款都健康"，更将沙发的健康特性展现得淋漓尽致。《走遍全球篇》传达出皇玛·康之家甄选原材料的一丝不苟，从源头保证产品的健康，彰显品牌强大的社会责任感。在《弹力篇》中，张默闻根据皇玛·康之家自主研发的高回弹整体海绵，聚焦沙发弹力特性，战略性地提出"真材实料看得见，三十年后还很弹"的品质广告语。

为了更好呈现品牌广告片的画面感，张默闻在拍摄前期与制作团队进行详尽的沟通，详细阐述品牌诉求与创意思路，而且在拍摄过程中，亲赴现场进行监制，为拍摄品质保驾护航。仔细对比三条广告片的视觉呈现不难发现，张默闻的创意别出心裁。在《款款都健康篇》中，张默闻采用红丝绸蒙住女主角眼睛的创意表达方式，与"闭着眼睛买，款款都健康"的广告语形成对应。在《走遍全球篇》中，用孕妇形象体现皇玛·康之家品牌对健康原料的执着追求。而在《弹力篇》中，张默闻创造性地采用小孩形象，以其在沙发上弹跳展现皇玛·康之家沙发的弹力，运用人物衰老变化表现时间跨度，表现皇玛·康之家"真材实料看得见，三十年后还很弹"的广告语。纵观三条品牌广告片，张默闻用一个个精准务实的创意，一帧帧制作精良的画面，展现出皇玛·康之家健康沙发超群的品质。

在品牌广告片的传播助力下，依托皇玛·康之家强大的实力和张默闻强大的策划力，皇玛·康之家一定能实现品牌新升级，实现以品质服务中国、以品牌征服世界的宏伟蓝图。

《款款都健康篇》文案欣赏：

皇玛·康之家＼一款没有毒气的沙发＼符合国际三大环保标准＼闭着眼睛买，款款都健康＼皇玛·康之家。

一款没有毒气的沙发
A sofa without toxic gas

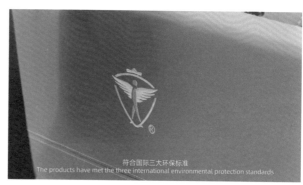

符合国际三大环保标准
The products have met the three international environmental protection standards

闭着眼睛买
款款都健康
With your eyes closed, take a healthy piece home

扫一扫观看视频

《走遍全球篇》文案欣赏：

为了做一款对孕妇负责的沙发＼皇玛走遍全球近 30 个国家＼寻找健康沙发原料＼健康宝宝健康妈，就选皇玛·康之家。

30个国家

皇玛走遍全球近30个国家
HuangMa has travelled to nearly 30 countries around the world

寻找健康沙发原料
looking for healthy sofa materials

健康宝宝
健康妈

健康宝宝健康妈
Healthy babies, healthy Mom

HM·KAZJA
—皇玛·康之家—
品/质/环/保/健/康/家

扫一扫观看视频

《弹力篇》文案欣赏：

弹、弹、弹 \ 沙发，要选会弹的 \ 皇玛·康之家健康沙发 \ 真材实料看得见 \ 三十年后还很弹 \ 皇玛·康之家。

沙发，要选会弹的
Sofa, just buy those springy

10年
皇玛·康之家健康沙发
hm-kazja.a healthy sofa

真材实料看得见
三十年后还很弹
三十年后还很弹
Still be springy after 30-year use

30年

HM·KAZJA
—皇玛·康之家—
品 / 质 / 环 / 保 / 健 / 康 / 家

扫一扫观看视频

广告歌曲温情上线　张默闻作词唱响品牌

　　随着皇玛·康之家广告歌曲《爱家你就常回家》在大会首度唱响，多家音乐平台迅速温情上线火遍全网，这是全案策划领导者张默闻继广告歌曲《中国皇玛中国家》后的又一力作。值得一提的是，这首歌曲不仅由张默闻亲自操刀填词，更有皇玛创始人叶晓亮担任艺术指导，著名音乐人陈伟谱曲，实力派歌手刘奕辰真情演绎，可谓是强强联合，好评如潮。在歌曲的好评与传唱中，皇玛·康之家守护亿万家庭健康的理念也传遍中国大地。

深挖品牌基因，一个健康沙发的温情底蕴

　　皇玛·康之家自创立以来，就以"为中国家庭制造高品质健康沙发"为初心，成为家喻户晓的健康好沙发品牌。但张默闻认为，建设企业文化首先要了解品牌内核，其次要把企业文化有效传递出去。而广告歌曲作为企业的有声名片，成为展现企业文化的重要载体。在创作《爱家你就常回家》时，张默闻将皇玛·康之家企业家文化与歌词巧妙相融，力求将品牌情感温度传递到每一个中国家庭，让更多消费者明白皇玛·康之家对中国家庭健康的坚守和责任。

用音乐凝聚品牌家文化

　　《爱家你就常回家》承载了企业的精神文化，成为品牌形象的有声名片。皇玛·康之家品牌创建于 1999 年，是中国健康沙发领导品牌，20 多年来，坚守真材实料，坚守品质健康，专注健康沙发的研发与制造。皇玛·康之家走遍全球 20 多个国家，甄选品质好料，只为每一个中国家庭提供健康沙发。

皇玛·康之家沙发，每个幸福家庭的标配。

　　在疫情全球肆虐和消费升级的大环境下，家庭健康更成为全民关注的焦点，以健康为品牌战略的皇玛·康之家迎来新的机遇。张默闻敏锐洞察市场变化，精准抓取消费心理，在《爱家你就常回家》这首歌中，用朴实通俗的语言描绘有爱的家庭画面，将品牌家文化与健康沙发巧妙融合，随着音乐实现潜移默化的传播，让品牌情感如涓涓潺潺流渗入听众心中。随着歌曲的广泛传唱，"爱家你就常回家"也成了一句经典歌词。

纵览全篇歌词，张默闻抛开语句的浮华辞藻，利用文字的简单组合，将皇玛·康之家沙发与家庭生活融合在一起，一点一滴的幸福生活画面是皇玛·康之家坚守家庭健康品牌价值观的体现。张默闻用 180 个字，描绘出一个温馨家庭的生活乐图。仔细品读歌词，"窗外一轮月，桌上一杯茶""饭菜冒热气，阳台开鲜花"，几处家庭场景正是张默闻以坐在皇玛·康之家沙发上的视角勾勒出有爱家庭的画像；"客厅里有一套健康好沙发""你一回到家，就爱坐沙发"，寥寥数语，直白有力地表达出皇玛·康之家沙发的健康品质与舒适程度；"有爱的家就有皇玛康之家""爱家你就常回家，你就常回家"，更是将歌曲主题升华，让消费者快速而准确地认识了一个具有品质、富有责任的健康沙发品牌。反复品读全词，这首歌不仅突破了对企业文化的直接堆砌，更将品牌策划与战略思维融入其中，展现了张默闻炉火纯青的作词功夫和高超的品牌策划水平。

用歌曲营造温馨家体验

现代人 90% 的时间在室内，65% 的时间在家中，拥有一个良好的居家环境和居家体验成为一种趋势。而沙发作为中国客厅不可或缺的家具，承载着悠悠岁月中有关家庭的温暖记忆，其品质的优差影响着家人的身体健康和居家体验。

谁能不爱皇玛·康之家健康好沙发？坐着舒服，躺着舒服，靠着更舒服。

好的歌曲能产生共鸣，张默闻以一个家庭的有爱生活反射中国家庭的生活常态。作为中国家庭的"C 位"，沙发承载了许多关于家的记忆。自皇玛·康之家广告歌曲《爱家你就常回家》上线以来，引发众多游子感慨，纷纷表示听完歌曲就想回家，更有用户评论"爱事业也要爱家，常回家看看亲人朋友，也是一种美好"。恰是这种耕植于中国人心中对家庭的眷恋，造就了皇玛·康之家为"中国家庭制造高品质健康沙发"的品牌信念，也催生了《爱家你就常回家》这首广告歌曲。

皇玛·康之家 20 多年的品质坚持，"为中国家庭制造高品质健康沙发"从来不是嘴上说说，而是严谨对待沙发制造的每一道工序。皇玛·康之家用实际行动践行初心，对每一个中国家庭的妈妈、胎儿和老人负责。张默闻凭借超强的洞察力，从平淡生活中抽取画面，用通俗易懂的语言进行描绘，搭配作曲者婉约悠扬的曲调，展现出温馨的家庭氛围。

音乐赋予产品记忆与温度，当消费者进入门店、官网时，当《爱家你就常回家》歌曲旋律响起时，意境悠长的画面便映在脑海中，带给消费者更亲切的体验。

发出品牌之音，好词好曲收获一众好评价

一首广告歌曲讲一段品牌故事，这是一个关于健康沙发的故事，也是一个关于家庭的故事。《爱家你就常回家》是健康沙发与有爱家庭相互碰撞融合的佳作，用好词好曲好歌声演绎有爱家庭，以好材好料好工艺制作健康沙发。如此充满诗情画意的歌曲，在唱出品牌情感共鸣的同时，获得了各方的一致赞赏。

创始人：这首歌唱响了品牌前进的号角

《爱家你就回家》是一首感情细腻的歌曲，曲调温柔婉转，娓娓动听，张老师的词朴素易懂，但是感人至深，这首歌真得很美！说到皇玛·康之家，在创业之初，我和我妻子就达成共同的信念，沙发一定要环保、健康。这一坚持我们就坚持了 22 年，做沙发我们是认真的。这首歌真的凝聚了我们这么多年对沙发、对家庭的情感。

从董事长到经销商，张默闻作词的《爱家你就常回家》一听就爱上，一听就会唱。

经销商：这首歌唱出了健康沙发的心声

初听《爱家你就常回家》时，被悠扬美妙的旋律吸引，随着的情深意阔的演唱，我的心也被深深感动。它的歌词字字温暖，行行感人，正是这种脱去浮华辞藻的白描，让这首歌曲散发出艺术气息与共情价值。这首歌用幸福生活场景衬托健康沙发对家庭健康幸福的影响，张默闻老师的词让人动容。我已经代理皇玛·康之家十几年了，是皇玛·康之家的品质和健康让我一直钟情于它，这首歌唱出了我的心声。

《爱家你就常回家》以温情的曲调勾勒家庭生活画面，以平常的文字倾诉最动人的情感，将皇玛·康之家品牌家文化描绘得淋漓尽致，这便是音乐的魅力，更是听觉锤的力量。

歌迷网友：这首歌唱出了我的向往——幸福不过回家事

家文化是中国五千年文化沉淀的情愫，从古至今，离乡之苦，思乡之切让许多古诗词曲凝固在韵律之上，成为许多游子情感的寄托。《爱家你就常回家》这首歌描绘出家庭生活的帧帧画面，令人心神向往，温馨而动容。

"用简单的歌词唱出生活的美好，不由自主开始单曲循环。"

"词写得好！幸福不过回家事，生活的本质是平淡，平平淡淡才是真！写出了生活，写出了幸福。"

"唱出幸福的感觉，带给人很好的想象。"

"不错不错，幸福指数很高。皇玛·康之家，健康家庭好沙发！"

"一首好歌，往往可以唱得人泪雨纷飞，唱得人如痴如醉，唱得人激情澎湃，唱得人热血沸腾！"

"韵味十足，温暖舒心，节奏感丰富，彻底陶醉在其中，醉了醉了，好听，太棒了！"

"爱家你就常回家！甜美歌声完美诠释家的温暖。"

张默闻的词有才，张默闻的歌迷评论更有才（1）。

"一首感恩，走心的好作品，值得收藏循环播放，静静地聆听好声音。"

"真挚感人，使听众的心灵沐浴在爱和被爱的感动中。"

"旋律悠扬，清脆悦耳，好听好听太好听了！"

"父母在厨房，孩子在玩耍，有爱就是皇玛·康之家"

张默闻的词有才，张默闻的歌迷评论更有才（2）。

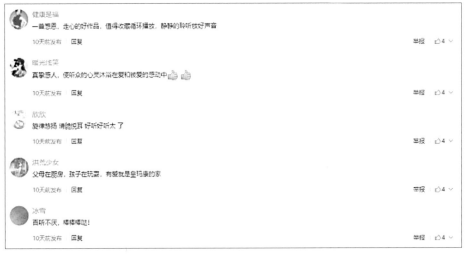

张默闻的词有才，张默闻的歌迷评论更有才（3）。

助力品牌升级，上线即火爆歌声席卷全网

歌曲成就了皇玛·康之家的又一个重磅听觉锤，但品牌的传播不仅要打造听觉符号，更要有具象的品牌展现。张默闻敏锐分析市场信息，面向皇玛·康之家年度盛会，多方并举实现品牌战略全新升级，将《爱家你就常回家》以 MV 的形式再次流行全网。

品牌峰会，歌曲 MV 震撼发布

2020 年 8 月 16 日，"真材实料真功夫，皇玛品质甲天下"2020 皇玛·康之家健康沙发品牌峰会在四川成都隆重召开。《爱家你就常回家》MV 首次发布，温柔细腻的歌曲配上温馨画面，展现出皇玛·康之家品牌的浓厚家文化，唱响了品牌的升级新方向。

2019 年张默闻创作了皇玛·康之家品牌歌曲《中国皇玛中国家》，展示了皇玛·康之家的家国情怀。与之相比，《爱家你就常回家》更像一个关于家的故事，在每一位听众心中勾勒出家庭的美好，让人感受到平淡生活中健康的意义。张默闻凭借细腻的情感和高超的作词功力，用润物细无声的手法嫁接皇玛·康之家的家文化，让品牌文化和健康形象随着歌曲传入亿万家庭。

媒体报道，歌曲 MV 引发关注

在《爱家你就常回家》广告歌曲 MV 正式公布后，大会嘉宾被歌曲中皇玛·康之家的家文化理念所打动，现场多次爆发热烈掌声。会后，经销商无不赞叹张默闻的文案功力和远见卓识，成功重塑了皇玛·康之家的文化形象。

《爱家你就常回家》MV 也引发众多媒体关注。在媒体采访中，张默闻表示，此次大会对健康沙发标准化的探讨，体现了皇玛·康之家不再局限于企业自身，而是从行业的高度，担当起社会责任。这首《爱家你就常回家》基于这种立足于行业的品牌信念，唱响了中国家庭"爱与健康"，也唱响了皇玛·康之家品牌的信仰和温度。

一首广告歌曲，是张默闻品牌战略的彰显，是皇玛·康之家未来发展的展现。在《爱家你就常回家》唱响中国大地之时，健康沙发也已深入人心，这便是"听觉锤"的力量。

【皇玛·康之家广告歌曲《爱家你就常回家》歌词欣赏】

作词：张默闻 作曲：陈伟 艺术指导：叶晓亮 演唱：刘奕辰

窗外一轮月，桌上一杯茶，客厅里有一套健康好沙发，父母在厨房，孩子在玩耍，有爱的家就有皇玛康之家。

饭菜冒热气，阳台开鲜花，客厅里有一套健康好沙发，早上跑跑步，晚上说说话，有爱的家就有皇玛康之家。

扫一扫，一起唱

大会上《爱家你就常回家》正式发布，作词人张默闻现场俘获一众"粉丝"，掌声不断。

你在闯世界，我在照看家，你一回到家，就爱坐沙发，我想告诉你，一句掏心话，爱家你就常回家，你就常回家。

我在打扫家，你在打天下，你一回到家，就爱坐沙发，我想告诉你，一句掏心话，爱家你就常回家，你就常回家。

【超级赋能】

大会超级力量赋予品牌超级能量

张默闻一直认为"超级大会就是超级营销"，由于新冠病毒疫情影响，国内家居市场一直处于低迷状态。在这种时期，皇玛·康之家选择召开一场盛大的峰会，无疑是冲破困境的最佳选择。此次皇玛·康之家 2020 健康沙发品牌峰会，让各大经销商响应号召，进一步扩大品牌的影响力，为品牌重新注入活力，让世界再次看到皇玛力量！

营销升级，从三线到一线的新发展

想要赋予品牌全新活力，光靠一场大会满足不了张默闻的"野心"，他想要给皇玛带来一次营销上的大跨越。2020 年 7 月，由张默闻创意的皇玛·康之家高铁广告强势登陆全国一线城市。一句"真材实料真功夫，皇玛畅销二十年"开启皇玛·康之家广告霸屏模式，打响高铁品牌战役，拉开下半年品牌发展大幕！

在张默闻看来，高铁站凭借受众广、传播快的优势，一直是品牌传播的高地，也是品牌实力的象征。此次大屏广告震撼登陆中国四大一线城市、全国重点省会城市八大高铁站——北京南站、上海站、广州南站、深圳北站、杭州东站、西安北站、郑州站、郑州东站，大幅提升了品牌的曝光度和知名度，全力提速 2020 品牌战略发展。从进站口到检票口，皇玛·康之家占据吸睛广告位，以"C 位"之势，势不可当，席卷全国！"真材实料真功夫，皇玛畅销二十年"的广告画面，成为高铁站一道亮丽的风景线，拉近了品牌与消费者的距离。由张默闻亲自操刀的广告文案、视觉设计，精准传达出皇玛·康之家的功夫形象、品牌价值，让皇玛·康之家的发展进入"快车道"。

事实上，随着张默闻策划和皇玛·康之家合作的加深，皇玛·康之家的传播策略随着品牌战略升级而升级。从 2019 年全面覆盖全国百余个地市级高铁站，到 2020 年一举挺进一线、新一线大城市，背后是皇玛·康之家健康沙发品牌发展的力量支撑。正如 2019 年是张默闻为皇玛·康之家夯实"健康沙发"品牌战略的一年，一句"皇玛·康之家，健康好沙发"高铁广告横扫东西、贯穿南北，彰显了健康沙发强大的品牌实力。2020 年，

图①：皇玛·康之家高铁广告北京南站震撼登陆。　图②：皇玛·康之家高铁广告上海站 C 位亮相。

图③：皇玛·康之家高铁广告广州南站重磅上线。　图④：皇玛·康之家高铁广告深圳北站霸屏全场

图①：皇玛·康之家高铁广告杭州东站大屏齐发。 图②：皇玛·康之家高铁广告西安北站强势布局。

图③：皇玛·康之家高铁广告郑州站主屏出击。 图④：皇玛·康之家高铁广告郑州东站立体覆盖。

皇玛·康之家惊艳亮相深圳国际家具展，人气爆棚，"红遍"场馆内外。

张默闻凭借一句"真材实料真功夫，皇玛畅销二十年"，彰显了品牌的核心竞争力，增强了品牌与消费者的深度沟通。

此次皇玛·康之家高铁广告的强势上线，离不开张默闻的精准策略思维和定位创意，也离不开永达传媒高铁媒体全网覆盖的强大传播力。作为中国公共传播领域的开拓者、中国高铁媒体的领航者，永达高铁的平台优势让皇玛·康之家获得了更高的品牌曝光度，让健康沙发产品走入更多消费者的心中。

2020 年是皇玛·康之家品牌传播的关键年。在张默闻策划集团的品牌助力下，以健康沙发为核心，整合优势传播资源，形成强势传播矩阵，皇玛·康之家不断升级消费群体、升级消费市场。在全民健康备受瞩目的大环境下，期待皇玛·康之家健康沙发随亿万高铁人流，把健康生活载入亿万中国家庭！

产品升级，从经典到时尚的新生态

随着"真材实料真功夫，皇玛能坐三十年"的品质保证以及陈国坤功夫形象逐渐深入人心，皇玛已经收获了许多忠实的客户。但张默闻在深入市场调研中敏锐地察觉到皇玛在年轻人这方面市场的严重缺失。现在对于年轻人而言，相较于经典，时尚新潮更能博人眼球。于是，皇玛的全新升级产品在此次大会上首度揭开了它的神秘面纱，其简约时尚的外观获得了各大经销商的一致认可。并且，为了进一步扩大新品的影响力，皇玛·康之家在大会之后走出了极具战略性的一步。

2020 年 8 月 20 日，第 35 届深圳时尚家居设计周暨深圳国际家具展盛大开幕。在国内外知名品牌云集的展会中，皇玛·康之家作为中国健康沙发领跑品牌，于 8A06 展馆首次惊艳亮相。会展上，皇玛·康之家携全新时尚系列健康沙发重磅登场，参展首日即吸引万人涌入，现场新老客户签单火爆，成为深圳展的亮点品牌。

众所周知，深圳国际家具展作为中国家具行业最成功的商业展之一，集合行业领先设计理念和作品，以高标准严格筛选参展商，聚集众多一流家具品牌。皇玛·康之家凭借"真材实料真功夫"的产品实力与品质口碑，首次参展便以四星的高品质评定，成为深圳国际家具展的优质参展商之一。这一切，都源于皇玛·康之家的品牌实力与自信。

此次参展，皇玛·康之家实现沙发的全面升级，全新的健康沙发 7C 坐靠系统，打造出更加适合国人的偏硬坐感，实现沙发舒适度与健康性的完美结合，为中国人的脊椎健康保驾护航。同时，皇玛·康之家将匠心精神融入现代智造，对沙发海绵、木材、面料、弹簧等原料进行品质与环保的全方位探索，对 30 种材料进行 197 种化学物质的检测，检测结果证明：沙发不含过敏源 DMF，达到欧盟 28 国 REACH 检测标准，符合美国 CARB 甲醛标准，不含荧光粉，不含化学有害物等达到高标准健康要求。皇玛·康之家全新系列产品，无论是从物理健康到化学健康，还是从坐靠系统到工艺细节，都树立起了高标准的品质标杆，开创了中国健康沙发标准化发展之路。

在设计方面，皇玛·康之家也是始终走在原创设计的第一线，以国际化时尚风格融合现代美学理念，将沙发打造成坐与靠的艺术品。此次展会，皇玛·康之家首度展出"简约休闲系列"新品，立足意大利经典设计理念，融合时尚简约休闲风格，通过场景化展示，带来沉浸式的高颜值沙发时尚盛宴。据悉，皇玛·康之家的时尚基因源于对艺术的卓越追求。为探寻沙发设计灵感，皇玛·康之家与意大利著名设计公司合作，并在全球探寻奢侈品级原料。本次所推出的休闲系列新品，不仅以现代艺术元素为创作灵感，更是甄选了GUCCI、PRADA、Hermès、CHANEL 等品牌原材料，打造真正的奢侈品沙发。本次全新升级的时尚产品设计，风格更趋潮流化，色彩更具创新性，令皇玛·康之家在展会中掀起一阵沙发年轻化的流行风潮。

受到皇玛·康之家 2020 健康沙发品牌峰会的影响，开展仅两日，皇玛·康之家便受到全国各地参展人员的青睐，无时无刻不在迎来人流高峰。皇玛·康之家洽谈区人头攒动，签约不断，新客户成交数高达近百家，老客户开单近千家。

相信在未来，皇玛·康之家必将以更具时尚感、品质感的健康沙发，引领行业发展，再创品牌佳绩，成为亿万家庭信赖的健康沙发首选品牌！

【超级成果】

一张超级靓丽的成绩单证明了一切

2020 年春节，新型冠状病毒疫情牵动亿万人心，"健康"问题摆到了每个人的面前。同时，面对新时代的快速更迭，企业除了要重视资本、现代化产业链、企业规模等实体发展问题以外，更重要的是实现思维方式的全新变革。皇玛·康之家在此时召开年度大会，提出健康沙发新标准的倡议，不仅迎合了如今人们迫切渴望健康的心理，更是突破了传统企业发展中"各自独大"的个体性思维方式，以更具行业格局的宏观视角，成为整个健康沙发行业发展的先驱变革者。而这一场大会的成果更是证明了张默闻"超级大会就是超级营销"理念的可行性。

一场超级大会，奠定了健康沙发行业的新标准

本次皇玛·康之家 2020 健康沙发品牌峰会在成都的召开，吸引了大量业内知名人士以及国内外供应商的积极参与，围绕健康沙发新标准，以及健康沙发的国际环保、进口材料、人体工程等标准进行了深入的交流与讨论。

全体皇玛精英代表为"皇玛品质"欢呼自豪。

受新冠肺炎疫情影响，健康产业成为发展风口。家居行业作为国民经济的重要组成部分，急需有人能站出来成为"健康沙发新标准"的倡导者，而皇玛·康之家正符合这个要求。首先，皇玛拥有高度聚合的产业优势。成都是中国第三大家具生产基地，具有成熟的行业规模与市场环境。家具集群化发展的优势，赋予了成都家具品牌走向现代化、品质化、高端化的新机遇。正是在这样的环境下，涌现出一大批优秀企业成为家具市场细分之下的龙头品牌。而皇玛·康之家就是从成都走出来的中国健康沙发领军品牌，具有引领健康沙发标准化发展的产业实力。其次，皇玛有着敢为天下先的创新精神。皇玛·康之家，深耕健康沙发领域二十余年，从科技创新到环保创新，从智造突破到全球化采购，始终以前瞻性的自我改革走在行业前沿。作为健康标准的先行者与实践者，以皇玛·康之家为代表的成都家具品牌，自然能够成为推动行业发展的重要力量，以新标准助力中国家具走向新高度。

此次大会，皇玛·康之家提出"重构健康新标准，开创品质新时代"的倡议，不仅是对皇玛这个品牌内核的全新升级，也是对张默闻的无比信任。一场大会，正式奠定了健康沙发行业的新标准。

一场超级大会，创造了行业订货量的历史奇迹

近年来，全球家具行业呈稳定发展态势，但从长期角度看，随着世界经济逐步复苏以及新兴市场的快速崛起，未来世界家具行业发展前景广阔。经过多年的积累与发展，家具行业生产工艺的发展及生产效率的提高使得产销规模不断扩大，我国逐步成为全球第一大家具制造国。同时数据显示，中国作为全球第一的软体家具消费市场，潜力巨大。

通过这些年对品质的坚守与努力，如今皇玛·康之家作为品质沙发的印象已经深入人心，"真材实料真功夫，皇玛能坐三十年"已被广泛认可。而本次健康沙发品牌峰会的召开更是将皇玛品牌在家具行业的地位提升到了一个全新的高度。同时，大会中为优秀经销商们特别准备的颁奖活动正是代表了皇玛·康之家对经销商们的关注和重视。在大会现场，获奖的经销商都笑逐颜开，相谈甚欢，未获奖的经销商也都纷纷表示要再接再厉，争取在下次大会能获得认可。这时的皇玛·康之家真正做到了上下一心，而只有像这样方向与意识上的高度统一，大家才能齐心协力一起把品牌做大做强，实现共赢局面。

经历了新冠肺炎疫情的考验之后，皇玛·康之家在本次大会提出对"健康沙发新标准"的重构倡议，使得经销商对皇玛的未来更加充满了信心。大会期间，经销商纷纷下单订货，经销商相信通过这次关于"健康沙发新标准"五项倡议的提出，皇玛·康之家在消费者心目中的地位将再上一个台阶，皇玛沙发的销售力也将大大提升。一场大会，再次创造了订货量的历史奇迹。

【超级评价】

健康沙发新标准赢得行业内外高度评价

本次依托"皇玛·康之家2020健康沙发品牌峰会"，皇玛·康之家发出"重构健康新标准，开创品质新时代"的五项倡议：第一，以健康标准实现产业升级，让"健康"成为行业名片，实现产业高质量进阶。第二，以健康标准守护消费环境，弘扬绿色环保精神，守护亿万家庭健康。第三，以健康标准引领产品创新，提升产品品质，推动中国制造升级。第四，以健康标准推动品牌发展，夯实品牌堡垒，开创中国品牌的世界声誉。第五，以健康标准履行社会责任，打造更适合国人的家具，实现企业与社会双赢。这五项倡议的发表可谓是一石激起千层浪，引起行业内外强烈的反响的同时，获得了各位大咖的一致好评。这一切都是对张默闻策划集团高度认可的表现。

行业一片赞誉：以标准化开启健康沙发行业的新方向

本次大会所造成的反响大大超出了预期，行业内外对张默闻的大局观更是赞不绝口，纷纷表示张默闻开启了健康沙发的新篇章。在此之前，家具沙发行业一直没有一个对于健康的标准，此次在张默闻的提议下，皇玛·康之家率先提出了关于"健康沙发新标准"的倡议，充分体现了皇玛·康之家对健康的极致追求。

四川省骨科医院筋伤科唐流刚主任对皇玛·康之家的"健康沙发新标准"倡议给出了高度评价。唐主任表示：新标准倡议让脊椎更受重视。由于脊椎问题为慢性疼痛，相对于那些凶险疾病，它成为最容易被忽视的常见健康问题之一。脊椎健康问题的低龄化趋势更说明了中国家庭对具有健康保障的优质家具的需求。今天，皇玛·康之家率先提出以更高的"健康新标准"实现沙发的健康化、标准化发展，让家居环境中的脊椎健康问题引起更多消费者的关注与正视，这是一个家具企业非常具有社会责任感的表现。同时，新标准倡议让预防走在前面。针对脊椎健康问题的解决，从医学角度看，预防往往比治疗更应该被重视。只有在日常生活中，就将脊椎的保护落到实处，才能真正预防脊椎受到伤害。沙发作为现代家具中主要的坐具，是为脊椎提供良好保护的第一站，也是至关重要的一站。皇玛·康之家健康沙发，在独创"7C 坐靠系统"的同时，以"健康新标准"推动健康沙发行业发展。可以相信，未来健康沙发将走进更多家庭，守护更多国人的脊椎健康。

著名经济学家马光远也表示以皇玛·康之家为代表的企业所打造的健康标准符合经济趋势，具有标杆价值。同时，健康标准化也是产品品质的保障，丰富了市场优质产品的供给。皇玛·康之家对健康标准的探讨，是中国"质"造的有力表现。

企业高层点赞：在健康标准下让品牌不断完善和超越

会上，皇玛·康之家董事长叶晓亮提到：2020 年，"共建人类健康共同体"已逐渐成为一种行业共识。此刻，皇玛·康之家发出健康沙发标准化大会的号召，具有深刻的品牌前瞻性，也符合行业发展的趋势。"

谈到关于皇玛健康沙发未来的规划，叶帅认为：第一，以消费者需求为中心落实品牌使命。健康是皇玛·康之家永恒不变的品牌追求。当健康家居环境成为消费升级下的重要理念，但消费者对"健康标准"的认知却十分模糊之时，皇玛·康之家率先提出健康新标准倡议，向消费者与市场释放更加明确的健康标准，将"为中国亿万家庭提供高品质健康沙发"的品牌使命落实于消费需求中。这是未来皇玛·康之家为中国健康沙发讲好品牌故事的重要起步。第二，以健康新标准为目标实现全面升级。健康新标准将带动健康沙发行业的品质规范，从而促进市场良性竞争，也推动皇玛以更为严苛的标准实现品牌的全面升级。接下来，皇玛·康之家将从研发到设计、从供应链到生产线等健康沙发制造全过程，加大资金投入，加强健康标准化规范，从而以促进产品品质与环保级别的双重升级。皇玛·康之家将为亿万消费者带去真正"真材实料真功夫，三十年后还很弹"的高品质健康沙发！

此外，皇玛产品总监和营销总监对此次大会更是赞不绝口，他们表示："张默闻老师的'超级大会就是超级营销'理念真是一绝。大会内容充实且不枯燥，专家讲解生动详细，年度新片播放的效果出人意料，影片质量之高更是给人眼前一亮的感觉。如果说前半部分是很好的向各大经销商展示了我们产品的品质实力，那么最后的高端论坛环节则是对皇玛品牌的整体升华，将此次大会的主题'健康沙发标准化'完美地嵌合进我们的产品当中，让各大经销商都能充分理解此次大会的意义，完成从上至下理论的贯彻和实施。"

会后，叶晓亮董事长特意向张默闻老师进行了致谢，正是张默闻定下了"健康"这一基调，才有了此次对于"健康沙发标准化"的全新重构。

经销商有信心：品牌的健康信仰成就我们的品牌信仰

在本次大会上，经销商都来到了现场，不仅亲身感受到了这次大会的氛围，更体会到了叶晓亮董事长和张默闻老师对这次重构"健康沙发新标准"的决心。张默闻认为，这次健康沙发品牌峰会正是让"健康"成为皇玛·康之家品牌认可的契机。同时，通过对品牌信仰的建立，拉近公司与经销商的距离，众志成城，一起开辟出一条有竞争力、有影响力的道路。

大会落幕之际，经销商纷纷拍手叫好，对皇玛的未来充满信心，许多经销商都表示："之前在订货时多少有些迷茫和犹豫，但这次大会之后，仿佛突然就有了目标和动力。这次'健康沙发新标准'的提出，让我们一下找到了主心骨，明确了自己以后努力的方向。以前，自己只是把皇玛当作一个合作的伙伴，但在之后销售的过程中，皇玛将成为我们的信仰！"

值得一提的是，此次大会还解决了一个困扰经销商的大难题，在此之前许多顾客反映皇玛的沙发偏硬，舒适感会略有影响。但经过这次大会"健康沙发新标准"倡议的提出，经销商有信心将特点转化成卖点，在顾客提出相同疑问的时候，将健康的观念更直接清晰地灌输给顾客，这何尝不是一种品牌自信的体现呢！

【超级报道】

一次超级传播点亮品牌发展的新未来

本次皇玛·康之家 2020 健康沙发品牌峰会在成都的盛大召开，也吸引了新浪、搜狐、网易、中国经济网、中国新闻网、光明网、中国网、中华网、人民网、中国家具新闻网、中新网、太平洋家居、中金在线、东方财富网等数十家国内著名媒体对皇玛·康之家品牌的争相报道和社会的广泛关注。

【中华网】在题为《中国健康沙发品牌峰会在川盛大召开，皇玛康之家健康新标准引领行业发展》的报道中对成都诸葛家具有限责任公司董事长、皇玛·康之家品牌创始人叶晓亮针对企业发展的专场演讲进行了评论，叶晓亮在演讲中深入阐述了疫情环境下品牌发展面临的挑战与机遇。他强调，未来皇玛·康之家将立足健康标准与品质升级，从战略到战术，从产品到终端，实现中国健康沙发品牌的伟大崛起。

【新浪网】对中国家具协会理事长徐祥楠发表的大会开场致辞进行了深刻分析，并指出 2020 年受新冠肺炎疫情影响，世界各国家具制造业面临前所未有的挑战，在此背景下，"健康"不仅仅是行业发展的战略目标，更是人类未来的命运核心。徐祥楠在致辞中也呼吁，在后疫情时代家具企业要顺应社会健康发展潮流，以绿色环保、高质量、新标准引领产业发展，实现家具产业的健康标准化，走出中国家具的高品质之路。

【光明网】在题为《家具产业健康标准化引领行业发展》的报道中对大会中的高端论坛进行了评论：此次高端论坛汇集了来自行业、企业、学界、商界、医学界等不同领域的专家，从家具行业动态、区域产业规模、产品生产研发、品牌战略规划、消费升级需求、市场经济环境等多维度展开对话，深度探讨健康沙发标准化的深远意义。论坛上，专家充分肯定了皇玛·康之家作为中国健康沙发代表品牌的地位——以严苛标准自我革新，实现沙发绿色发展，其环保标准、品质标准经专业检测，远高于国标标准，为中国健康沙发标准化发展起到示范作用。同时，与会嘉宾正式发布《健康沙发标准化宣言》，发出健康标准的五项倡议：以健康标准实现产业升级、以健康标准守护消费环境、以健康标准引领产品创新、以健康标准推动品牌发展、以健康标准履行社会责任，向行业发出"标准化"的第一声。

【中国网】在报道中对中国排名第二的策划大师张默闻为皇玛·康之家打造的年度新片进行了评论：由张默闻倾情打造的皇玛·康之家全新品牌故事片《忠于健康中国皇玛》、品质宣传片《全世界都在为皇玛证明》和系列广告片重磅发布，从品牌理念到产品智造，全方位展现出皇玛·康之家对健康与品质的极致追求。同时，在万众瞩目之下，皇玛·喜达软床品牌宣传片《皇玛·喜达，更适合中国人的床垫》隆重发布，独创3S健康睡眠生态系统，成为床垫领域的新兴实力品牌。最后，皇玛·喜达新品正式亮相，标志着皇玛从健康沙发到健康床垫的重大跨越。未来，皇玛将从客厅到卧室，为消费者带来更全面的健康家居保障。

此外，腾讯、优酷、爱奇艺、凤凰等分别对大会进行了视频报道。

此次皇玛·康之家2020健康沙发品牌峰会能受到国内各著名媒体的关注和重视，正反映了各界对皇玛·康之家提出的健康新标准倡议的认可。健康是文明进步的体现，标准是持续发展的命脉。皇玛·康之家2020健康沙发品牌峰会的成功举办，昭示了皇玛·康之家以开放创新、共享共荣的姿态推动健康沙发发展，为中国家具作贡献！

后记

超级大会的质量就是企业家的度量

■ 张默闻 张默闻策划集团创始人、超级大会就是超级营销理论提出者

自序写得很长，所以后记还是要短一些，这是我的习惯。酝酿第二部其实已经很长时间了，第一部印刷的时候第二部已经全面启动。这是《超级大会就是超级营销》的升级版。比第一部更新鲜、更震撼、更有看点。每一场超级大会都引起了行业的震撼和广泛的好评，被认为是中国企业营销大会最高水准的巅峰之作。

首先，我还是特别感谢我们亲爱的摄影师的记录，使大家今天翻阅本书可以看见当时的场景、当时的震撼、当时的感动、当时的成功、当时的幸福，再现我和我的团队，客户和客户的团队，代理商和代理商团队的汗水和泪水，震动和震撼，感谢和感激。好在，有照片，可以向世界诉说，诉说真相，诉说每一次成功超级大会背后全案策划的"惊心动魄"。

不管是张默闻策划集团，还是我们亲爱的上榜客户，每个人，每个团队，都是超级大会的贡献者，都是超级营销的建筑者，都是超级品牌的成就者。没有大家的集体主义光芒、实战主义光芒、创意主义光芒、目标主义光芒、团结主义光芒，我们就不可能完成一场场掌声雷动、订货超额、品牌炸雷、万众瞩目的超级营销大会。如果这些成绩需要一副对联来纪念，张默闻就送给大家一副全新的对联：

上联： 年度大手笔，万众归一心，用一场超级大会把营销变成企业的品牌盛典

下联： 思想全渗透，感情全调动，用一场超级营销把客户变成企业的信仰盟友

横批： 超级大会就是超级营销

我一直认为，我们与客户，客户与我们，谁也不能独占这份甜蜜的蛋糕，这份完美的成绩单是我们与客户共同孕育的超级宝贝，它，具有神圣性，具有强大的实战生命力，更具有绝对的创意主权。（排名按姓氏拼音）

我要特别致谢我尊敬的森鹰空调窗董事长边书平先生

我要特别致谢我尊敬的龙蟠润滑油董事长石俊峰先生

我要特别致谢我尊敬的皇玛·康之家无毒护脊沙发的董事长叶晓亮先生

我要特别致谢我尊敬的新日电动车董事长张崇舜先生

你们用极其博大的胸怀将全案营销策划交付我，并把最重要的关于企业营销命运的超级营销大会的策划权也同样交给了我，这不仅是对你们的考验，更是对我的残酷考验，因为客户没有成功，我们拒绝原谅。好在我们都成功了，而且高质量地成功了。

谢谢你们，这些慈眉善目的、胸怀天下的企业家，你们选择了我，我帮你们选择了成功。配合默契，感觉很好，业绩突出，口碑甚好。这是我们彼此的福气，也是我们的修行。这一路，我们相互照顾，让人嫉妒，虽然现在已经戒酒，也不会再喝醉，但常常为你们和你们的品牌成功感动得热泪横流。这感觉，是我们要的，我想，也是你们想要的。

我还要致谢张默闻策划集团幕后的英雄们，我们的总裁兼策划总监 Q、我们的设计总监 J，以及我们优秀的项目组英雄们。你们很棒，虽然你们很年轻，但都是大会策划、大会设计和大会执行的武林高手，面对如此高端、如此高质量要求的超级大会，你们都能智慧面对和漂亮执行，让一场场超级营销大会成为行业的营销典范，成为脍炙人口的大会案例。作为张默闻策划集团的创始人，作为每次超级大会的全案主讲人和主策划人，我要谢谢你们，你们有辛劳、有贡献，你们的爱、你们的智慧与案例同在。

我特别致谢广告人文化集团副总裁、张默闻策划集团超级大会媒体报道亲友团团长陈晓庆老师，每次率领媒体亲友团奔赴我们的大会现场，给予我们支持，推动客户品牌报道，提供正能量，让客户的报道高质量、高频次地出现在权威媒体上，客户的满意度极高。谢谢你们！

最后我要特别致谢我的亲爱的企业家身边最重要的幕后英雄，他们为企业超级营销大会作出了巨大贡献，特别记录，深表谢意：

我要特别致谢我尊敬的森鹰空调窗董事长边书平先生背后的应京芬女士等。

我要特别致谢我尊敬的龙蟠董事长石俊峰先生背后的秦建先生和陈晓星先生等。

我要特别致谢我尊敬的皇玛·康之家无毒护脊沙发董事长叶晓亮先生背后的王梅女士等。

我要特别致谢我尊敬的新日电动车董事长张崇舜先生背后的陈开亚先生等。

谢谢你们台前幕后的支持与厚爱，军功章也有你们的一半。请收下！

每次后记，我都会饱含深情地记录客户的名单，不管多长，我都会感恩地写下他们以及他们幕后的英雄们的名字。我想，这样才是公平的，才是珍贵的。简单的名单却是不简单的友谊，希望你们的名字随着这本书的流传被行业记得，被读者记得，被我们记得。

最后，特别致谢企业家们的推荐序，你们才是最权威、最真实、最有推荐资格的英雄们，因为你们是亲历者，因为你们是公正的人、注重结果的人。你们拿着我们合作的沉甸甸的优异成绩单作推荐序，令人感动，我被你们暖到了，谢谢你们！

生活真是奇妙，写这个后记又到深夜 11 点，但是这次窗外华灯璀璨，屋内音乐缭绕，我想起了你们的好、你们的严格，这两样都是成就我的条件。想到这里，我笑了，其实企业家也和我一样，都是个大孩子，单纯、友善、慈悲，所以，我们靠近，我们彼此成就。希望在商业的道路上我们一起继续前行，与日月争辉。

超级大会的质量就是企业家的度量，我相信本书一定会成为中国企业超级大会的样本和典范，更是品牌第二次和无数次传播的开始。祝福企业，祝福企业家，祝福我们。

2021 年 6 月 18 日写于
中国杭州张默闻策划集团"发现光·会客厅"